财政部规划教材

内部控制学

Internal Control

王凤洲　主　编
黄静如　常莹莹　副主编

中国财经出版传媒集团
经济科学出版社
Economic Science Press

图书在版编目（CIP）数据

内部控制学／王凤洲主编．—北京：经济科学出版社，2020.11

财政部规划教材

ISBN 978－7－5218－2179－6

Ⅰ.①内…　Ⅱ.①王…　Ⅲ.①企业内部管理-教材
Ⅳ.①F270

中国版本图书馆 CIP 数据核字（2020）第 248111 号

责任编辑：杜　鹏　张　燕
责任校对：靳玉环
责任印制：王世伟

内部控制学

王凤洲　主　编

黄静如　常莹莹　副主编

经济科学出版社出版、发行　新华书店经销

社址：北京市海淀区阜成路甲 28 号　邮编：100142

编辑部电话：010-88191441　发行部电话：010-88191522

网址：www.esp.com.cn

电子邮箱：esp_bj@163.com

天猫网店：经济科学出版社旗舰店

网址：http://jjkxcbs.tmall.com

固安华明印业有限公司印装

787×1092　16 开　16 印张　340000 字

2020 年 12 月第 1 版　2020 年 12 月第 1 次印刷

ISBN 978－7－5218－2179－6　定价：46.00 元

（图书出现印装问题，本社负责调换。电话：010－88191510）

前　言

PREFACE

内部控制学是一门研究组织内部控制基本理论、一般方法和基本规律的综合性交叉学科。内部控制是在一定的环境下，以风险为导向，以控制为手段，由组织内部机构、管理层和全体员工在组织内部共同实施的旨在实现控制目标的一种管理活动。它是一个组织内部管理的根本要求，是组织内部各项管理工作的基础，是保障组织权力规范有序、科学运行的有效手段。内部控制对于一个组织合理保证企业经营管理合法合规、资产安全、财务报告及相关信息真实完整，提高管理水平和管理效率以及防范风险、实现组织目标具有十分重要的现实意义和战略意义。内部控制是人类社会发展到一定阶段的产物，是经济发展的必然要求，并且随着组织内部管理要求和外部环境变化而不断发展和完善。随着社会经济的发展，内部控制越来越重要，越来越受到重视。

本教材根据《中华人民共和国公司法》《中华人民共和国证券法》《中华人民共和国会计法》《企业内部控制基本规范》及其配套指引和其他有关法律法规，结合 COSO 委员会发布的《企业风险管理框架》，按照内部环境、风险评估、控制活动、信息与沟通、内部监督等内部控制的五大要素，分别系统地阐述其基本内涵、主要风险、基本控制流程和控制措施，力图反映当代内部控制的最新研究成果，同时，每一部分都结合现实中发生的内部控制典型案例加以阐述，力求丰富理论与实践的联系，增强本教材内容的生动性和现实感。

本教材的编写分工如下：第一章、第四章、第七章由王凤洲博士执笔；第二章由王立凤博士执笔；第三章由常莹莹博士执笔；第五章由黄静如博士执笔；第六章由黄玉清博士执笔。本教材由王凤洲博士负责提纲的拟订和内容的总纂。林娜、崔雪萍为本教材第四章撰写提供了帮助。

在编写过程中参考了兄弟院校教材的内容，在此表示衷心的感谢！限于编写人员的知识水平和教学经验，本教材中不妥和疏漏之处在所难免，敬请读者批评指正，以便在修订、再版时进一步完善。

编　者

2020 年 11 月

目　录
CONTENTS

第一章 绪　论

【知识与技能要求】

通过本章的学习，使学生能够：

1. 掌握内部控制的本质；
2. 了解内部控制的发展沿革；
3. 理解内部控制的五项基本特征；
4. 掌握内部控制的五要素；
5. 熟悉内部控制应达到的目标；
6. 熟悉内部控制的原则；
7. 熟悉内部控制的一般方法；
8. 了解注册内部控制师所要具备的基本职业素质。

【关键术语】

内部控制　内部控制特征　内部控制要素　内部控制目标　内部控制原则　内部控制方法　内部控制师素质

【案例1-1】

中国铁物国有资产重大损失案例①

中国铁物简介：中国铁路物资集团有限公司（简称“中国铁物”）源于1887年设立的中国铁路公司塘沽材料处，距今已有130多年历史，是国有大型企业，是国际铁路轨道交通产业综合服务提供商，是国内规模最大、服务能力最强、专业经验最丰富、行业领先的铁路生产性服务综合提供商，被业内称为中国铁路“总后勤部”，致力于服务中国乃至全球铁路轨道交通事业发展。经营范围主要围绕国内外国有铁路、地方铁路、城市轻轨、地铁、工矿企业铁路等所有铁路的交通运营、装备制造、建设施工，涉及铁路油品、轨道、装备、铁建、工业、物流等领域，涵盖与之相关的物资设备供应管理、质量监控、研发制造、运营维护、招标代理、国际贸易、物流服务、信息咨询、融资租赁等业务形态。中国铁物是全国“唯一”的铁路用油供应商、大维修钢轨供应商、铁路线路产品质量监督

① 资料来源：国资纪，《重业务轻党建结出的恶果——中国铁物、中冶集团国有资产重大损失案剖析》，载于《中国纪检监察报》，2017年5月25日。中国铁物公司官网（https：//www. crmsc. com. cn/）。

商，是全国乃至全球“第一”的铁路物资供应商、铁路物资招标代理商，集团公司总部设在北京，在全国及美国、澳大利亚、老挝等国家或地区拥有100多家分支机构。2011～2013年，中国铁物连续3年位列《财富》世界500强。

中国铁物国有资产重大损失基本案情：经查，2009年11月2日，中国铁物时任总经理未经党委会、总经理办公会审议，违规签发废止《关于在经营活动中加强风险防范措施的若干规定》及关于强化担保措施的指导意见等文件，资金型业务由此松绑。2009～2013年，中国铁物时任总经理、副总经理等公司领导多人，违反国家法规，违反党和国家关于企业特别是中央企业依法依规经营的政策，不顾法律风险提示，主导并推广中国铁物大量开展钢材、铁矿石、煤炭等大宗商品融资性贸易。在此过程中，上述领导人员严重违反工作纪律，放纵风险发生，对子企业存货管理混乱、合同监管失控等问题放任不理，对子企业资信审查不严、担保措施不落实、银行授信管控粗放等问题疏于管理，子企业普遍存在与资信差的民营企业开展免评合作的情况。2012年8月8日，国有重点大型企业监事会向中国铁物发出要求“采取有效措施，确保公司货权的安全”的《提醒函》后，上述领导人员对警示置若罔闻，未采取有效措施。10月25日，铁物股份向国资委报送的《钢铁业务管理专项报告》中仍认为融资性贸易模式不存在问题。自2012年11月起，国资委对中央企业融资性钢材贸易业务清理做出专项部署，2013年2月后多次下发文件，明确要求“严禁开展无商品实物、无货权流转或原地转库的融资性业务”。上述领导人员对抗国资委指示，拒不执行党和国家的方针政策和重大工作部署、决定。2013年4～12月，中国铁物所属厦门公司等8户子企业仍继续违规开展融资性业务24.4亿元。截至2014年底，中国铁物企业资产负债率达109.7%，所属能源公司、厦门公司等13家子企业均已资不抵债，生产经营基本停止。

暴露出的问题及教训：一是有令不行、有禁不止。二是领导班子对重大业务经营风险问题不研究、不提示。三是放弃企业核心竞争力，违规从事大宗商品融资性贸易，用虚而不实的贸易业务量虚增经营规模、冒进快上，造成国有资产重大损失，最后留下一堆“烂摊子”，使企业背上沉重的债务包袱。四是制度存在“牛栏关猫”现象，管控不力。中国铁物未建立、实施有效的风险防控制度，合同、资金、存货、担保等管理制度形同虚设，对子企业的各项管控措施不力，制度的“防火墙”完全失效，这是该案暴露的重要制度原因。

第一节　内部控制的本质

内部控制是一个组织内部管理的根本要求，是组织内部各项管理工作的基础，是保障组织权力规范有序、科学运行的有效手段，是一个组织合理保证企业经营管理合法合规、资产安全、财务报告及相关信息真实完整，提高管理水平和管理效率以及防范风险、实现组织目标的有效制度安排和长效保障机制。

几十年来，国内外学术界和实务界对内部控制的本质和定义有着多种不尽相同的认识，而且随着经济社会的发展和科学技术的进步，人们对内部控制的认识也在不断深化和扩展，至今还没有形成统一的具有普遍意义的内部控制定义。

在我国许多古典文献中可以看到，我国社会活动管理中早已广泛存在能够体现内部控制本质的思想与实践。比如《三国志·魏志·邓艾传》写道："自单于在外，莫能牵制长卑。"韩愈《薛公墓志铭》写道："部刺史得自为治，无所牵制。"王闿运《桂阳陈侍郎行状》写道："因陈事权不一之弊，虽俱贤人，犹惧牵制其后，一以兵饷事任左文襄 。"《旧唐书·高适传》写道："适练兵于蜀，临吐蕃南境以牵制之。"郑振铎《桂公塘》十三写道："两淮的兵力是足以牵制北军的。"《五代史平话·唐史·卷下》写道："愿募敢死勇斗之士，每日与彦章排战以牵制之，使之旬日不得东下，则我城可成。"《三国演义》第三十八回写道："操欲令我遣子入朝，是牵制诸侯之法也。"清·刘献廷《广阳杂记》卷五写道："臣知其牵制官兵前去抵敌，乘虚攻我大营狡谋。"在实践中，比如古罗马的"双人记账制"和中国早期的官厅会计和官厅审计都在实际工作中建立了内部牵制机制。这些内部牵制制度的建立主要是基于以下两个思想前提：（1）两个及两个以上的人或部门非主观故意发生同样差错的概率极低；（2）两个及两个以上的人或部门通过合谋进行舞弊的难度要远大于单独一个人或部门进行舞弊的难度。由此在实际工作中设计了职责牵制、账实分管，程序牵制、手续分开和核算牵制、复式平行等模式。上述文献和实践中的牵制和牵制制度，是内部控制的最核心特征之一，表达了现代内部控制本质的初始含义。

1934 年，美国《证券交易法》提出了"内部会计控制制度"（internal accounting control system）的概念，1936 年美国会计师协会（1957 年更名为美国注册会计师协会）发布的《注册会计师对财务报告的审查》文告中，第一次将"内部控制"一词作为正式专门术语和完整概念使用。该文告认为"注册会计师在制定审计程序时，应考虑的一个重要因素就是审查企业的内部牵制和控制。企业的会计制度和内部控制越好，财务报告需要测试的范围就越小"，并且首次定义了内部控制："内部稽核与控制制度是指为保证公司现金和其他资产的安全，检查账簿记录的准确性而采取的各种措施和方法。"

此后，美国注册会计师协会下属的相关专门委员会又对内部控制内涵进行了多次研究讨论和修改。比如1949年审计程序委员会（CAP）下属的内部控制专门委员会对内部控制的定义为："内部控制是企业所制定的旨在保护资产、保证会计资料可靠性和准确性、提高经营效率、推动管理部门所制定的各项政策得以贯彻执行的组织计划和相互配套的各种方法及措施"。

1953年10月，审计程序委员会（CAP）发布了《审计程序公告第19号》(SAPNo. 19)，将内部控制划分为会计控制和管理控制。

1972年，美国审计准则委员会（ASB）在第1号公告（SASNo. 1）中，对管理控制和会计控制的定义如下。

（1）内部会计控制。会计控制由组织计划以及与保护资产和保证财务资料可靠性有关的程序和记录构成。

（2）内部管理控制。管理控制包括但不限于组织计划以及与管理部门授权办理经济业务的决策过程有关的程序及其记录。这种授权活动是管理部门的职责，它直接与管理部门执行该组织的经营目标有关，是对经济业务进行会计控制的起点。

1973年在美国《审计程序公告第55号》中，对内部控制制度作出了如下定义："内部控制制度有两类：内部会计控制制度和内部管理控制制度，内部管理控制制度包括但不限于组织结构的计划，以及关于管理部门对事项核准的决策步骤上的程序与记录。内部会计控制制度包括组织机构的设计以及与财产保护和财务会计记录可靠性有直接关系的各种措施"。

1992年9月，美国反虚假财务报告委员会下属的发起人委员会（The Committee of Sponsoring Organizations of the Treadway Commission，以下简称"COSO委员会"）经过多年研究，针对公司行政总裁、其他高级执行官、董事、立法部门和监管部门的内部控制进行高度概括，发布了《内部控制——整合框架》（*Internal Control—Integrated Framework*）报告，简称"COSO报告"。在该报告的第二部分定义框架中，完整定义了内部控制，描述了它的组成部分。

COSO委员会在2014年首次启动了对风险管理框架的修订工作，并于2017年9月发布了最新修订版的《企业风险管理框架》。该框架认为，内部控制广义上可定义为一个受企业董事会、经理层和其他人员影响的，为达到经营的效果和效率、财务报告的可靠性和法律法规的遵循性提供合理保证的程序。虽然内部控制是一个过程，它的效果却表现为在某一时点上这一过程的状态。内部控制包括五个相互联系的要素。它们源自管理层的经营方式，并与管理过程紧密相连。

2008年，我国财政部、审计署、保监会、银监会、证监会五部委联合发布了《企业内部控制基本规范》，该规范认为，内部控制"是由企业董事会、监事会、经理层和全体员工实施的、旨在实现控制目标的过程"。

综上所述，我们认为，内部控制是指在一定的环境下，以风险为导向，以控制为手段，由组织内部机构、管理层和全体员工在组织内部共同实施的，旨在保证组织资产的安全完整，保证财务与会计等信息的正确可靠，保证法律法规的遵循性和保证组织目标实现的一种管理活动。

第二节 内部控制的发展概述

内部控制是人类社会发展到一定阶段的产物，是经济发展的必然要求，并且随着组织内部管理要求和外部环境变化而不断发展和完善。

内部控制的产生和发展经历了一个漫长的过程，纵观其发展历程，大致可以分为以下四个阶段。

一、内部控制的雏形阶段：内部牵制制度（20 世纪 30 年代以前）

尽管内部控制作为一个专有名词和完整概念，是 20 世纪 30 年代才被首次提出和广泛接受，但内部控制作为组织内部的一种基本管理思想和制约方式方法，早已存在于人类社会的经济管理实践中，比较典型的如古罗马时期的宫廷会计账簿“双人记账制”，它是由两名记账人员对发生的同一笔经济业务，同时在各自的账簿上加以登记，并且定期核对，以检查双方账簿记录有无记账差错或舞弊行为，从而形成有效牵制，以达到控制财物收支防止差错和舞弊的目的。再比如古埃及对财物收发存的“三人记录审核制”（两个记录官和一个审核监督官制度），中国社会早期的官厅会计和官厅审计，也设置了比较有效的内部牵制制度。这些都是典型的内部稽核与牵制措施，这种措施孕育了现代内部控制的基本思想，是内部控制的初级形式，现在我们称之为内部牵制（internal check）。这个阶段的内部控制的主要特点是：每项经济业务办理流转过程都必须交叉监控，每一个人都不可以单独控制完成任何一项经济业务全过程。

二、内部控制的产生阶段：内部控制制度（20 世纪 30～40 年代）

1934 年美国《证券交易法》首次提出了“内部会计控制”（internal accounting control system）的概念。审计程序委员会（CAP）下属的内部控制专门委员会于 1949 年对内部控制首次做出了如下权威定义：“内部控制是企业所制定的旨在保护资产、保证会计资料可靠性和准确性、提高经营效率，推动管理部门所制定的各项政策得以贯彻执行的组织计划和相互配套的各种方法及措施”。这个定义比较全面地表述了内部控制的四个目标内容，标志着内部控制地位的正式确认。

三、内部控制的成长阶段：分类控制和结构控制（20 世纪 50 ~ 80 年代）

（一）分类控制阶段：内部会计控制和内部管理控制（20 世纪 50 ~ 70 年代）

1953 年 10 月，美国审计程序委员会（CAP）在《审计程序公告第 19 号》（SAPNo. 19），中第一次将内部控制划分为内部会计控制和内部管理控制两类。

1972 年，美国审计准则委员会（ASB）在第 1 号公告（SASNo. 1）中，对上述两类控制做了进一步的定义。

1973 年在美国《审计程序公告第 55 号》中，又对内部会计控制制度和内部管理控制制度包括的范围做出了明确界定。

（二）结构控制阶段：20 世纪 80 年代

1985 年由美国注册会计师协会（AICPA）、美国会计学会（AAA）、财务经理人协会（FEI）、内部审计师协会（IIA）、管理会计师协会（IMA）联合创建了美国反舞弊财务报告委员会（通常称 Treadway 委员会，或特雷德韦委员会），它旨在探讨财务报告中的舞弊产生的原因，并寻找解决之道。两年后，基于该委员会的建议，其赞助机构在其下属成立了一个发起人委员会（即 COSO 委员会），专门研究内部控制问题。

1988 年内部控制结构（internal control structure）取代原有的“内部控制”。1988 年 4 月美国注册会计师协会发布的《审计准则公告第 55 号》（SAS No. 55）规定，从 1990 年 1 月起以该公告取代 1972 年发布的《审计准则公告第 1 号》。该公告首次以“内部控制结构”一词取代原有的“内部控制”。

四、内部控制的成熟阶段：全面风险管理（20 世纪 90 年代至今）

内部控制从 20 世纪 50 年代开始的分类控制、结构控制到整合控制，大约经历了半个世纪的发展，历经多次修订完善，日趋成熟，到了 21 世纪初建立起了融合全面风险管理内容的内部控制体系，标志着内部控制走向成熟。

（一）整合控制阶段（20 世纪 90 年代）

这个阶段的标志性事件是《内部控制——整合框架》（*Internal Control—Integrated Framework*）报告的发布。

1992 年 9 月，COSO 委员会经过多年研究，针对公司董事会及其董事、监事会及其监事、首席财务官、其他高级管理人员和审计监督与监察部门的内部控制进行高度概括，提出了专题报告——《内部控制——整合框架》，也称 COSO 报告。参与编制 COSO 报告的主要机构包括美国注册会计师协会（AICPA）、美国会计学会（AAA）、财务经理人协会（FEI）、内部审计师协会（IIA）、管理会计师协会（IMA）。该报告的框架主要由以下四个部分构成：第一部分是概要。第二部分是定义框架，完整定义了内部控制，即内部控制是受企业董事会、管理层和其他员工影响，为财务报告的可靠性、经营的效率效果以及现行相关法规的遵循性等目标的实现而提供合理保证的过程。第二部分同时描述了内部控制的组成部分，即内部控制整合框架主要由控制环境（control environment）、风险评估（risk assessment）、控制活动（control activities）、信息与沟通（information and communication）和内部监督（monitoring）五大要素构成。这为公司董事会、监事会、管理层、监管部门和其他相关人员提供了评价其内部控制系统的规则。第三部分是对外部团体的报告，是为报告编制报表中的内部控制的团体提供指南的补充文件。第四部分是评价工具，提供用以评价内部控制系统的有用材料。

（二）风险控制阶段（20 世纪 90 年代至 21 世纪初）

自上述 COSO 报告发布以来，随着经济发展、技术进步和环境变化，理论界和实务界陆陆续续提出了一些改进建议，这些建议中最引起重视也是导致 1994 年对《内部控制——整合框架》进行重要增补的建议，就是将风险控制作为一个重要因素融入组织内部控制体系，从而推动了组织内部控制体系发生重要变化，使之更趋于成熟、全面。这些研究成果得到了美国审计署（Government Accountability Office，GAO）的认可，美国注册会计师协会（AICPA）也全面接受其内容并于 1995 年发布了《审计准则公告第 78 号》。由于 COSO 报告提出的内部控制理论和体系集内部控制理论和实践发展之大成，成为现代内部控制最具有权威性的框架，因此，在业内备受推崇。为此，1996 年底美国审计委员会认可了 COSO 的研究成果，并修改相应的审计公告内容。目前该框架已在全球获得了广泛的认可和应用。

（三）全面风险管理阶段（21 世纪初至今）

进入 21 世纪，随着组织内外环境的不断演变，科学技术日新月异，组织面对未来的不确定性在急剧增加，组织内外部风险的发生更加高频化，风险的类型更加多样化，风险的复杂性和控制难度大幅度提升，风险可能造成的损失也大大增加，COSO 委员会意识到《内部控制——整合框架》自身固有的某些局限性和表述上存在一些问题，如该报告过分注重财务报告控制；虽然嵌入了风险控制要素，但是关注企业风险的高度不够，缺乏战略性；对风险还仅局限于控制层面和控制环节，缺乏对风险的系统控制和全面管理等。为适应发展需要必须修订原有框架，因而从 2001 年起 COSO 委员会又着手开始研究如何进一步修订完善内部控制框架及其内容，恰逢美国连续发生了安然（Enron）、世通（Worldcom）、安达信（Arthur Andersen）等多家公司的欺诈和会计造假丑闻，使广大相关投资者蒙受了巨大损失，震惊全球。从内部控制角度看，这些欺诈与造假丑闻充分暴露了这些公司内部控制体系严重缺失，或者公司管理当局凌驾于内部控制制度之上，内部控制制度形同虚设的问题。为了加强公司治理、重建投资者信心，2002年7月，美国国会颁布了《2002年上市公司会计改革和投资者保护法案》（*Sarbanes-Oxley Act of* 2002，SOX），亦称《萨班斯—奥克斯利法案》（以下简称《萨·奥法案》）。《萨·奥法案》是1933年以来美国证券立法中影响最深远的法案之一，它直接导致美国证券法、公司法和会计法等法规的一些重大修改。该法案提出了要建立以COSO委员会发布的《内部控制——整合框架》为参照基准的内部控制框架体系，特别要求上市公司要改善公司治理结构，全面关注企业面临的各种风险，全面加强企业风险管理，增进公司的报告责任和审计委员会的责任，增强会计师的独立性，完善财务报告的披露，以此来恢复和增强大众投资的信心。由于该法案大部分内容或措施都与内部控制有关，故也被称为内部控制法案，这在客观上也有力地推动了内部控制整体框架体系建设的进一步发展。正是基于这种内部和外部的双重影响因素，必须修订并出台新的内部控制框架，以适应形势发展的要求。为此，2003年7月，美国COSO委员会根据《萨·奥法案》（*Sarbanes-Oxley Act*）的相关要求，在《内部控制——整合框架》的基础上补充修订该整合框架，发布了《企业风险管理——整合框架（草案）》，并向理论界和实务界公开征求意见。2004年4月COSO委员会在征求的意见和吸收各方面风险管理研究成果的基础上，结合《萨·奥法案》在报告方面的要求，进一步补充和扩展了《内部控制——整合框架》（*Internal Control—Integrated Framework*），并于2004年10月正式发布了《企业风险管理——整合框架》（*Enterprise Risk Management—Integrated Framework*，COSO-ERM）。《企业风险管理——整合框架》旨在为各国的企业风险管理提供一个统一术语与概念体系的全面的应用指南。该整合框架认为“企业风险管理是一个过程，它由一个主体的董事会、管理当局和其他人员实施，应用于战略制定并贯穿于企业之中，旨在识别可能会影响主体的潜在事项，管理风险以使其在该主体的风险容量之内，并为主体目标的实现提供合理保证”。该框架细化和扩展了内部控制中风险控制的内容，将原来内部控制整合框架的五大要素扩充为全面风险管理框架的八大要素，即内部环境、目标设定、事项识别、风险评估、风险应对、控制活动、信息与沟通、监控，使该内部控制整合框架由原来的风险控制上升为全面风险管理。

《企业风险管理——整合框架》自2004年发布之后，历经十几年，组织的内外环境又出现了一些新的重要变化，组织的战略规划与制定得到空前重视，组织的社会责任全面增强，组织的系统性风险大大提高，为了进一步适应变化，与时俱进，COSO委员会在2014年10月首次启动了对2004年版《企业风险管理——整合框架》的修订工作，并于2016年6月向全球发布修订后的《企业风险管理框架》（征求意见稿），截至2016年9月30日共征集全球反馈修订建议与意见近2 000条，此后COSO委员会又经过了近一年的反复讨论研究，最终于2017年9月发布了最新版的企业风险管理框架《企业风险管理——与战略和绩效的整合》。该框架认为，内部控制广义上可定义为一个受企业董事会、经理层和其他人员影响的，为达到经营的效果和效率、财务报告的可靠性和法律法规的遵循性而提供合理保证的程序。虽然内部控制是一个过程，它的效果却表现为在某一时点上这一过程的状态。内部控制包括五个相互联系的要素。它们源自管理层的经营方式，并与管理过程紧密相连。

2017 年新版的企业风险管理框架在内容结构上除了摘要部分以外，主要内容分为两部分：第一部分（第一册（Volume I））主要介绍应用环境、框架介绍和术语表；第二部分（第二册（Volume II））主要介绍项目背景和框架修订的方法、公共评论的总结、风险管理工作的角色和责任、风险状况图示等。新版本除了保留 2004 年版《企业风险管理——整合框架》中的风险管理相关工具和技术以外，在形式和内容上都做了比较大的调整，不仅在框架展现方式和编写结构等形式上做了调整，而且更改了题名，最重要的是在内容上做了比较大的重要的更新，其中最主要的变化就是重新建立了一个基于风险导向的全面内部管理框架，强调了制定战略、提升绩效和创造价值过程中的风险，将内部控制与组织战略、治理、价值、绩效、文化、业务、技术、信息和风险管理等在组织中全过程的各个方面相互渗透、相互融合，形成一个有机的、密不可分的整体，将一个比较宽泛的整合的“控制框架”提升为一个真正的整合的“管理框架”，所以从这个意义上说，2004 年版《企业风险管理——整合框架》和 2017 年版《企业风险管理——与战略和绩效的整合》是两个不同的体系，两个体系并不是相互代替或取代，而是侧重点各不相同、相互补充，但同时也强调了内部控制作为一种经历时间考验的组织控制体系，是组织风险管理工作的一个基础和组成部分。

五、我国内部控制的发展历程

我国内部控制伴随着社会主义经济建设的发展经历了几个不同的发展时期。

从 1949 年开始到 21 世纪初，我国在企事业单位内部建立了广泛的会计内部牵制制度，内部控制广泛应用于企业实践中，但是理论建设和制度建设滞后，以法律的形式对建立健全内部控制提出原则要求，最早是出现在 1999 年 10 月 31 日颁布的《会计法》中。《会计法》第四章会计监督第二十七条要求各单位应当建立健全本单位内部会计监督制度。2001 年 6 月 22 日，财政部发布了《内部会计控制规范——基本规范（试行）》《内部会计控制规范——货币资金（试行）》，这是我国发布的第一个内部控制规范，具有显著的标志性意义。此后，随着经济社会的发展，我国政府相关主管部门分别或联合发布了一些有关企业内部控制的规章制度。

2006 年 5 月 17 日，证监会发布了《首次公开发行股票并上市管理办法》，首次对上市公司内部控制提出具体要求，在其第二十九条中规定：“发行人的内部控制在所有重大方面是有效的，并由注册会计师出具了无保留结论的内部控制鉴证报告。”

2006 年 6 月 16 日，国资委发布了《中央企业全面风险管理指引》，对企业内部控制、全面风险管理工作的总体原则、基本流程、风险管理重要初始信息、风险评估、风险管理策略、风险管理解决方案、风险管理的监督与改进、风险管理组织体系、风险管理信息系统、风险管理文化等方面进行了较为详细的阐述。该指引的目的，旨在帮助中央企业建立健全的风险管理长效机制，增强企业竞争力，促进企业持续、健康、稳定发展，防止国有资产流失，提高投资者的投资回报水平，保护投资者利益。国资委要求具备条件的企业应全面推进，尽快建立全面风险管理体系，其他企业应制定开展全面风险管理的总体规划，并分步实施。

2006 年 7 月 15 日，财政部发起成立了企业内部控制标准委员会，旨在为推进我国企业内部控制建设提供政策咨询。与此同时，中国注册会计师协会也发起成立了“会计师事务所内部治理指导委员会”。财政部表示将会同有关部门，通过未来一段时间的努力，要力争基本建立一套以防范风险和控制舞弊为中心、以控制标准和评价标准为主体，结构合理、内容完整、方法科学的内部控制标准体系，推动企业完善治理结构和内部约束机制；并制定出一套能够规范会计师事务所内部治理、严格会计师事务所内部管理的规范体系。这套体系和治理机制的创建，将是既融合国际先进经验又体现自主创新，具有中国特色和影响力的企业内部控制标准体系和会计师事务所内部治理机制。

2007 年 2 月 1 日，证监会发布了《上市公司信息披露管理办法》，对上市公司信息披露有关事宜进行了详细规定，明确提出上市公司必须建立信息披露内部管理制度。这一办法成为我国上市公司信息披露监管的基本规章。该办法旨在规范发行人、上市公司及其他信息披露义务人的信息披露行为，加强信息披露事务管理，提高市场透明度，切实保护投资者合法权益。

2007 年 3 月 2 日，财政部企业内部控制标准委员会公布了《企业内部控制规范——基本规范》和 17 项具体规范的征求意见稿，公开向社会征求意见。

2008 年 6 月 28 日，财政部、证监会、审计署、银监会和保监会五部委联合发布了《企业内部控制基本规范》。这一被称为中国版《萨班斯—奥克利斯法案》的《企业内部控制基本规范》是在借鉴和吸收国际监管新理念的背景下，我国第一部加强和完善企业内部控制系统，提高企业经营管理水平和风险防范能力，促进企业可持续发展，维护社会主义市场经济秩序和社会公众利益的重要法规文件。该规范有以下四大突破。

（1）科学界定了内部控制的内涵，强调内部控制是由企业董事会、监事会、经理层和全体员工实施的、旨在实现控制目标的过程，有利于树立全面、全员、全过程控制的理念。

（2）强调内部控制的目标是合理保证企业经营管理合法合规、资产安全、财务报告及相关信息真实完整，提高经营效率和效果，促进企业实现发展战略。

（3）有机融合了世界主要经济体加强内部控制的做法经验，提出了企业建立与实施有效内部控制的要素，即构建以内部环境为重要基础、以风险评估为重要环节、以控制活动为重要手段、以信息与沟通为重要条件、以内部监督为重要保证，相互联系、相互促进的五要素内部控制框架。

(4) 开创性地建立了以企业为主体、以政府监管为促进、以中介机构审计为重要组成部分的内部控制实施机制，要求企业实行内部控制自我评价制度，并将各责任单位和全体员工实施内部控制的情况纳入绩效考评体系；国务院有关监管部门有权对企业建立并实施内部控制的情况进行监督检查；明确企业可以依法委托会计师事务所对本企业内部控制的有效性进行审计，出具审计报告。该规范的发布标志着适应我国企业实际情况、融合国际先进经验的中国企业内部控制规范体系建设取得重大突破。根据《企业内部控制基本规范》的执行要求，自2009年7月1日起在上市公司范围内施行，执行基本规范的上市公司，应当对本公司内部控制的有效性进行自我评价，披露年度自我评价报告，并可聘请具有证券、期货业务资格的中介机构对内部控制的有效性进行审计。鼓励非上市的大中型企业参照执行。财政部表示将会同国务院有关部门着力抓好该基本规范的实施准备工作，研究制定具体实施办法，采取有效措施降低企业实施成本，稳步扩大基本规范实施范围。着力健全内部控制规范体系，并通过促进我国内部控制标准与国际内部控制框架的趋同乃至等效，为我国企业走出去提供积极支持。

同时一并公布的还有《企业内部控制评价指引》、22项《内部控制应用指引》以及《内部控制鉴证指引草案》，公开征求意见。

2010年4月26日，根据国家有关法律法规和《企业内部控制基本规范》，财政部、证监会、审计署、银监会和保监会五部委又联合发布了《企业内部控制配套指引》，包括18项《企业内部控制应用指引》以及《企业内部控制评价指引》和《企业内部控制审计指引》。为了确保企业内部控制规范体系平稳顺利实施，证监会把内部控制建设纳入上市公司日常监管。财政部、证监会、审计署、银监会和保监会五部委制定了实施时间表，要求自2011年1月1日起首先在境内外同时上市的公司施行，自2012年1月1日起扩大到在上海证券交易所、深圳证券交易所主板上市的公司施行；在此基础上，择机在中小板和创业板上市公司施行；同时，鼓励非上市大中型企业提前执行。执行内部控制规范体系的企业，必须对本企业内部控制的有效性进行自我评价，披露年度自我评价报告，同时聘请具有证券期货业务资格的会计师事务所对其财务报告内部控制的有效性进行审计，出具审计报告。同时要求注册会计师在内部控制审计过程中如若发现企业财务报告内部控制的有效性存在重大缺陷，应当提示投资者、债权人和其他利益相关者关注。

财政部在2012年发布了《行政事业单位内部控制规范（试行)》（以下简称《单位内控规范》），要求自2014年1月1日起施行。该规范包括总则、风险评估和控制方法、单位层面内部控制、业务层面内部控制、评价与监督、附则共六章65条。

自财政部《单位内控规范》发布实施以来，我国行政事业单位积极推进内部控制建设，取得了初步成效，但随着社会经济的发展，该规范实施过程中存在发展水平不平衡等问题。2014年10月23日中国共产党十八届四中全会通过的

《中共中央关于全面推进依法治国若干重大问题的决定》明确提出："对财政资金分配使用、国有资产监管、政府投资、政府采购、公共资源转让、公共工程建设等权力集中的部门和岗位实行分事行权、分岗设权、分级授权，定期轮岗，强化内部流程控制，防止权力滥用。"因此，2015 年 12 月 21 日，财政部发布了《关于全面推进行政事业单位内部控制建设的指导意见》（以下简称《指导意见》）。《指导意见》包括总体要求、主要任务、保障措施三大部分。其中要求坚持全面推进建立、有效实施行政事业单位内部控制建设，确保内部控制覆盖单位经济和业务活动的全范围，贯穿内部权力运行的决策、执行和监督全过程，规范单位内部各层级全体人员的经济行为；坚持科学规划，科学运用内部控制机制原理，结合自身的业务性质、业务范围、管理架构，合理界定岗位职责、业务流程和内部权力运行结构，依托制度规范和信息系统，将制约内部权力运行嵌入内部控制的各个层级、各个方面、各个环节，全面规范行政事业单位内部经济和业务活动，坚持问题导向；强化对内部权力运行的制约，针对内部管理薄弱环节和风险隐患，特别是涉及内部权力集中的财政资金分配使用、国有资产监管、政府投资、政府采购、公共资源转让、公共工程建设等重点领域和关键岗位，合理配置权责，细化权力运行流程，明确关键控制节点和风险评估要求，提高内部控制的针对性和有效性，防止内部权力滥用，坚持共同治理。

充分发挥内部控制与其他内部监督机制的相互促进作用，形成监管合力，优化监督效果；充分发挥政府、单位、社会和市场的各自作用，各级财政部门要加强统筹规划、督促指导，主动争取审计、监察等部门的支持，共同推动内部控制建设和有效实施；切实履行内部控制建设的主体责任；建立公平、公开、公正的市场竞争和激励机制，鼓励社会第三方参与单位内部控制建设和发挥外部监督作用，形成单位内部控制建设的合力，建立健全科学高效的制约和监督体系，促进单位公共服务效能和内部治理水平不断提高，为实现国家治理体系和治理能力现代化奠定坚实基础、提供有力支撑。

《指导意见》的总体目标是：以单位全面执行《单位内控规范》为抓手，以规范单位经济和业务活动有序运行为主线，以内部控制量化评价为导向，以信息系统为支撑，突出规范重点领域、关键岗位的经济和业务活动运行流程、制约措施，逐步将控制对象从经济活动层面拓展到全部业务活动和内部权力运行，到 2020 年，基本建成与国家治理体系和治理能力现代化相适应的权责一致、制衡有效、运行顺畅、执行有力、管理科学的内部控制体系，更好地发挥内部控制在提升内部治理水平、规范内部权力运行、促进依法行政、推进廉政建设中的重要作用。《指导意见》主要任务是：健全内部控制体系，强化内部流程控制；加强内部权力制衡，规范内部权力运行；建立内部控制报告制度，促进内部控制信息公开；加强监督检查工作，加大考评问责力度。

为全面推进行政事业单位进一步加强内部控制建设，规范行政事业单位内部控制报告的编制、报送、使用及报告信息质量的监督检查等工作，促进行政事业单位内部控制信息公开，提高行政事业单位内部控制报告质量，2017 年 1 月

25 日，财政部根据《财政部关于全面推进行政事业单位内部控制建设的指导意见》和《行政事业单位内部控制规范（试行)》的有关要求，发布了《行政事业单位内部控制报告管理制度（试行)》，要求行政事业单位根据该制度，结合本单位内部控制建立与实施的实际情况，明确相关内设机构、管理层级及岗位的职责权限，按照规定的方法、程序和要求，有序开展内部控制报告的编制、审核、报送、分析使用等工作。该管理制度包括总则、内部控制报告编报工作的组织、行政事业单位内部控制报告的编制与报送、部门行政事业单位内部控制报告的编制与报送、地区行政事业单位内部控制报告的编制与报送、行政事业单位内部控制报告的使用、行政事业单位内部控制报告的监督检查、附则共八章 29 条。

企业行政事业单位内部控制基本规范及其配套指引的出台与施行，标志着以防范风险和控制舞弊为中心、以控制标准和评价标准为主体，结构合理、层次分明、衔接有序、方法科学和体系完备的企业行政事业单位内部控制规范体系建设目标基本建成，是我国企业行政事业单位内部控制规范体系建设进程的一个重要里程碑，对企业行政事业单位规范管理、防范风险、应对危机、促进企业行政事业单位实现发展战略乃至对我国经济社会健康、可持续发展具有重要的现实意义和深远的战略意义。

企业行政事业单位内部控制的有效性已经纳入政府监管机构的监管，并受到广大企业行政事业单位利益相关者的关注。强化内部控制建设，加强全面风险管理，已成为加强企业行政事业单位管理、提升单位治理水平的重要内容。

继美国和日本之后，我国成为第三个要求对本国企业行政事业单位实施全面内部控制有效性审计的国家。

第三节　内部控制的基本特征

特征是用来描述概念的，它是事物特性的抽象结果。内部控制基本特征是指内部控制所具有的有别于其他控制的基本特性，它是根据内部控制所共有的特性所抽象后的一般概念概括，它包括反映内部控制根本特性的本质特征和反映内部控制区别于其他控制的区别特征。

1. 牵制性。牵制性是内部控制的本质特性之一。牵制，是指通过约束、控制使之不能自由行动。内部控制的牵制性是指在一个组织内部形成一个在工作岗位职责、办事流程和核算程序上，上下左右相互制约、相互监督的控制系统。比如对每一项经济业务，要经过两个或两个以上的上下级相关人员，或经过两个或两个以上无隶属关系的部门的处理，一方面使上下级之间相互制约、相互监督，上下级之间形成约束，促使业务流程上的相关人员和部门都必须认真履职担责，避免敷衍塞责，应付了事；另一方面要使重要的业务活动在无隶属关系的相关部门均有完整的记录或痕迹，使之可以互相印证、交叉核对、相互检查，既有助于防止或减少差错和舞弊的发生，又有利于及时发现和纠正差错与舞弊。

2. 关联性。内部控制的关联性包含以下三层含义：一是指一个组织的内部控制系统本身各要素之间密切相关，存在着相互联系、相互作用、相互影响和相互制约的有机关系，系统中任一个要素的控制活动建立、实施及其效果都会影响另一个要素的控制活动。二是指一个组织的内部控制系统与组织的包括业务系统在内的其他系统紧密关联、相辅相成、密不可分。每一项内部控制活动都是融于而不是脱离和割裂于业务系统等一切其他系统的运营活动和管理过程中的，内部控制系统成功与否都会影响着组织内部业务系统等其他系统。三是一个组织的内部控制系统与组织的外部环境系统也存在并保持着紧密的联系、相互影响。内部控制系统的运行效果会影响与外部环境系统的关联性，外部环境系统的变化也会影响内部控制系统的建设与实施及其效果。

3. 全面性。它是指内部控制是对组织内部一切业务活动和管理活动的全面性控制，而不是局部性或个别性控制。它不仅要对组织的治理结构、发展战略、人力资源、企业文化、财务会计、资产管理、工程项目、供产销、研发等活动的合法性、合规性、有效性进行全面监督控制与分析评估，还要提出改善建议，保证控制目标的全面实现。

4. 日常性。内部控制的日常性，指内部控制是一种组织内部的常规性管理控制活动和日常性工作，而不是临时性、阶段性和突击性工作。它包含以下两层含义：一是组织内部控制对组织内部一切经济活动及其管理过程与结果的控制是依照日常经济活动来进行的。二是指内部控制活动的持续性。内部控制的持续性是由组织的持续性决定的，只要组织经济活动在进行，控制就一直在路上，天天控制，周而复始，连续不间断。

5. 并行性。组织内部控制活动是融于经济活动全过程的，内部控制的并行性是指全部的内部控制活动与组织经济活动的平行控制性。它包括以下三方面含义：一是并行控制可同时作用于同一经济活动的不同方面。二是随着组织经济活动的进行，内部控制活动是按照相应规范的统一标准同时同步进行控制的，而不是脱离经济活动过程的控制活动，也不是分批或分项目内容单项单次进行控制的。三是内部控制活动的他控式的管理方式与强调自我、自控的管理方式并行，是一种强调自觉自我控制为主的控制管理，目的是更好地调动控制活动中每一个人的积极性。

第四节　内部控制的要素

内部控制的要素是构成内部控制系统必不可少的各个组成部分，包括内部控制中人的要素、有形的要素、无形的要素及以上要素结合的要素，是组织内部控制得以存在并维持其正常运行的必要的基本单元。

根据1992年COSO委员会发布的专题报告，内部控制整合框架主要由控制环境（control environment）、风险评估（risk assessment）、控制活动（control activities）、信息与沟通（information and communication）和内部监督（monitoring）五大要素构成。

2004年COSO委员会基于全面风险管理发布的专题报告——《企业风险管理——整合框架》细化和扩展了内部控制中的风险控制内容，将原来内部控制整合框架的五大要素扩充为全面风险管理框架的八大要素，即内部环境、目标设定、事项识别、风险评估、风险应对、控制活动、信息与沟通、监控。

我国财政部、证监会、审计署、保监会、银监会五部委联合发布的《企业内部控制基本规范》认为，企业建立与实施有效的内部控制，应当包括下列要素：内部环境、风险评估、控制活动、信息与沟通、内部监督等。

（一）内部环境

内部环境是指一个组织内部生存的空间及其可以直接或间接影响、制约组织内部控制活动的各种因素的总和。它提供组织治理架构与组织纪律，塑造管理哲学和经营风格等企业文化，并影响组织成员的控制意识，是组织建立和实施内部控制的最重要基础，是推动内部控制工作顺利开展的发动机。它涉及组织所有活动的核心要素——人。内部环境一般包括治理结构和议事规则、董事会与审计委员会、组织机构设置及权责分配、岗位职责、业务流程、内部审计、人力资源政策、职业修养和专业胜任能力、组织文化、管理哲学、经营风格、诚信原则、价值观和社会责任感、法制观念等内容。

（二）风险评估

每个组织都面临来自内部和外部的不同风险，控制风险必须先识别风险和评估风险。风险评估是组织及时识别、系统分析与评估可能影响组织生产经营和管理活动中与内部控制目标实现相关的各种风险，并在此基础上科学合理地确定风险应对策略的管理活动。它是建立和实施内部控制活动的前提步骤和最重要环节。风险评估一般包括目标设定、风险识别、风险分析与评估和风险应对。目标设定是评估风险的先决条件，风险识别主要是确认风险及其类型，风险分析与评估主要是确定采用的风险评估方法、判断、衡量、排序，确定风险等级及其可能的损失。对风险的识别、分析与评估，需要强调的是，内部控制系统必须持续有效识别和科学评估影响组织目标实现的种种实质性风险，包括组织所面对的战略风险、管理风险、市场风险、经营风险、法律风险和信誉风险等全部风险。对风险的分析评估构成风险管理决策的基础。风险应对的本质是减少损失概率或降低损失程度，所以风险应对主要是在风险识别和风险分析的基础上，根据风险类型和性质，结合风险承受度，权衡风险与收益，科学合理制定和选择相应的综合策略与具体处置方法，包括对各项内部政策与工作程序的调整，有助于消除风险或减少风险可能造成的损失，实现对风险的有效控制。

（三）控制活动

控制活动是内部控制的核心步骤和内容，它是组织根据风险评估结果，期望将风险控制在可承受度之内，以确保内部控制目标得以实现所采取的应对控制政策、策略与具体处置措施，如职务分工、授权、高层检查、实物控制、验证、审核、核准、审批、调节、协调、预算、复核、考评等。控制活动是组织日常工作不可分割的组成部分。控制活动必须根据控制目标分别制定和实施，所以有效的内部控制系统需要制定控制目标，建立适当的控制结构，明确定义各级各类控制活动。控制活动一般包括不相容职务分离控制、授权审批控制、会计系统控制、财产保护控制、预算控制、运营分析控制、绩效考评控制和信息系统控制等。一个组织应当根据内部控制目标，紧密结合组织内部的具体业务和事项的特点与管理要求，在风险评估结果及其应对策略的基础上，综合运用手工控制与自动控制、预防性控制与发现性控制相结合的控制措施和方法，全面建立和实施以上控制，以实现对风险的有效控制。

（四）信息与沟通

信息与沟通，是组织及时、准确、完整地收集、处理与内部控制相关的各种内外部信息，并确保这些信息以适当的方式在组织内部有关层级之间、层级内部、组织与外部环境之间及时传递、合法合规流动、有效沟通和正确应用，以使员工能够履行其责任的管理活动。它是有效实施内部控制的重要保障条件。信息与沟通存在于组织所有业务与管理活动中，信息是为开展业务、从事管理和进行控制等活动所需要的。每一个组织都应当建立科学有效的信息与沟通机制。一个有效的内部控制系统需要及时、可靠和全面的内外部相关信息。在沟通方面，要建立组织科学通畅的内外部信息的交流渠道和方式，建立涵盖组织全部重要活动的可靠的信息系统，保证组织的每一个员工既可从上（最高管理阶层）清楚地获取承担相应控制责任的信息，还可以有向上级部门反映、举报、投诉、沟通重要信息的渠道和方式，同时组织还要有与政府主管机关、客户、供应商、金融组织、审计机构、律师事务所和股东等利益相关者进行有效沟通的机制与方式方法。信息与沟通一般包括信息的收集机制、信息系统、在组织内部及其与组织外部有关方面的沟通机制、反舞弊机制、举报投诉制度和举报人保护制度等。

（五）内部监督

监督者需要被监督，控制者需要被监控。内部控制系统也需要被监控检查。内部监督是组织对内部控制建立与实施情况进行监督检查，评价内部控制的有效性，发现内部控制缺陷，并及时采取措施加以改进，确保企业内部控制能持续有效运作的管理活动。它是内部控制制度体系有效发挥作用的重要环节和重要保障条件，是内部控制体系本身不可或缺的重要组成部分。它主要监督检查的内容包括以下两个方面：一是组织对其内部控制系统的设计与建设的合理性、可行性、科学性和完整性进行监督检查、独立评估与报告缺陷；二是组织对其内部控制系统实际运行的有效性的监督检查、独立评价与报告缺陷。组织应当建立内部控制监督检查制度和机构，明确内部监督检查机构的隶属关系、职责权限，规范内部监督检查的标准、程序、方法和要求。组织根据监督检查的目的和要求，应当采用日常监督和专项监督相结合的方式，对组织内部控制系统进行常规、持续、有针对性的监督检查，监督检查内容可以是内部控制系统的整体情况，也可以是内部控制系统的个别或某几个方面。

上述五项控制要素取决于管理层经营企业的方式，并融入管理过程本身。它们具有层次性，其中任一要素相对于它所在的系统是要素，相对于组成它的要素则是系统。它们同时具有结构性，以内部环境为基础、以风险评估为环节、以控制活动为手段、以信息与沟通为条件、以内部监督为保证。它们既相互独立又相互联系、既独立作用又相互影响而形成一定的结构，共同构成一个有机的整体，共同作用于组织内部控制，以保证组织内部控制目标的实现。

第五节 内部控制的目标

目标是系统活动的预期结果，是主观设想要达到的境地或标准，具有为系统活动指明方向、决定方式的核心作用。内部控制目标是指一个组织通过内部控制系统所要完成的预期任务、所要实现的预期成果或所要达到的既定标准。内部控制本身不是目的，而是实现目标的手段。它是内部控制基本概念框架的逻辑起点，维系和牵制组织各个方面关系，决定组织内部控制的方向和方式。

内部控制的直接目标是将组织的各种风险控制在可承受度之内，实现组织内部控制的目标；内部控制的间接目标就是通过科学建立和有效实施内部控制，保证组织目标的实现。

COSO 委员会在《内部控制——整合框架》中，将内部控制的目标定义为用以促进效率、提高效果、减少资产损失风险，帮助保证财务报告的可靠性和法律法规的遵循性。具体分为以下三个方面。

第一，经营的效率和效果，主要是基本经济目标，包括绩效、盈利目标以及资源的安全性等。

第二，财务报告的可靠性，主要是与对外公布的财务报告编制、披露相关的，包括业绩预告、业绩公告、中期报告、年度报告、合并财务报表中选取的数据的可靠性等。

第三，法律法规的遵循性，主要是企业对于所适用的法律法规和相关政策制度规范的遵循。

根据我国财政部、审计署、保监会、银监会、证监会五部委联合发布的《企业内部控制基本规范》，内部控制的目标是：合理保证企业经营管理合法合规、资产安全、财务报告及相关信息真实完整，提高经营效率和效果，促进企业实现发展战略。它包括以下五个方面的具体目标。

（1）合规性目标。企业应当关注并控制在经济活动和管理过程中与政策制度、法律法规相关的风险，合理保证实现企业组织架构、人力资源、安全生产、产品与服务质量、环境保护、资源节约、促进就业与员工权益保护、合同管理、担保业务、财务报告、工程项目、商业行为和内部政策的合法合规，确保国家有关法律法规、政策和有关监管要求的遵循以及组织内部规章制度的贯彻执行。

（2）安全性目标。企业应当关注和控制拥有的或控制的流动资产、固定资产、无形资产、长期资产与资金活动等相关的风险，建立职责明确、各司其职、各负其责、相互制约、相互协调的工作机制，堵塞、消除隐患，防止采取其他不法方式侵占、挪用、抽逃资产，牟取不当利益，防止未经授权或者未经科学决策程序，擅自决定筹资、投资和调度使用资金，遭受欺诈或营私舞弊，造成资金损失或引发财务危机，合理保证实现企业资金资产安全完整，加速资金循环与周转，促进资金资产使用效能的提高。

（3）报告性目标。企业应当关注和全面控制财务报告及相关信息编制、对外提供以及内部信息传递和分析利用的风险，规范会计行为，提高信息及其披露质量，合理保证企业对外财务报告及相关信息的及时性、真实性、准确性和完整性，不存在任何虚假记载、误导性陈述或重大遗漏，保证报告目标的实现；合理保证企业内部报告系统的功能健全和内容完整，内部信息传递的及时、顺畅、保密和有效利用，充分发挥内部报告的作用。

（4）经营性目标。企业应当重点关注和全面控制与经营性相关的风险，防止滥用职权，避免因个人风险偏好给企业造成重大损失，同时在权衡内部控制实施成本与预期效益的基础上，合理保证企业经营效率和效果的提高，有效促进企业经营目标的实现。

（5）战略性目标。企业应当关注和控制与发展战略相关的风险，建立和完善符合现代企业制度要求的内部治理结构，形成科学制衡的决策机制、执行机制和监督机制，合理保证企业科学制定和有效实施长远发展目标与战略规划，促进企业发展战略的实现。

以上五个目标分别代表内部控制目标的不同方面，满足不同的需要。一个组织不能为实现经营性目标而放弃对法律法规的遵循性、忽视组织的战略性目标；也不能因为强调组织的战略性发展，而不重视组织的报告性目标。它们虽然相互独立但不相互矛盾，不可偏废，是相互关联、相互促进，共同实现企业内部控制的预期目标。

第六节　内部控制的基本原则

基本原则是整个规范体系所适用的、体现规范的基本价值的原则，是一个规范体系及其关系的基本规律的抽象和概括。内部控制基本原则是组织在设计、建立、实施、评价考核、监督和改善内部控制时所必须依据和遵循的、体现基本规范的基本价值的法则。它反映内部控制活动的根本属性，是体现在整个内部控制体系中的、贯穿于内部控制活动全过程的具有普遍性指导意义的规范准则，是内部控制制度的基础。

内部控制的基本原则是属于内部控制战略性的、全局性的指导思想，因此，充分认识内部控制的基本原则具有重要意义。首先，有利于深刻认识内部控制的本质。因为内部控制的基本原则集中地体现了内部控制的本质，反映了组织的管理意志。其次，有利于从整体联系上理解组织内部控制内容及其与组织内部其他制度规范的关系。最后，有利于组织内部控制制度体系的设计、建立、实施、监督和改善。组织内部控制全过程都不能脱离它的基本原则。

我国财政部、审计署、保监会、银监会、证监会五部委联合发布的《企业内部控制基本规范》规定，企业建立与实施内部控制，应当遵循以下五个原则：（1）全面性原则；（2）重要性原则；（3）制衡性原则；（4）适应性原则；（5）成本效益原则。

1. 全面性原则，包括组织内部控制的全过程、全覆盖性、连续性、一致性、整体性和系统性。它是指组织的内部控制应当贯穿决策、执行和监督全过程，覆盖组织及其所属单位的各种业务和事项，而且组织内部控制制度必须具有连续性和一致性；组织的内部控制各组成部分不是支离破碎、相互割裂的，必须是整体性的，同时与组织的其他规章制度相互衔接、相互协调；它必须是系统性的，既要符合组织的发展战略，又要注重组织的短期经营目标或管理目标，促进组织的全面可持续发展。

2. 重要性原则，就是指组织内部控制应当在全面控制的基础上，根据组织的内外环境实际情况，在内部控制过程中，对控制对象应区别其重要性程度，关注重要业务事项、重点薄弱环节和高风险领域，对它们采用不同的控制方式方法，有针对性地重点开展切实有效的内部控制活动。内部控制对象重要性是相对的、具体的，重要性程度会因组织及其内部控制目标不同而不同。重要性具有质量特征（风险或者错误的性质、问题的严重程度、可能造成的后果及影响面）和数量特征（损失或者错误的金额大小、重要性及其对某个结果数据的影响程度）。影响内部控制重要性的因素很多，需要内部控制人员应综合考虑各种因素，合理选用重要性水平的判断基础和评价指标，对风险、损失和错误进行科学合理的分析评估，合理确定内部控制对象的重要性水平，为精准和有效实施内部控制指明方向。重要性原则能否得到有效的贯彻执行，将直接关系到内部控制成本的投入和内部控制工作效率的提高，关系到内部控制质量的提升。

3. 制衡性原则，是指组织内部控制应当在治理结构、机构设置及权责分配、业务流程等方面通过分权，形成相互配合、相互制约、相互平衡、相互监督，同时兼顾运营效率，防止过度烦琐、滥用牵制。制衡性原则包括两层含义：一是按照不同的性质和功能把权力划分为相对独立的不同类型、层级；二是不同性质、功能和层级的权力设置在不同的机构、层级、岗位、程序、环节中，由不同人员来掌握，并使各种权力之间形成相互配合、相互制约、相互平衡、相互监督的关系。一般意义上，绝对的权力产生绝对的滥用和腐败，因此，必须用权力来牵制和制衡权力。制衡的前提是分权，一方面通过权责分配，达到制约权力的目的；另一方面通过权责分配，实现内部控制的科学，达到各相关权力的平衡与协调，所以制衡性原则也可称为分权制衡原则。从一定意义上讲，内部控制制度是一个组织以合理分权、相互制衡为出发点对各种权力运作所做的制度安排与实现。制衡性原则是从权力层面认识内部控制的最基本原则，是内部控制的核心原则，是内部控制的精髓。

4. 适应性原则，包含以下含义：一是指组织内部控制受到许多因素的影响，这些因素包括国家法律法规、相关监管要求、内部控制制度演进、组织发展战略、行业特点、组织规模、业务范围、人员状况、技术水平、竞争市场和风险程度等，组织内部控制应当与内外部环境相适应；二是组织内部机构的设置和权限的划分等内部控制制度内容不是绝对固定不变的，应根据组织内外环境变化和内部控制规范发展情况及时地进行相应的调整和改革，以适应环境的变化，确保内部控制制度与时俱进、切实可行；三是兼顾稳定性，组织结构、岗位设定和权责分配等要相对稳定，具有一定的弹性，不要轻易变动和随意调整，保证组织在内外部环境发生可控变化时，能够继续有序地正常运转，以利于提高组织的效率和效果，做到稳定性与机动性相统一。

5. 成本效益原则，是指内部控制应当权衡实施成本与预期效益，以适当的成本实现有效控制。它是用来评估内部控制活动的经济性原则。根据成本管理理论，一项活动的收益必须大于其成本。考察成本应不应当发生的标准是产出（收入）是否大于为此发生的成本支出，如果大于，则该项成本是有效益的，应该发生；否则，就不应该发生。就企业来说，在市场经济条件下，其目的在于追求最大的经济效益。内部控制是有成本的，企业内部控制必然要讲求成本效益，要遵循成本效益原则，所以内部控制的成本效益原则就是要从“投入”与“产出”的对比分析来看待内部控制活动“投入（成本）”的必要性、合理性，所以，内部控制的成本效益原则可以理解为当组织采用一项内部控制时，必须保证实施此内部控制所带来的效益增加大于其所引起的成本增加。正确理解成本效益原则是组织内部控制制度执行过程中的一个十分重要的问题。在实际工作中应该避免对成本效益原则的误解，慎重和规范使用成本效益原则，防止滥用，不应动辄以遵循成本效益原则为由随意或无端简化内部控制程序或者取消一项内部控制活动。

此外，需要特别强调的是，组织内部控制的建立和实施前提必须以国家的法律法规为准绳，必须符合和遵守国家法律法规和有关监管规则或要求，必须是限定在法律法规规定的范围内制定、实施和监督的。任何内部制度规范的设计、建立、实施和监督均不得超越相关法律法规的规定。这个可称为内部控制的合法性原则，它是组织内部控制至关重要的基本原则，或可称为内部控制的最高法律原则，它是民主和法治原则等现代法律法规原则在内部控制上的体现，对保障组织及其所有者权益、员工权益、组织履行社会责任、维护国家利益和社会公益具有举足轻重的作用。

第七节 内部控制的一般方法概述

内部控制实施必须有切实可行、行之有效的控制方法和措施。内部控制方法是保证内部控制活动得以有效实施并使控制活动质量不断提高的一种管理方法。一个组织应当结合风险评估结果，通过手工控制与自动控制、预防性控制与发现性控制相结合的方法，运用相应的控制措施，将风险控制在可承受度之内。

内部控制措施一般包括不相容职务分离控制、授权审批控制、会计系统控制、财产保护控制、预算控制、运营分析控制、绩效考评控制、内部报告控制、信息系统控制和员工素质控制等。

不相容职务分离控制是指组织中将经济业务活动和管理活动由相对独立的人员或部门分别实施或执行，以形成相互制衡的机制，降低错误舞弊发生的可能性，达到防错防弊的控制目的，所以不相容职务分离控制要求组织根据治理结构要求和发展战略以及经营目标，按照科学、高效、精简的原则，既要考虑工作的需要，也应遵循内部控制的基本原则，统筹规划，合理设置管理层级、职能部门和工作岗位，明确各层级、各部门、各岗位的职责权限，建立岗位责任制，充分考虑不相容职务相互分离的制衡要求，全面系统地分析、梳理业务流程中所涉及的不相容职务，实施相应的分离措施，形成各司其职、各负其责、相互制约的工作机制。不相容职务通常包括业务经办执行、审核审查、授权批准、财务会计记账、资产记录、财产保管、稽核检查、考核评价等。

授权审批控制是指在日常业务活动和管理活动过程中相应职责权力的行使必须是经过授权批准，以便进行内部控制。没有相应授权就没有相应的行使权力，所以未经授权和批准，有关人员不得接触、办理和处置相应业务和管理事项。授权标准的形式通常有常规授权和特别授权之分。常规授权是指组织在日常业务活动和管理活动中按照既定的职责和程序进行的授权。这种授权一般会以文件形式进行规定。被授权人可以在日常业务处理中按照授权规定的权限范围和有关职责处理常规性的经济业务和开展例行管理活动。特别授权是指在特殊情况、特定条件下进行的授权。特别授权一般是受权处理非常规性业务和开展例外管理活动。组织中的重大业务和事项，应当实行集体决策审批或者联签制度，任何个人不得单独进行决策或者擅自改变集体决策。授权审批控制要求组织应该根据常规授权和特别授权的责任和权限规定，明确各部门、各岗位办理经济业务与管理事项的权限范围、授权审批程序、授权审批层次和相应责任，所以一个组织应当编制常规授权的权限指引，规范特别授权的范围、条件、权限、程序和责任，严格控制特别授权。组织中每一层的管理人员既是上级管理人员的授权客体，又是对下级管理人员授权的主体。无论是高层管理人员还是基层管理人员，组织中的各级管理人员都应当也只能在授权范围内行使职权和承担责任，业务经办人员必须在授权范围内办理业务和承担责任，不得越级审批和违规审批。

会计系统控制是指通过会计本身的核算、管理和监督系统所进行的控制。它主要是通过会计凭证控制、会计账簿控制、财务与会计报告控制和会计复核控制四方面加以控制。其中，会计凭证、会计账簿、财务与会计报告控制是指对账户设置、会计凭证的填制和取得、会计账簿的设置、启用和登记以及财务与会计报告的编制、报送和披露等按照规范程序和方法进行处理时所实施的控制。会计复核控制是指对会计凭证、会计账簿和财务与会计报告内容的再审核，主要是复核会计事项是否真实、是否处理得当，会计科目使用是否正确，记账方向是否正确，会计方法或会计政策选择是否正确，凭证与凭证、账簿与账簿、报表与报表以及它们三者之间记录是否正确、相符等，并要求会计业务处理当事人做出更正，会计复核控制工作属于事后控制。会计系统控制要求组织遵守《中华人民共和国会计法》和会计相关法律，严格执行国家统一的会计准则制度，制定适合本组织的财务与会计制度。加强会计基础工作，明确会计凭证、会计账簿和财务会计报告的处理程序，建立和完善会计档案管理和会计工作交接办法，保证会计资料真实完整。组织应当依法设置会计机构，配备会计从业人员，实行会计人员岗位责任制。从事会计工作的人员，必须取得会计从业资格证书。会计机构负责人应当具备会计师以上专业技术职务资格。大中型企业应当设置总会计师。设置总会计师的企业，不得设置与其职权重叠的副职。一个组织应当根据内部控制的基本规范及其应用指引，结合本组织的特点和实际情况，形成一套完整的内部会计控制系统，同时还要根据组织内外环境的变化，适时修订调整，不断完善内部会计控制系统。

财产保护控制就是通过一系列科学、严密、规范的财产内部控制制度，相关部门与人员按照规范接触和处置财产及其有关文件资料，而使未经授权的人员无法接触和处置，保证财产安全。组织应当严格限制未经授权的人员接触和处置财产，一般情况下，现金、银行存款、其他货币资金、应收票据、应收账款、交易性金融资产和存货等变现能力较强的资产必须限制无关人员的直接接触和直接处置。财产保护控制主要包括财产账务保护控制和财产实物保护控制两方面。财产账务保护控制就是对财务部门会计账务、供应、生产、销售、行政等部门资产管理台账的保护控制。财产实物保护控制就是对实物资产及与实物资产有关的文件资料的接触、保管、收付、进出、盘点、清查、处置等的保护控制。财产保护控制涉及组织的流动资产、固定资产和无形资产等各类财产，所以财产保护控制配套制度一般包括各类财产的保管制度、实物收发制度、盘点清查制度、定期不定期对账制度、现金管理制度、应收账款催收制度、无形资产管理制度等。财产保护控制要求一个组织应当全面梳理财产管理流程，建立与内部控制制度配套的财产日常管理制度和定期清查制度，采取财产记录、实物保管、定期盘点、账实核对、财产保险等措施，及时发现财产管理中的薄弱环节和漏洞，切实采取有效控制措施，防止财产管理风险的发生，确保财产的安全完整。

预算控制是内部控制的重要组成部分，预算控制是一个系统，该系统由预算编制、预算执行、预算调整、预算考核、预算监督等构成。预算控制的内容涵盖一个组织生产经营和管理活动的全过程，包括采购、生产、销售、筹资、投资、管理等方面。各预算责任单位按照权、责、利匹配原则组织实施预算。预算控制要求企业实施全面预算管理制度，界定各责任单位在预算管理中的职责权限，明确预算目标、预算项目与内容，建立预算标准，规范预算的编制、审定、下达、执行、考核评价、检查监督等程序，及时反馈预算执行情况，分析和控制预算差异，采取改进措施，强化预算约束，确保预算的执行，通过全面预算管理实行对组织全部业务活动和管理事项的全员全过程控制。

运营分析控制要求企业建立运营情况分析制度，经理层应当综合运用生产、购销、投资、筹资、财务等方面的信息，通过因素分析、对比分析、趋势分析等方法，定期开展运营与管理活动情况系统分析，发现存在的问题，及时查明原因，并提出改进意见和应对措施，加以改进。企业建立运营情况分析制度一般包括采购分析制度、生产分析制度、品质管理分析制度、营销分析制度、存货与运输分析制度、投资分析预测制度、融资分析制度等。企业应当建立与运营分析内部控制配套的内部运营与管理活动情况分析制度以及相应的业务管理制度。

绩效考评控制要求组织应当贯彻激励相容原则，设计合理的激励机制及手段，科学设置预算目标和评价考核指标体系，建立和实施能够使个人的努力收益与其工作业绩相结合的绩效考评制度，对组织内部各责任单位和全体员工的业绩进行定期、定性与定量相结合的考核和客观评价，将考评结果作为确定员工薪酬以及职务晋升、评优、降级、调岗、辞退等的依据，兑现奖惩，强化对各部门和员工的激励与约束，采取包括物质奖励与精神奖励等多种激励措施，提高激励效果，实现个人与组织的双赢。绩效考评控制也是一种内部控制的反馈控制手段。

内部报告控制是指通过编制和报送一系列以文件形式规定的内部报告，管理层据此及时掌握组织的发展动态所进行的控制。内部报告是组织内部各级管理层掌握信息、加强内部控制的报告性文件，是内部控制的重要组成部分。内部报告控制的相关信息应当按照规范要求在组织内部各相关管理层级、责任单位和业务环节等有关方面之间进行沟通与反馈。内部报告控制要求组织建立和完善内部报告制度，科学规范不同层级内部报告的指标体系，制定严密的内部报告相关信息的收集、分析、处理、报告和质量审核以及评估程序，明确内部报告传递的内容、密级程度与保密要求、传递方式、传递范围等，及时、主动提供简明扼要的业务活动和管理活动中的重要信息，全面反映经济活动情况，各层级管理人员要充分利用内部报告，管理和指导组织内部业务活动和管理活动，及时发现、防止和纠正对组织正常经营业务和管理活动产生重要影响的不法行为或不当行为，增强内部控制的时效性和针对性，促进内部控制有效运行。内部报告控制应当与组织内部的组织结构、内部责任主体性质、组织岗位职责和其他控制方式相结合，明确反映各个部门、各层级管理人员的责任、权力与利益，明确责任主体的报告关系。内部报告按照内容通常包括财务报告、各种成本费用类报告、各类分析报告、各类考核评价报告、审计报告、其他各种检查监督报告、各种可行性报告和各类调研报告等。按照报告形式通常包括定期报告、不定期报告、专项报告、综合报告、例行报告、实时报告等。按照报告时间通常包括日报、周报、旬报、半月报、月报、季报、半年报、年报等。

信息系统控制是指组织通过建立安全稳定的信息系统，确保有效掌握组织内外部相关信息，促进信息的集成与共享，充分发挥信息与信息技术在内部控制中的作用，以实现内部控制的目标。信息系统控制要求组织应当充分利用现代信息技术和计算机技术，结合本组织治理结构、业务范围、地域分布、技术能力等实际情况，制定信息系统建设整体规划，加强对信息系统的研究、设计与开发，全面建立与本组织经营业务和管理活动相适应的信息系统控制流程、运行机制、管理制度，优化业务与管理流程，提高业务处理效率和管理活动效率，减少和消除人为操纵因素和错误舞弊发生的可能性，防范风险。应当指定专门机构对信息系统的建设实施进行归口管理。同时，信息系统既是内部控制系统发挥作用的重要组成部分，其本身又是内部控制的对象，组织应当加强对信息系统日常运行维护、程序开发与变更、程序和数据访问、计算机硬件管理、计算机运行、数据输入与输出、文件储存与保管、信息与网络安全、培训与宣传、评价与考核、审计与检查监督等方面的控制，保证信息系统安全稳定运行。此外，信息系统控制内容还应当包括建立规范的重大风险预警机制和突发事件应急处理机制的信息系统控制、建立规范的反舞弊机制的信息系统控制、建立规范的举报投诉制度和举报人保护制度的信息系统控制等，使组织能够及时、有效掌握相关重要信息，确保相关事项、事件或案件得到及时妥善处理。

除上述内部控制一般方法之外，内部控制还有一项至关重要的控制就是员工素质控制。员工素质控制是指根据组织发展战略和内部控制目标，采用一定的方法和措施对员工尤其是各层级管理者的思想品德和工作能力等各项素质的控制，保证组织各级人员具有与其任职岗位和所负责的工作相适应的综合素质。员工素质控制是内部控制中一项带有发挥根本性作用的控制，是治本性的控制。员工是内部控制中最活跃的控制要素，内部控制规范是由人制定的，也要靠人去贯彻执行。高素质的员工对于充分发挥内部控制的作用，实现内部控制目标至关重要，决定着内部控制的成败。员工素质控制的直接目的就是获得高素质的员工并将其匹配到合适的岗位。员工素质控制通过选聘、开发、使用、晋升、轮换、培养、考评、奖惩、退出等方式和环节对员工素质进行控制。员工素质控制要求组织要充分认识员工及其素质的重要性，高度重视员工队伍建设，制定符合组织特点、人才规律的员工管理政策，建立科学合理规范的员工选聘、开发、使用、晋升、轮换、培养、考评、奖惩、退出等相应的机制和制度，尤其是重要岗位员工的引进、激励、约束制度，退出机制和职业信用保险机制，与加强员工文化知识、思想政治、职业道德和专业技能的培养，大力提升员工的个人综合素质，全面提高员工队伍的整体素质和组织核心竞争力，充分发挥员工在内部控制中的重要作用，防范和控制由于员工素质引发的风险，保证业务活动和管理活动的绩效，实现组织的各项预期目标。

第八节 内部控制师职业素质与资格

随着经济的发展，竞争的加剧，专业化的进一步分工，组织内部控制越来越受到重视。社会呼唤内部控制的专门技术人才，为此内部控制师职业应运而生。

作为一种新兴的专业技术职业，内部控制师的主要职责和工作范围包括：组织内部控制系统的设计、开发、执行和有效性评估，业务流程与控制措施评估，内部控制环境的建立，组织风险评估与管理，内部控制文档管理与缺陷整改以及公司治理实务等，提升组织内部控制能力，增强组织内部控制系统的有效性，提高组织的整体治理水平和市场竞争能力。

注册内部控制师（CICS/CICP）是内部控制协会（Internal Control Institute，ICI）在全球范围内推行的内部控制师职业人才资格。内部控制协会（ICI）是一个在美国成立的专门致力于内部控制和公司治理的教育组织与知识技能研发机构，旨在为全球提供企业内部控制、风险管理和公司治理相关产品、服务和职业资格认证，也为全球提供内部控制和公司治理领域量化评估工具。它是在2002年美国《萨·奥法案》出台后成立的。该协会提供以《萨·奥法案》为原则，基于COSO内部控制框架的量化评估工具、为董事会等公司治理机构服务的量化评估指南、内部控制设计与专业评估技术和解决方案、内部控制教育流程、包括资格认证在内的内部控制师职业人才知识体系和认证标准体系以及内部控制文档管理方法等产品。

目前ICI所建立的全球范围的内部控制专业人才知识体系和职业人才资格认证标准体系，是基于全球内部控制职业人士最初的资格标准和职业胜任能力持续改进的要求。内部控制协会根据COSO委员会的全面风险控制框架、内部控制定义、内部控制角色与职责，通过界定与内部控制相关的各层级的控制责任与制度要求，整合了公司治理、风险管理、财务管理、会计核算、业务管理、质量管理、流程管理、信息系统、企业责任和审计监督的各种相关知识、适用法规、信息技术和评估工具，形成了考核和评估注册内部控制师的通用知识与技能体系。

获得注册内部控制师资格，就是正式承认资格证书持有者具有内部控制通用知识与技能体系（common body of knowledge，CBOK）所阐述的学科知识与技能的胜任能力。也就是被国际内部控制协会这一专业权威机构和同行正式认可为内部控制专家，这也就表明资格证书持有者已经具备为胜任组织内部控制系统的设计、开发、执行和评估以及风险管理工作做好了专业能力的各种准备，同时也表明他也将可以拓宽就业渠道，获得更好的职业发展机会，可能走上职务晋升快速通道，从事组织内部控制或其他管理工作的中高级岗位工作。

目前，注册内部控制师设置有 A、B 两个级别的职业资格（证书），其中，A 级可称为高级注册内部控制师（Certified Internal Control Professional，CICP），B 级可称为注册内部控制师（Certified Internal Control Specialist，CICS）。注册内部控制师（CICS）资格证书考试申请者应具备以下条件之一：（1）具有公认大学四年的学士学位或同等学力，至少有二年内部控制设计和/或内部控制评估经验。（2）具有公认大学的会计、商业管理、工业工程类专业的硕士学位或同等学力，一年以上内部控制实际工作经验。（3）具有六年内部控制的工作经验。符合上列条件之一者，可以报名参加注册内部控制师（CICS）资格考试。达到规定条件并经考试合格者，将由内部控制协会（ICI）颁发《内部控制师（CICS）资格认证证书》。此外对于那些有学位而没有工作经验的候选人也可以先申请考试。在通过 CICS 考试，达到必需的工作经历，经审批合格后也可授予证书。高级注册内部控制师（CICP）资格证书考试申请者应具备以下条件之一：（1）具有公认大学四年的学士学位或同等学力，至少有八年内部控制设计和/或内部控制评估经验。（2）具有公认大学的会计、商业管理、工业工程专业的硕士学位或同等学力，七年以上内部控制实际工作经验。（3）具有十二年内部控制实际工作经验。（4）已经获得 CICS 证书，具有八年专业的内部控制工作经验。符合上列条件之一者，可以报名参加高级注册内部控制师（CICP）资格考试。同样，达到高级注册内部控制师规定条件并经考试合格者，将由内部控制协会（ICI）颁发《高级内部控制师（CICP）资格认证证书》。

CICS/CICP 资格证书不仅证明持证人员具备内部控制通用知识体系、主要知识和技能的专业胜任能力，而且还反映其在为协助组织设计、开发、执行和评估内部控制系统以及控制流程实践中的能力。目前 CICS/CICP 所要求的资格知识和能力除了要了解内部控制立法的背景、内部控制协会、资格认证项目的背景、意义与特点，成为内部注册控制师对本职业、对个人和对用人单位可以提供的价值以外，主要要求具备八大方面的内部控制通用知识与技能：（1）内部控制的原理、术语和概念；（2）内部控制环境；（3）风险管理；（4）应用控制评估；（5）业务系统控制评估；（6）风险评估；（7）内部控制衡量与报告；（8）公司治理实务（详见表 1－1）。

表 1－1　CICS/CICP 要求的资格知识和能力

知识与技能	主要内容
内部控制的原理、术语与概念	内部控制法规出台的背景；美国注册会计师协会的内部控制定义、COSO 的内部控制定义；控制系统的含义；内部控制不能做什么；计划—执行—检查—整改（PDCA）的循环；业务工作流程；控制的术语；控制的三个层级；内部会计控制；内部控制的层级制度；控制负有的责任（内部控制的责任、COSO 定义的内部控制角色与职责、区分不同的控制责任、恢复内部控制中失去的信任、内部控制概念如何才能改进评估）等

续表

知识与技能	主要内容
内部控制环境	环境控制概念；环境控制的职责（执行管理层建立控制环境的责任、控制的层级制度、环境控制（公司治理）如何发挥作用、控制环境与公司风险、有效控制环境的10个最高属性、行为守则政策；企业的价值观、首席执行官的楷模作用；组织结构（职责分离）、人员的胜任能力、责任和权力的特别委派与沟通；一般授权（预算和财务报告）与责任制、内部审计、资产保护、规定的工作流程）；建立控制环境（管理层的高层基调、作为环境控制的组织结构；作为环境控制的计划与指导）；监督控制的职责；监督控制的职责属性（控制环境中的授权与沟通、控制环境中职责分离、有能力和可信赖、记录保存程序、建立物理访问控制、制衡原则、监控合规性）；计算机安全控制环境（安全风险、规定关键的成功因素）；组织的计算机安全政策；计算机安全的作用和职责（首席安全官和安全规划委员会、安全员、安全责任人、安全质量保证、计算机安全；计算机安全项目的持续行动）；发起行动激发个人对安全的热情（向下分解安全任务、安全的个人所有权、亲自反馈安全任务的效果、计算机安全活动的奖励制度）等
风险管理	风险管理领域（风险的概念和词汇；风险与控制；计算由于风险造成的损失；经营环境中的风险；风险与控制的三个层次；风险的概念和COSO控制框架）；COSO对业务系统的控制活动；系统设计师如何面对业务应用系统的风险；风险的原因和结果；与业务系统有关的集中风险暴露；管理风险的流程；环境控制的目标、系统控制和交易处理控制的目标；控制措施如何才能使风险最小化；制订风险管理计划等
评估应用控制	应用评估方案的概念；审计标准、COSO企业风险管理框架；COSO内部控制框架；包括《萨·奥法案》适用的法律法规；将适用的标准、框架和法规纳入应用评估方案；评估应用控制的评估方案框架（评价企业风险管理的方案和评估环境控制）；评估和测试应用控制系统，五个业务循环的概述等
业务系统控制评估	业务系统控制的目标、交易处理控制的目标、单独应用和应用周期比较；标准、合规性与强制实施的关系；系统和交易处理控制的类型；控制活动的交易处理部分；确认业务系统中控制措施应处的位置；选择单独的交易处理控制；控制选择流程；应用控制文档记录模型；计算控制措施的成本效益等
风险评估	管理层在风险评估中的作用；意外损失和故意损失的比较；风险分析流程；识别风险、薄弱点与威胁；人员风险（职责冲突分离矩阵）；衡量风险大小等级和使用内外部应用特征的风险评分、量化风险的步骤等
内部控制衡量与报告	《萨·奥法案》对组织环境控制的影响；内部审计在评估环境控制和《萨·奥法案》意向目标方面的作用；《萨·奥法案》在改进公众对公司会计与报告信任方面的意向目标；评估环境控制的效果；建立合规性评估方案；提供七级确认要素的评估方案示例；如何确认合规性评估的效果以及汇总合规性评估结果的方法等
公司治理实务	公司治理的定义、政策、原则和目标；从良好公司治理中获得的价值；三种广泛被接受的公司治理模型；COSO对董事会和高级管理层的控制目标；公司的核心价值观；执行管理层领导力所需的有效公司治理（公司高级领导人的组织治理领导力和法律道德行为）；公司治理的沟通目标；使用最佳实务实施治理方法；监控公司治理政策与程序的遵从性；治理分析与强制实施；公司治理案例；提供公司治理"最佳实务"示例和指南；改进公司治理流程

为了促进企业建立、实施和评价内部控制，规范会计师事务所内部控制审计行为，2008年我国发布了《企业内部控制基本规范》，2011年财政部会同审计署、证监会、银监会、保监会又制定和发布了18项《企业内部控制应用指引》以及《企业内部控制评价指引》和《企业内部控制审计指引》，并要求自2011

年1月1日起在境内外同时上市的公司施行，自2012年1月1日起在上海证券交易所、深圳证券交易所主板上市公司施行，在此基础上，择机在中小板和创业板上市公司施行，鼓励非上市大中型企业提前执行。要求执行《企业内部控制基本规范》及企业内部控制配套指引的上市公司和非上市大中型企业，应当对内部控制的有效性进行自我评价，披露年度自我评价报告，同时应当聘请会计师事务所对财务报告内部控制的有效性进行审计并出具审计报告。为了适应形势发展的需要，从2008年开始我国内部控制制度建设被正式提到企业议事日程上，越来越受到理论界和实务界的重视。为此，企业必须选择和聘用在内部控制领域有能力而又可信赖的专业技术人才。内部控制人才也因此成为企业尤其是大中型企业、上市公司急需的高技术管理人才。为了适应组织内部控制建设发展和内部控制人才的需要，2009年我国引进注册内部控制师资格认证，并经中国人力资源和社会保障部职业技能鉴定中心核准，纳入国家职业技能认证体系，从而有力地促进了内部控制师人才走上职业化发展的道路。CICS职业资格证书是对内部控制人才专业知识、技术、能力的认可，是持证人申请职业技能鉴定的合法有效证明，是求职、招录、任职和晋升职务的依据之一。

注册内部控制师资格认证由ICI在全世界范围采用“四统一”做法，即统一培训内容、统一考试内容、统一评卷标准、统一颁发资格证书。在中国每年组织4次考试，分别在3月、6月、9月和12月，每次的具体考试时间由ICI在其官网上公布。目前我国报考者的培训教材采用中国财政经济出版社出版的《国际注册内部控制师通用知识与技能指南》。考试内容为上述所提到的CICS通用知识体系规定的内部控制原理与术语和概念、控制环境、风险管理、评估应用控制、业务系统的控制评估、风险评估、内部控制衡量与报告和公司治理实务等八方面技能，按基础知识、理解能力和专业胜任能力等三个层次检验报考者的通用知识水平、专业判断能力和实际应用能力。考试采用综合闭卷笔试方式，考试时间限定为120分钟。未通过考试者，通过提交补考申请和交纳补考费用后，一年内还可以再参加考试。

【复习与思考】

1. 如何理解内部控制的本质？
2. 简述内部控制的发展阶段。
3. 内部控制具有哪些基本特征？
4. 内部控制包括哪些基本要素？
5. 内部控制的主要目标有哪些？
6. 内部控制包括哪些基本原则？
7. 内部控制的一般方法都有哪些？
8. 内部控制师应该具备哪些基本素质？

【案例分析】

中冶集团国有资产重大损失案例①

1. 公司简介：中国冶金科工集团有限公司（以下简称“中冶集团”）是全球最大最强的冶金建设承包商和冶金企业运营服务商，是中国特大型企业集团，是中国钢铁工业的开拓者和主力军，乃至中国基本建设的主力军，是国内产能最大的钢结构生产企业，是国家确定的重点资源类企业和国家创新型企业之一，公司先后承担了包括鞍钢、武钢、包钢、太钢、攀钢、宝钢等国内几乎所有大中型钢铁企业主要生产设施的规划、勘察、设计和建设工程，在改革开放初期，创造了著名的“深圳速度”。目前拥有13家甲级科研设计院、15家大型施工企业，拥有5项综合甲级设计资质和34项特级施工总承包资质，其中，三特级施工资质企业数量达7家，位居全国前列，双特级施工资质企业数量达10家，位居全国第一。拥有25个国家级科技研发平台，累计拥有有效专利超过25 000件，连续五年（2013～2017年）居中央企业第四名，2009年以来累计获得中国专利奖52项（其中2015～2017年连续三年获得中国专利奖金奖），2000年以来共计获得国家科学技术奖46项，累计发布国际标准44项，发布国家标准430项。累计获得中国建设工程鲁班奖97项（含参建），国家优质工程奖175项（含参建），中国土木工程詹天佑奖15项（含参建），冶金行业优质工程奖606项。拥有53 000余名工程技术人员，在“世界500强企业”排名中居第290位，在《工程新闻记录》（ENR）发布的“全球承包商250强”排名中居第8位。2008年12月，中冶集团发起设立中国冶金科工股份有限公司（简称“中国中冶”）。2009年9月，中国中冶在上海、香港两地成功上市。

2. 中冶集团国有资产重大损失基本案情：经查，2007年5～6月，中冶集团时任董事长、总经理、副总经理黄丹，发展改革部部长李鹏程等人，依据现场考察情况及民营企业唐山恒通提供的数据资料，启动与唐山恒通的合作。6月5日，董事长授权其中一名副总经理代表中冶集团与唐山恒通签订《战略重组框架协议》。2007年7月26日，在法律和财务尽职调查已提示唐山恒通有巨大法律和财务风险等情况下，董事长主持召开董事会第五次会议，临时将审议与唐山恒通合作有关议案改为情况通报，未经正式审议表决，即同意中冶集团和唐山恒通的合作。会上一些人员的会议发言均未如实陈述法律、财务尽职调查提示的重大风险。2007年7月31日，董事长等人违反规定，在未经董事会授权或决议、目标资产未经评估的情况下，超越权限，批准出资3亿元购买唐山恒通所属公司存在严重产权瑕疵的设备、厂房及土地。合同签订当日，中冶集团违反合同约定的付款条件，在资产尚未交割的情况下，由时任总会计师等人签批先行支付全部合

① 资料来源：国资纪，《重业务轻党建结出的恶果——中国铁物、中冶集团国有资产重大损失案剖析》，载于《中国纪检监察报》，2017年5月25日；中冶集团公司官网（http://www.mcc.com.cn/）。

同款。2007 年 8 月 10 日，董事长违反规定，在未经董事会决议、未履行相关程序的情况下，擅自代表中冶集团与唐山恒通签署《合作协议书》。8 月 13 日，由公司发展改革部部长组织撰写、董事长修改签发，向国资委报送不实报告。该报告未采纳已形成的法律、财务尽职调查和审计报告的数据，无视法律和财务风险，仍采用前期唐山恒通提供的数据，未如实反映唐山恒通财务及运营情况。2007 年 9 月，总经理在未经董事会决议的情况下，违规授权中冶南方工程技术有限公司时任副总经理与唐山恒通签订出资协议书。11 月 2 日，同样在未经董事会决议且资产评估尚未完成的情况下，总经理擅自与唐山恒通签订《〈合作协议书〉之补充协议》，扩大合作规模，改变合作条件。2007 年 11 月 9 日，新任中冶集团副董事长作为召集人，主持召开中冶集团董事会第八次会议，审议《关于重组唐山恒通集团的议案》。在该议案未经战略委员会、资产与风险控制委员会先行专题研究，决策程序严重违规，议题材料严重缺失的情况下，盲目、草率决策，一致通过并作出并购重组唐山恒通的决议，对决议之前的一系列违规操作未予以制止和纠正。知悉风险并出席会议的副董事长和总经理，在会议中未做充分风险提示。出席会议的 6 位董事在表决及代为表决时，未对决策程序、材料的完整齐备进行审慎审查。该决策直接导致后续巨额亏损。

3. 暴露出的问题及教训：一是党的领导弱化，重大决策党委“失声”。中冶集团长期以党政联席会代替党委会，党委会在企业并购重组等重大经营管理事项上，职权不清晰，说不上话、插不上手、把不了关，党的领导作用无从谈起、难以发挥。二是破坏民主集中制原则，“三重一大”决策制度沦为“稻草人”。作为早期推行规范董事会试点的中央企业，中冶集团针对依法依规决策、科学决策、防控经营风险等，制定了董事会议事规则、总经理工作规则以及资产评估、投资管理等一系列决策制度，但公司主要领导及相关职能部门主要负责人，带头违反“三重一大”决策制度明文规定的程序和权限，外部董事没有发挥作用，不正确履职。从立项到签约、付款一路违规，使制度成为摆设，彻底沦为“稻草人”。三是监督制约缺失，“一把手”权力失控。企业主要负责人未经集体决策、擅自作为，违反程序、违规决策的行为比比皆是；企业内部监督制约机制失灵，对“一把手”滥用权力等行为没有有效制止、纠正，导致权力失控、行为失范。四是责任意识淡薄，担当精神匮乏。在并购唐山恒通的决策、执行整个过程中，中冶集团从公司主要领导、有关职能部门负责人到具体工作人员，都没有将维护国有资产安全作为己任，不及时提示、不如实反映项目风险，正是这一层层的不负责任、一步步的随意轻率、一个个的毫不担当，才导致国有资产的巨额损失，是不尽职、不担当的典型。

思考：请从内部控制的本质、目标、基本原则和一般方法等方面对上述案例做出分析。

第二章　内部环境

【知识与技能要求】

通过本章的学习，使学生能够：

1. 了解内部环境在内部控制体系中的作用；
2. 掌握内部环境的相关内容；
3. 掌握不同环境要素的含义与具体内容；
4. 理解各环境要素在内部控制制度建设和运行中的影响路径与方式；
5. 了解内部环境在内部控制中的基础地位，树立根据内部环境建立内部控制制度的理念；
6. 掌握通过优化内部环境，提升内部控制质量的思维与方法。

【关键术语】

内部环境　组织架构　发展战略　人力资源　社会责任　企业文化

【案例2-1】　**万科企业股份有限公司内部控制环境**

万科企业股份有限公司（证券简称：万科A；证券代码：000002），成立于1984年5月，总部位于中国广东省深圳市盐田区。1988年12月，公司公开向社会发行股票2 800万股，集资人民币2 800万元，资产及经营规模迅速扩大。同年，公司进入房地产行业，主营业务包括房地产开发和物业服务，是国内领先的城乡建设与生活服务商。2016年，公司跻身《财富》“世界500强”，列第356位，并在之后的几年，排名逐年提升。30多年公司的良性发展，得益于其拥有的完善的内部控制体系。从2016年该公司发布的招股说明书中的年度报告，我们可以了解其内部控制的内容，限于篇幅这里选取该文件的内部控制环境部分，详见如下：

万科企业股份有限公司二零一五年度报告（节选）①

公告编号：（万）2016-030

1. 治理结构。

公司按照《公司法》、《证券法》、《深圳证券交易所上市公司规范运

---

① 资料来源：万科A，《万科企业股份有限公司2015年度报告》，第73~74页，http://www.szse.cn/disclosure/listed/notice/index.html，2016年3月14日。

作指引》、《香港联合交易所有限公司证券上市规则》附录十四《企业管治守则》等法律、行政法规、部门规章的要求，建立了规范的公司治理结构和科学的议事规则，制定了符合公司发展的各项规则和制度，明确决策、执行、监督等方面的职责权限，形成了科学有效的职责分工和制衡机制。股东大会、董事会、监事会分别按其职责行使决策权、执行权和监督权。股东大会享有法律法规和公司章程规定的合法权利，依法行使公司经营方针、筹资、投资、利润分配等重大事项的决定权。董事会对股东大会负责，依法行使企业的经营决策权。董事会设立审计委员会、薪酬与提名委员会、投资与决策委员会三个专业委员会，提高运作效率。董事会 11 名董事中，有 4 名独立董事。独立董事担任各个专业委员会的召集人，涉及专业领域的事务须经过专业委员会审议后提交董事会，以利于独立董事更好地发挥作用。监事会对股东大会负责，除了通常的对公司财务和高管履职情况进行检查监督外，还通过组织对子公司的巡视，加强对各子公司业务的监督。管理层根据董事会的授权，负责组织实施股东大会、董事会决议事项，主持企业日常经营管理工作。

公司坚持与主要股东及其关联企业在业务、人员、资产、机构及财务等方面完全分开，保证了公司具有独立完整的业务及自主经营能力。

2. 机构设置及权责分配。

公司结合自身业务特点和内部控制要求设置内部机构，明确职责权限，将权利与责任落实到各责任单位。

董事会负责内部控制的建立健全和有效实施。董事会下设立审计委员会，审计委员会负责审查企业内部控制，监督内部控制的有效实施和内部控制自我评价情况，指导及协调内部审计及其他相关事宜等。监事会对董事会建立与实施内部控制进行监督。管理层负责组织领导企业内部控制的日常运行。

公司在内部控制责任方面明确各子公司第一负责人为内部控制第一负责人，落实各一线公司各部门的内部控制责任，在总部统一的管理框架下，自我能动地制订内部控制工作计划并监督落实。总部及一线公司持续进行内部控制宣传培训工作，提升各级员工的内部控制意识、知识和技能。

公司总部设立财务与内部控制中心具体负责组织协调内部控制的建立、实施及完善等日常工作，通过梳理业务流程、编制内部控制评估表、内部控制调查表、调查问卷、专项研讨会等，组织总部、各子公司、各业务部门进行自我评估及定期检查，推进内部控制体系的建立健全。总部各专业部门及各子公司均设有内部控制专员等相关内部控制管理岗位，负责本单位内部控制的日常管理工作。财务与内部控制中心下设财务共享中心，负责总部及各子公司的款项支付审核与核算。财务共享中心通过统一的系统平台、规范的业务流程、标准的作业程序，促进集团财务核算规范化水平的提升。财务共享中心未来职能将不断拓展，并为集团经营及管控提供有力支撑。

3. 内部审计。

公司监察审计部负责内部监察及内部审计工作，通过开展综合审计、专项审计或专项调查等业务，评价内部控制设计和执行的效率与效果，对公司内部控制设计及运行的有效性进行监督检查，促进公司内部控制工作质量的持续改善与提高。对在审计或调查中发现的内部控制缺陷，依据问题严重程度向监事会、审计委员会或管理层报告，并督促相关部门采取积极措施予以整改。

4. 人力资源政策。

公司制定和实施有利于企业可持续发展的人力资源政策，将职业道德和专业能力作为选拔和聘用员工的重要标准，切实加强员工培训和继续教育，不断提升员工素质。

人力资源部每年制订相关培训计划，组织具体培训活动，培养专业人员全面的知识和技能。

为进一步完善万科职业道德风险防范体系，公司设立了“万科阳光网”作为举报职务舞弊的专门网站，用于宣传万科的反舞弊政策，收集各类举报信息，预防和发现职务舞弊。公司建立并完善了员工奖惩信息管理系统，严重违法违纪行为可通过集团外部网站进行查询。公司还建立了全体员工的潜在利益冲突申报平台，发布了《职员职务行为准则》《员工内部购房制度》等制度，并对员工购置万科物业的情况进行公示。

5. 企业文化。

公司秉承“创造健康丰盛的人生”的核心价值观，倡导“客户是我们永远的伙伴”“人才是万科的资本”“阳光照亮的体制”“持续的增长和领跑”等价值理念，专注于为客户提供优质的生活空间和服务，充分尊重人才，追求开放透明的体制和公平的回报，积极促进公司业绩的持续增长和市场地位的提升，推动公司向绿色企业转型，在投资者、客户、员工等各方面，实现产品和服务的“均好”发展。

公司高度重视企业文化的宣传和推广，每年组织全公司范围内的“目标与行动”专题活动，由公司管理层进行公司目标和价值观的宣讲。在任用和选拔优秀人才时，把持续培养专业化、富有激情和创造力的职业经理队伍作为公司发展的一项重要使命。

第一节　内部环境概述

一、内部环境的概念

1992 年，COSO 委员会发布《内部控制——整合框架》，指出为了实现企业内部控制的有效性，需要控制环境、风险评估、控制活动、信息与交流、监控五个要素的支持，即内部控制系统五要素。2004 年 COSO 委员会颁布《企业风险管理——整合框架》，将内部控制要素增加到八个，即内部环境、目标设定、事件识别、风险评估、风险反应、控制活动、信息与沟通、监控。延续到今天，内部环境始终是企业内部控制的第一要素，是企业实施内部控制的基础。这里的内部环境因素主要包括员工的诚信度、道德观与能力；管理哲学与经营风格；管理层授权与职责分工；人员组织与发展方式；董事会重视的程度与提供的指导等。我们可以把内部环境理解为一套标准、流程和结构，基于此，我国学者将 COSO 新框架下的内部环境要素的原则及关注点进行了归纳，具体见表 2－1。

表 2－1　　COSO 新框架下内部环境的原则和要素

原则		要素（关注点）	
1	企业对诚信和道德价值观的承诺	1	确立“高层态度”
		2	建立行为标准
		3	评价对行为准则的遵守情况
		4	及时处理行为偏差
2	董事会独立于管理层，对内部控制的建立与绩效加以监督	5	制度监督责任
		6	保有对内部控制的监督
		7	调用相关专业人员
		8	保持独立运作
		9	监督控制环境、风险评估、控制活动、信息与沟通以及监督行为
3	管理层在董事会的监督下，建立实现目标所必需的组织架构、报告路径以及适当的权利与责任	10	考虑企业所有的组织架构
		11	制定报告路径
		12	定义、分配职责权限和责任
4	企业吸引、发展和留用优秀人才，以配合企业目标达成	13	建立制度和操作方案
		14	评价人员的竞争能力和识别能力的不足
		15	吸引、发展和留任人才
		16	计划人才储备
5	企业内部控制责任人的问责制度	17	实施权责问责机制
		18	建立绩效考核和奖励制度
		19	评价绩效，并执行奖励
		20	考虑额外的压力
		21	评价员工表现绩效，并奖励遵守纪律的员工

资料来源：郑洪涛、张颖，《企业内部控制学》，东北财经大学出版社 2015 年版，第 65 页。

我国在 2008 年发布的《企业内部控制基本规范》第五条指出，内部环境是企业实施内部控制的基础，一般包括治理结构、机构设置及权责分配、内部审计、人力资源政策、企业文化等。与COSO对内部环境的解释相比，两者对环境要素的表述存在一定的差异，但具体内容差异不大，且都认可内部环境在内部控制中的基础作用，认为内部环境为内部控制提供了基本规则与框架，是其他内部控制要素的基础。

二、内部环境对企业内部控制的意义

如图2－1所示，内部环境位于图形的底部，是其他控制要素的基础，也是整个内部控制体系存在的基础。在此环境内，经理阶层评估为了实现特定目标的风险，控制活动是为了确保有关减少风险的措施得以顺利实施，与此同时，与之相关的信息被获取并在系统内部传递，整个过程都处于监控中，并随环境的变化而改变。内部环境的好坏决定了企业内部控制整体框架实施的效果，良好的内部环境是企业实现发展目标的根本保证。具体如下所述。

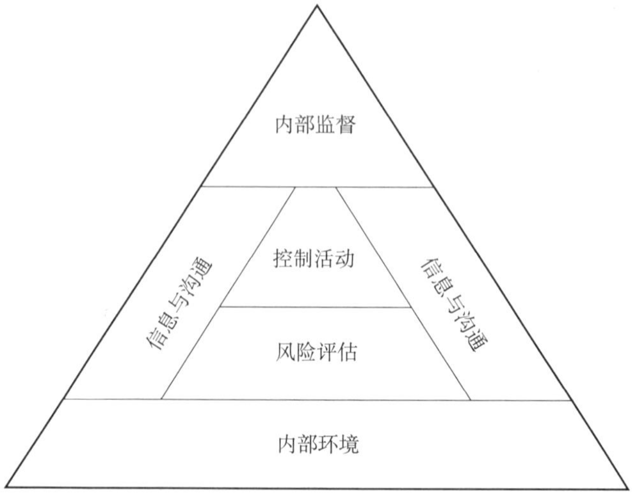

图2－1 内部控制五要素关系

资料来源：笔者绘制。

企业的组织架构[①]是治理结构与组织结构的统一。企业的治理结构是企业权益主体之间的制衡关系体系，它设计构建了企业治理层对管理层的权责安排、内部审计制度、独立董事制度等，直接影响着企业监督机构的设置与监督活动的进行。治理结构所反映的权益主体关系作用到企业上形成企业的组织结构，成为企业权责分配与信息流动的基本架构与传递路径。可以说，治理层实施内部控制的意愿，决定了企业能否建立起完善的内部控制制度，治理层对内部控制制度遵守与否，对内部控制活动实施所持有的态度及行为，决定了企业内部控制的完善及

① 本章关于内部环境中组织架构、发展战略、人力资源、社会责任和企业文化的内容主要依据《企业内部控制应用指引》的相关规定进行阐述。

执行力度。健全的企业治理结构反映到执行层面结合企业的业务发展需要形成企业的组织结构，并为其有效运行提供基础保障，科学的组织结构也为治理层的决策、计划执行提供了操作平台，两者相互协调、相互配合、互为补充。

发展战略是企业的中长期发展目标或规划，它为企业描绘出未来的发展蓝图，关系着企业的持续经营与长远发展。发展战略为企业内部控制指明了方向，内部控制要以企业发展战略为终极目标，内部控制系列目标的达成是企业发展战略得以实现的有力保障。换言之，发展战略是广泛意义上的企业纲领，是管理层的行动指南，它最终会被分解到生产、销售等具体环节，成为一个个操作层面上的目标，为内部控制提供了可度量的节点，使内部控制活动的实施成为可能。

人力资源是企业生产经营活动中的各类人员。优秀的人力资源是保证企业计划得以实施、目标得以实现的根本条件；良好的人力资源管理制度是提升企业竞争力、实现企业发展战略的根本动力。企业员工既是内部控制的主体也是内部控制的客体，要想达到控制目的，就必须对企业的人力资源给予公平、公正、公开、人性化的管理，才能调动人力资源的积极性与创造力。因此，通过科学的人力资源政策保持企业员工具有一定水准的价值观与业务能力，是保证内部控制有效的关键所在。

企业社会责任是企业文化对社会的一种直观反映。好的企业文化会借助软环境统一员工思想、规范员工行为，对企业员工形成正向激励力，激发他们的热情与潜能，自觉为企业目标服务。企业文化会直接影响其他内部控制要素的设计、管理与监控，再完善的内部控制制度也不可能超越价值观对人们所起到的约束作用。良好的企业文化氛围对内部控制系统的有效执行至关重要，它可以影响那些内部控制所无法管制的行为，弥补制度中存在的不足，两者紧密结合，强化企业管理，提升企业的核心竞争力。

第二节　组织架构

一、组织架构概述

《企业内部控制应用指引第 1 号——组织架构》指出，组织架构是指企业按照国家有关法律法规、股东（大）会决议和企业章程，结合本企业实际，明确股东（大）会、董事会、监事会、经理层和企业内部各层级机构设置、职责权限、人员编制、工作程序和相关要求的制度安排。企业若想持续经营，就必须把建立和完善组织架构放在首位，完善的组织架构可以提升内部监督的效能，为内部控制建设提供强有力的支撑。

（一）组织架构的构成

组织架构主要包含治理结构与组织结构两个方面。

1. 治理结构。治理结构是指由所有者、董事会和高级执行人员即高级经理三者组成的一种组织结构。在这种结构中，三者形成一定的制衡关系：所有者将自己的资产交由公司董事会托管；公司董事会是公司的决策机构，拥有对高级经理人员的聘用、奖惩和解雇权；高级经理人员受雇于董事会，组成在董事会领导下的执行机构，在董事会的授权范围内经营企业。治理结构是为了适应现代企业所有权与经营权分离，作为协调股东和其他利益相关者关系的一种机制而存在，是反映企业所有者与代理人各种契约关系的一种制度安排。

一般而言，治理结构由股东大会、董事会、经理和监事会四部分组成。其中，股东大会、董事会和监事会形成三权分立机制，将企业内部所有权、控制权与监督权分离，有效防止了经理人员单方面控制企业的可能性。

股东大会由全体股东组成，是企业的最高权力机构，其权力来自股东的出资，公司重大事项必须由股东大会审议和批准。股东大会对企业的一切重大事务具有最后的决定权。股东大会一般由董事会召集，董事长主持。

董事会是由股东大会选举的董事组成，是股东大会行使权力的常设权力机构，是企业意志执行的决定机关及最高决策机关，代表股东利益的必要常设机关，董事会依据股东大会的决议对企业重大事项进行决策。董事会可以管理经营企业法人资产，拥有任命指挥经理人员以及对投资方向和重大问题做出战略决策的权力。

经理阶层（执行机构）是由企业高层执行人员构成的负责企业日常行政事务的组织机构，在董事会授权范围内企业事务的管理权和代理权，负责处理公司的日常经营事务。一般总经理执行董事会的决定，对企业日常生产经营进行指挥和领导。首席执行官（CEO）由企业的董事会任命并对董事会与投资人直接负责，其除拥有总经理的全部权力外，还拥有董事长40% ~50%的权力。监事会是对董事会、董事和经理人员行使监督职能的机关，是治理结构中独立的监督机构。监事会由监事构成，监事由股东大会选举产生，董事、经理和财务负责人不得兼任监事。监事会代表股东或职工对企业活动实施监督。

2. 组织结构。组织结构是为了完成组织目标而设计的对组织内的人员、工作、技术和信息所作的制度安排。组织结构反映的是组织内各构成要素和它们之间的相互关系。其本质是组织好员工协作的关系，是人们在职、责、权方面的结构体系。组织结构可以从纵横两向反映组织的活动，其中组织纵向结构体现的是决策的层级化，是由上到下的指挥链及链上的权责关系；组织横向结构反映的是企业的部门化，明确了每一部门的基本职能及每一位管理者的控制幅度、部门划分的标准和部门之间的工作关系。组织结构经历了从简单到复杂、从有机到无机的发展历程，主要包括职能式、事业部式、矩阵式、立体多维式、流程式、网络式结构等。

3. 治理结构与组织结构的关系。治理结构是建立在产权理论基础上给出的企业内部结构，是为了解决企业各利益相关方权责关系而设立的制度体系，重在权利与义务的分配；组织结构是企业管理理论对企业内部各要素的制度安排，重在企业内部要素的流动与协调。两者统一为企业的组织架构，是企业治理的基本内容，治理结构中的权责分配通过组织结构的层级划分得以实现，完善的组织结构是现代企业制度得以实现的根本保证。

治理结构是企业中最高层次的内部控制，它决定了企业内部控制体系中其他层次的制度安排和控制措施。组织结构是治理层面内部控制安排得以实现的操作平台，通过保证企业资产安全、保证财务报告及相关信息真实完整、提高经营效率和效果来实现治理层的控制目标。

（二）组织架构设计和运行中的风险

《企业内部控制应用指引第 1 号——组织架构》指出，企业至少应当关注组织架构在设计与执行时的两个风险：一是治理结构形同虚设，缺乏科学决策、良性运行机制和执行力，可能导致企业经营失败，难以实现发展战略。企业的治理结构问题主要是企业内因信息不对称所产生的逆向选择和首选风险问题。例如，经营者决策与股东利益最大化决策产生分歧时的代理人道德风险；强调股东利益至上损害企业其他利益相关者的权利；内部人追求自身利益，损害外部人利益。二是内部机构设计不科学，权责分配不合理，可能导致机构重叠、职能交叉或缺失、推诿扯皮，运行效率低下。造成组织结构问题的原因：其一是设计上的问题；其二是由于环境、战略、技术等因素发生改变带来的结果。主要表现为：组织机构缺乏前瞻性；管理层级多，角色错位；职责不清，责权不统一；部门间缺乏协作，组织效率低下。

二、组织架构的设计

（一）治理结构的设计

《企业内部控制基本规范》第十一条提到，企业应当根据国家有关法律法规和企业章程，建立规范的公司治理结构和议事规则，明确决策、执行、监督等方面的职责权限，形成科学有效的职责分工和制衡机制。

1. 股东大会。股东大会是公司的权力机构，由全体股东组成，依法行使企业经营方针、筹资、投资、利润分配等重大事项的表决权。一般来说，股东大会由董事会召集，股东按出资比例行使表决权。召开股东大会的时间、地点及审议事项应依《公司法》规定提前通知股东，并按股东大会的议事规则有序进行。需要指出的是，一人有限责任公司和国有独资公司不设股东会。其中，一人有限公司股东行使股东权要采用书面形式，并由股东签名后置备于公司；国有独资公司则由国有资产监督管理机构行使股东会职权。股东大会的具体职责包括：

（1）决定公司的经营座谈会和投资计划；

（2）选举和更换非由职工代表担任的董事、监事，决定有关董事、监事的报酬事项；

（3）审议批准董事会的报告；
（4）审议批准监事会或者监事的报告；
（5）审议批准公司的年度财务预算方案、决策方案；
（6）审议批准公司的利润分配方案和弥补亏损方案；
（7）对公司增加或者减少注册资本作出决议；
（8）对发行公司债券作出决议；
（9）对公司合并、分立、解散、清算或者变更公司形式作出决议；
（10）修改公司章程；
（11）公司章程规定的其他职权。

2. 董事会。董事会对股东（大）会负责，依法行使企业的经营决策权，负责内部控制的建立健全和有效实施。董事会可按股东会的有关决议，设立战略、审计、提名、薪酬与考核等专门委员会，明确各专门委员会的职责权限、任职资格、议事规则和工作程序，为董事会科学决策提供支持。一般情况下，董事会设董事长一名，董事会成员的产生、构成及任期等由相关法律和公司章程确定；董事会议由董事长召集和主持，实行一人一票，具体议事方式和表决程序等依法律与公司章程规定而行。董事会的职责有：

（1）召集股东会会议，并向股东会报告工作；
（2）执行股东会的决议；
（3）决定公司的经营计划和投资方案；
（4）制订公司的年度财务预算方案、决算方案；
（5）制订公司的利润分配方案和弥补亏损方案；
（6）制订公司增加或者减少注册资本以及发行公司债券的方案；
（7）制订公司合并、分立、解散或者变更公司形式的方案；
（8）决定公司内部管理机构的设置；
（9）决定聘任或者解聘公司经理及其报酬事项，并根据经理的提名决定聘任或者解聘公司副经理、财务负责人及其报酬事项；
（10）制定公司的基本管理制度；
（11）公司章程规定的其他职权。

董事会下设立的审计委员会主要负责审查企业内部控制，监督内部控制的有效实施和内部控制自我评价情况，协调内部控制审计及其他相关事宜等。审计委员会的主要职责包括监督财务报告、保证审计质量和审核内部控制。

3. 经理层。经理层对董事会负责，由董事会决定聘任或者解聘，主持企业的生产经营管理工作，负责组织领导企业内部控制的日常运行。经理列席董事会会议。经理主要行使下列职权：

（1）主持公司的生产经营管理工作，组织实施董事会决议；
（2）组织实施公司年度经营计划和投资方案；
（3）拟订公司内部管理机构设置方案；
（4）拟订公司的基本管理制度；

（5）制定公司的具体规章；

（6）提请聘任或者解聘公司副经理、财务负责人；

（7）决定聘任或者解聘除应由董事会决定聘任或者解聘以外的负责管理人员；

（8）董事会授予的其他职权。

4. 监事会。监事会对股东会负责，监督企业董事、经理和其他高级管理人员依法履行职责，对董事会建立和实施内部控制进行监督。监事会的构成应依照《公司法》与公司章程确定，董事、高级管理人员不得兼任监事，监事可以列席董事会会议，并对董事会决议事项提出质询或者建议。监事的任期一般为 3 年。股东人数较少或规模较小的有限责任公司，可设 1 ~ 2 名监事，不设监事会。监事会设主席 1 人，由主席召集和主持监事会会议，每年至少召开一次。监事会或不设监事会的企业监事职责主要是：

（1）检查公司财务；

（2）对董事、高级管理人员执行公司职务的行为进行监督，对违反法律、行政法规、公司章程或者股东会决议的董事、高级管理人员提出罢免的建议；

（3）当董事、高级管理人员的行为损害公司的利益时，要求董事、高级管理人员予以纠正；

（4）提议召开临时股东会会议，在董事会不履行规定的召集和主持股东会会议职责时召集和主持股东会会议；

（5）向股东会会议提出提案；

（6）依照相关法律规定，对董事、高级管理人员提起诉讼；

（7）公司章程规定的其他职权。

此外，上市公司可依法设立独立董事、董事会秘书。独立董事对上市公司及全体股东负有诚信与勤勉义务，要维护公司整体利益，尤其要关注中小股东的合法权益不受损害。董事会秘书主要负责公司股东大会和董事会会议的筹备、文件保管以及公司股东资料的管理，办理信息披露事务等事宜。

（二）组织结构的设计

《企业内部控制基本规范》第十四条规定，企业应当结合业务特点和内部控制要求设置内部机构，明确职责权限，将权利与责任落实到各责任单位。《企业内部控制应用指引第 1 号——组织架构》第六条至第八条给出了企业组织结构设计的基本内容，包括职能机构的设置、岗位职责的划分和权限体系的分配等。

1. 职能机构的设置。企业应当按照科学、精简、高效、透明、制衡的原则，综合考虑企业性质、发展战略、文化理念和管理要求等因素，合理设置内部职能机构，明确各机构的职责权限，避免职能交叉、缺失或权责过于集中，形成各司其职、各负其责、相互制约、相互协调的工作机制。

企业需要根据职能相似性、任务活动相似性或者关系紧密性等要求把组织中的技能人员分类集合到各个部门，然后配以专职的管理人员来协调领导、统一指挥。另外，企业还要根据集权化的程度，规定纵向各层级之间的权责关系，最终形成一个能够对内外环境要求做出动态反应的有效组织结构形式。

2. 岗位职责的划分。企业应当对各机构的职能进行科学合理的分解，确定具体岗位的名称、职责和工作要求等，明确各个岗位的权限和相互关系。

岗位职责是一个岗位所要求需要完成的工作内容和应当承担的责任范围，是岗位职权与责任的统一。企业对各机构职能分解的过程实际上就是对每个岗位工作的描述过程。在这个过程中，员工理解了所在岗位对能力、工作职责、评价标准等的要求，构建起工作的行为准则。

3. 权限体系的分配。企业应当制定组织结构图、业务流程图、岗（职）位说明书和权限指引表等内部管理制度或相关文件，使员工了解和掌握组织架构设计及权责分配情况，正确履行职责。

组织结构图是反映企业为实现战略目标而在各部分分工协作，在职务范围、责任、权利等方面形成的结构体系图。组织结构图是组织架构的直观反映，它以图形形式直接反映了企业内各机构、岗位上下左右间的相互关系，是进行企业流程运转、部门设置及职能规划等最基本的结构依据，它可使企业内的部门或人员清楚自己在组织内的工作，同时也增加了企业各部门间的协调性。

业务流程图是用来描述企业内不同单位、人员之间的业务关系、作业顺序和管理信息流向的图表。业务流程图主要是描述业务走向，以业务处理过程为中心，按业务的实际处理步骤和过程绘制，对于认识、理顺和优化业务过程很有帮助。

岗（职）位说明书是企业对岗（职）位的基本信息、职务目的、管理权限、工作关系、责任范围与影响程度、工作业绩衡量标准、任职的基本要求和高绩效的要求、薪资收入标准与变化的条件和要求等的定义性说明。岗（职）位说明书一般根据企业的具体情况，由实践经验归纳总结而成，具有指导性，是员工需要遵守和考核的基本标准，也是企业目标落实到基层的基本体现。

权限指引表是用一张表罗列和明确企业内某些复杂的需要经由多个部门或职位共同配合开展的工作事项里不同职位的介入程度（权限）。权限指引表可单独使用，也可结合流程图使用，它明确了各部门或岗位的权利和责任，减少推诿扯皮、效率低下的情况，提高了企业的风险控制能力。

三、组织架构的运行

组织架构运行是指企业治理结构和组织结构按照既定的设计方案，行使各自权利和履行相应的责任义务的动态过程。企业应当根据组织架构的设计规范，对现有治理结构和内部机构设置进行全面梳理，确保企业治理结构、内部机构设置和运行机制等符合现代企业制度要求。

企业梳理治理结构，应当重点关注董事、监事、经理及其他高级管理人员的任职资格和履职情况，以及董事会、监事会和经理层的运行效果。治理结构存在问题的，应当采取有效措施加以改进。就任职资格来说，应重点关注行为能力、道德诚信、经营管理素质、任职程序等方面；就履职情况而言，着重关注合规、业绩以及履行忠实、勤勉义务等方面。从运行效果来看，应主要关注小股东以及其他利益相关者的权益体现；经理层的委托—代理问题；监事会的监督作用以及三权制衡机制。

企业梳理内部机构设置，应当重点关注内部机构设置的合理性和运行的高效性等。内部机构和运行中存在职能交叉、缺失或运行效率低下的，应当及时解决。从合理性角度来看，企业内部机构的设置要以企业的发展目标为导向，适应外部环境的变化，并满足专业化分工协作的需要。从高效角度来看，企业要关注职责分工的效率、权力制衡的效率和信息沟通的效率。企业在内部机构设置上要秉持一个上级原则，杜绝多头指挥，避免指令重复或冲突。各个机构与岗位的权责要一致，员工在行使权利的过程中必须履行相应的责任义务。

企业对母子公司组织架构的梳理应着重关注母子公司在业务、资产、财务、人员和机构等方面的独立性。企业应建立科学的投资管控制度，通过合法有效的形式履行出资人职责、维护出资人权益，重点关注子公司特别是异地和境外子公司的发展战略、年度财务预决算、重大投融资、重大担保、大额资金使用、主要资产处置、重要人事任免、内部控制体系建设等重要事项。

第三节　发展战略

一、发展战略概述

（一）发展战略的概念

根据《企业内部控制应用指引第 2 号——发展战略》的规定，企业发展战略是指企业在对现实状况和未来趋势进行综合分析和科学预测的基础上，制定并实施的长远发展目标与战略规划。发展战略可以指引企业的长远发展方向，明确企业的发展目标，并确定企业需要的发展能力。发展战略真正要解决的是企业的发展问题，实现企业快速、健康、持续发展。制定和实施发展战略可以为企业找准市场定位，为企业执行层提供行为指南，也为企业内部控制设定了最高目标。

企业发展战略主要包括愿景、战略目标、业务战略和职能战略四个部分。

愿景是企业渴望实现的未来景象，是企业对未来长远发展方向的谋划，是用文字高度概括描述出来的企业未来，对企业发展起着重大的指引作用。企业愿景一般没有具体的数量特征或时间限定，往往通过自我设定的社会责任和义务，明确企业在未来会成为什么样的企业。愿景为企业战略指明方向，成为企业为之奋斗的目标，员工也因愿景形成对企业未来的憧憬，并通过自身努力而实现。

战略目标是企业为实现愿景对一定时期内企业经营活动预期取得的主要成果

的期望值。它反映了企业在一定时期内经营活动的方向和所要达到的水平，是企业愿景的展开和具体化。战略目标必须是具体的、明确的和可衡量的，一般为3～5年，以对目标是否实现进行客观的评价考核。战略目标是企业经营管理的起点，解决的是企业的发展问题，它需要按时间维度，自上而下分解目标，将企业各力量都集中到战略目标下，形成合力，推动企业不断向前发展。

业务战略是企业对未来业务发展方面的重要规划和策略，一般指的是企业对所拥有的资产通过出售、转让、兼并、收购等方式进行有效运营以实现最大的资本增值。业务战略强调各单位在各自产业领域中的生存、竞争与发展之道，如何整合资源、创造价值以满足顾客，是业务战略关心的重点。企业业务战略主要解决企业的战略增长点问题，一般从产业、区域、产品、客户四个方面考虑。

职能战略是企业为实现企业愿景、战略目标和业务战略，在企业职能方面的规划，是职能部门为实现目标所采用的方法和手段。职能战略是为战略目标和业务战略服务的，必须与战略目标和业务战略相配合，为企业的发展提供核心能力支持。职能战略一般的年限是等于或小于业务战略，长的3～5年，短的只有1年。

企业愿景、战略目标、业务战略和职能战略自上而下构成了企业战略的四个层面，上层为下层提供方向和思路，下层是上层的支撑与保障，共同构成企业内的有机战略系统。

（二）企业制定与实施发展战略存在的风险

企业制定与实施发展战略至少应关注下列风险。

一是缺乏明确的发展战略或发展战略实施不到位，可能导致企业盲目发展，难以形成竞争优势，丧失发展机遇和动力。

二是发展战略过于激进，脱离企业实际能力或偏离主业，可能导致企业过度扩张，甚至经营失败。

三是发展战略因主观原因频繁变动，可能导致资源浪费，甚至危及企业的生存和持续发展。

二、发展战略的制定

（一）建立和完善发展战略制定机构

为了企业持续发展的需要，保证科学规划发展战略，确保战略实施到位，企业应当依据相关法律法规的规定，在董事会下设立战略委员会，或指定相关机构负责发展战略管理工作，履行相应职责。

战略委员会由董事会选举产生，对董事会负责，委员包括董事长、独立董事及其他董事。战略委员会成员要具有较强的综合素质和实践经验，其任职资格和选任程序要符合有关法律法规和企业章程的规定。战略委员会一般会设召集人1

名，负责主持委员会工作。战略委员会的职责主要包括：对企业长期发展战略进行研究并提出建议；对企业的重大投融资项目进行研究提出建议；对企业的重大资本运作、资产运营项目进行研究并提出建议；对其他影响企业发展的重大事项进行研究并提出建议；对上述项目的实施进行监督检查；董事会授权的其他工作。

企业应当明确战略委员会的职责和规则，对战略委员会会议的召开程序、表决方式、提案审议、保密要求和会议记录等做出规定，确保议事过程规范透明、决策程序科学民主。

（二）分析评价影响发展战略的因素

环境分析是战略制定过程中的关键要素，企业内外环境在很大程度上限定了管理者可能的选项，好的发展战略一定是与环境相适应的战略。企业在制定发展战略过程中应当综合考虑宏观经济政策、国内外市场需求变化、技术发展趋势、行业及竞争对手状况、可利用资源水平和自身优势与劣势等影响因素。

1. 企业的外部环境。企业的外部环境可分为一般环境与具体环境。

一般环境指的是企业外的一切环境因素，通常可以理解为企业的宏观环境，如政治环境、经济环境、社会文化环境、技术环境等。环境的不确定性关系到企业的成败，企业要考察所处环境的变化程度与复杂程度。越是动荡和复杂的环境，其不确定性越大，环境的高度不确定性会影响到企业对未来的判断，给企业战略的制定带来麻烦。

具体环境是与企业实现发展目标直接相关的那部分环境，会因企业不同而不同，并随条件的改变而变化。具体环境更多关注的是企业所处的市场环境或行业环境。迈克尔·波特的“五力”分析模型将企业的具体环境归纳为进入障碍、替代威胁、购买者的讨价能力、供应商的讨价能力、现有竞争者之间的竞争五个要素，这“五力”直接影响企业的产品价格水平、成本结构和投资需求，管理者可以由此判断整个行业的营利性，并为企业选择可以带来竞争优势的战略。

2. 企业的内部环境。企业内部环境是企业所拥有的物质条件、工作状况及企业的综合能力等，即企业物质与文化环境的总和，包括企业资源、企业能力、企业文化等。企业所拥有的人、财、物、技术、信息、文化等资源组成了企业内部约束力量，在此基础上，分析企业有效利用资源的能力，可以找出影响企业生产经营的关键因素，判别企业在竞争上的优劣，从中寻求发展机会，确定企业战略。

（三）科学制定企业发展战略

企业发展战略的制定可以分三步：首先，对企业环境进行调研，对其进行科学分析预测，在广泛征求意见的基础上制定发展目标；其次，要扎根发展目标制定战略规划；最后，由董事会严格审议战略委员会提交的发展战略方案，经董事会审议通过后，报经股东会批准实施。

1. 制定发展目标。企业发展目标是以经济指标形式反映的企业发展方向，是指导企业生产经营活动的准绳，通常表现为企业的盈利能力、生产效率、技术领先程度、市场竞争地位等。在制定企业发展目标时要注意以下四个方面：一是目标要有重心。企业的目标可以多种多样，但从企业发展角度来看，目标应该具有针对性，要能够集中企业力量办大事，也就是说目标要能够突出主业，增强企业核心竞争力。二是目标要有层次性。发展目标应该是一个有层次的体系，在顶层的是由愿景和使命转化而来的总目标，往下是具体各部门分层次的行动目标，不同层次的人员参与不同层次、类型的目标。三是目标要具备挑战性与可接受性。发展目标要能给企业发展带来激励力，这就要求目标本身对企业来说是一种挑战，同时目标也是可接受的、可完成的。四是形成目标的信息反馈通道和考核体系。信息反馈与考核机制是实现企业发展目标的基本保证，也是评价发展目标实施效果的主要工具。

2. 制定战略规划。战略规划指的是企业根据内外环境来制定、实施、调整战略的过程，简单来说，就是企业关于如何完成战略目标的计划。它应该包括企业的发展方向或目标与为完成目标所进行的资源配置策略，为此，在战略规划中要明确企业发展的阶段性和发展程度，确定每个发展阶段的具体目标、工作任务和实施路径。一个好的战略规划应该从两个方面来完成：一是企业的战略必须是正确的，与企业的资源和环境相匹配；二是企业的战略和企业的管理过程与活动相匹配。

3. 审议、批准发展战略。企业发展战略拟订后，要按照规定的程序进行审批才能步入实施阶段。先由战略委员会提交发展战略方案到董事会，董事会要严格审议，重点关注发展战略的全局性、长期性和可行性。如果在审议方案中发现重大问题，董事会应当要求战略委员会对方案做出调整。企业的发展战略方案经董事会审议通过后，需要报经股东大会批准才能进入实施阶段。

三、发展战略的实施

战略实施是将企业的发展战略付诸实践的过程，在此环节，企业的发展战略在高层达成一致，开始向中下层传达，并逐层对战略进行分解、落实，在这一过程中，需要结合环境与目标的完成情况，时时修正，在不断循环中达成战略目标。一个新战略的实施，往往需要企业的组织架构、经营过程、资源配置、企业文化等做出相应的变化与调整，以保证发展战略的顺利实施。一般可以将战略实施分为战略发动、战略计划、战略运作和战略控制与评估四个阶段。

1. 战略发动阶段。企业要重视发展战略的宣传工作，通过内部各层级会议和教育培训等有效方式对企业的管理人员和员工进行培训，灌输新的思想与理念，并确保战略及其分解落实情况传递到企业内部各管理阶层与全体员工，充分调动起员工实施新战略的积极性和主动性。

2. 战略计划阶段。企业要将发展战略分解成几个战略实施阶段，再细分为各阶段的目标及政策措施、策略等。企业要重视根据发展战略制订年度工作计划、编制全面预算，对各分阶段目标进行统筹规划、全面安排，同时，还要完善发展战略管理制度，确保发展战略有效实施。

3. 战略运作阶段。战略实施是一个动态管理过程，需要企业内部不同部门间协同运作，共同面对复杂的市场环境与激烈的市场竞争。这就要求企业培育与发展战略相匹配的企业文化，优化调整组织结构，优化资源配置，制定合理的控制与激励制度，保持畅通的信息沟通渠道，集企业全部力量为发展战略服务。

4. 战略控制与评估阶段。战略委员会要加强对发展战略实施情况的监控，定期收集和分析相关信息，加强对战略执行过程的控制与评价，对于明显偏离发展战略的情况要及时报告，需要对发展战略做出调整时，也要按照规定权限和程序予以调整。也就是说，在这一阶段着重建立控制系统、监控绩效和评估偏差、控制及纠正偏差三个方面的工作。

第四节 人力资源

一、人力资源概述

（一）人力资源的概念

《企业内部控制应用指引第 3 号——人力资源》中定义的人力资源，是指企业组织生产经营活动而录（任）用的各种人员，包括董事、监事、高级管理人员和全体员工。一个企业的素质高低，很大程度上是其所聘用和保有的人员素质的总体反映，得到并拥有高素质的员工是企业取得成功的关键所在。企业人力资源水平的高低取决于两个要素：一是人力资源的数量，指的是企业是否拥有足够的适应企业目前及未来需要的各类人员及储备；二是人力资源的质量，是企业员工具备的体质水平、文化水平和劳动技能水平是否达到满足企业持续经营的需要。

企业的人力资源既是内部控制的主体也是客体，要想解决控制与被控制这一矛盾，必须建立科学的人力资源管理规范，秉持公平、公开、公正、人性化的管理要求，完善人力资源管理过程。人力资源管理过程可以分解为人力资源规划、通过招聘增补员工、通过解聘减少员工以及进行人员甄选等。这些步骤的完成，可以确定和选聘到有能力的员工，员工进入企业后，还需要帮助他们适应企业并确保他们的技能和知识不断得到更新，这时企业人力资源的管理进入定向与培训阶段，最后，企业还要通过对人力资源进行评估并明确他们的职业发展来让员工保持较高的绩效水平。此外，为了让员工增加对企业的认同，企业还应通过激励机制、文化认同等与员工间形成满意的劳资关系。只有这些方面都能得到妥当实施，企业才能匹配到高素质、高效率的员工，并在长期内保持良好的绩效水平。

（二）人力资源管理的风险

企业人力资源管理的步骤从内部控制的角度可以简化为引进、开发、使用和退出四个方面，降低这四个方面的风险可以有效解决人力资源管理上的问题，实现人力资源管理的合理配置，全面提升企业核心竞争力。具体来看，这些风险主要包括三个方面。

一是人力资源缺乏或过剩、结构不合理、开发机制不健全，可能导致企业发展战略难以实现。

二是人力资源激励约束制度不合理、关键岗位人员管理不完善，可能导致人才流失、经营效率低下或关键技术、商业秘密和国家机密泄露。

三是人力资源退出机制不当，可能导致法律诉讼或企业声誉受损。

二、人力资源的引进与开发

一个完善的人力资源管理体系，应能够根据企业的发展战略，结合人力资源现状和未来需求对各类人才需求进行预测，建立人力资源发展目标，制定人力资源总体规划和能力框架体系，优化人力资源整体布局，明确人力资源的引进、开发、使用、培养、考核、激励、退出等管理要求，并以人力资源管理系统的方式予以固化。

（一）人力资源的引进

人力资源引进应该从四个方面把握。

一是数量要求。企业应根据人力资源总体规划，结合生产经营实际需要，制订年度人力资源需求计划，完善人力资源引进制度，规范工作流程，按照计划、制度和程序组织人力资源引进工作。企业通过人力资源总体规划实现了对现有人力资源的评价，预估将来需要的人力资源，制订满足未来人力资源需要的行动方案，并据此给出年度人力资源需求的计划，确定每年应引进的人力资源数量。

二是质量要求。企业应根据人力资源能力框架要求，明确各岗位的职责权限、任职条件和工作要求，遵循德才兼备、以德为先和公开、公平、公正的原则，通过公开招聘、竞争上岗等多种方式选聘优秀人才，重点关注选聘对象的价值取向和责任意识。这里的企业人力资源能力可以看作实现业绩所需的个人品质、知识、才干与技能的综合，企业依据不同岗位对人力资源能力要求的不同，可从核心能力、通用能力和专业能力三个方面将不同岗位所需的能力及等级进行分解，并结合人力资源的具体情况来匹配，最大限度地满足岗位对人才的需求。

三是层次性要求。企业所需的人力资源可具体分为高级管理人员、专业技术人员和普通员工，企业选拔高级管理人员和聘用中层及以下员工，应当切实做到因事设岗、以岗选人，避免因人设事或设岗，确保选聘人员能够胜任岗位职责要求。高级管理人员的引进要与企业发展战略相符合，企业应当制订相应的引进计划，提请董事会审议通过并实施；专业技术人员关系到企业的创新发展，在引进时既要满足当前企业生产经营需要，也要有一定的前瞻性，并做适量的储备；普通员工是人力资源的主体部分，处在企业生产经营的第一线，企业应当通过营造良好的文化氛围、建立薪酬与激励制度等来吸引人力资源的关注，进而达到引进人才的目的。

四是合法性要求。企业在确定选聘人员后，要依法签订劳动合同，建立劳动用工关系。企业对于在产品技术、市场、管理等方面掌握或涉及关键技术、知识产权、商业秘密或国家机密的工作岗位，应当与该岗位员工签订有关岗位保密协议，明确保密义务。

（二）人力资源的开发

人力资源开发主要指通过教育或学习来帮助员工提高技能、改变态度和行为，以此提高人力资源管理效率，为企业创造更大价值。人力资源开发的核心内容包括培训开发、组织发展和职业生源规划三个部分。

在培训开发方面，企业要建立选聘人员试用期和岗前培训制度，对试用人员进行严格考察，促进选聘员工全面了解岗位职责，掌握岗位基本技能，适应工作要求。试用期满考核合格后，方可正式上岗。企业还要为员工建立起培训长效机制，营造尊重知识、尊重人才和关心员工职业发展的文化氛围，加强后备人才队伍建设，促进全体员工的知识、技能持续更新，不断提升员工的服务效能。

在组织发展方面，基于人力资源开发角度来看组织发展更侧重于企业员工与工作群体活动的整个过程，包括群体之间的相互关系。企业可以在专家的帮助下，通过敏感性训练、调查反馈、过程咨询、团队建设等提高企业员工的心理素质与人际交往质量，进而达到提高企业绩效的目标。通过组织发展再教育，可以促进员工在态度、价值观、技能、人际关系和文化氛围等管理心理方面的更新，提高员工的积极性和自觉性，进而形成新的行为规范，加快企业变革速度，实现企业战略目的。

在职业生涯规划方面，企业应构建职业规划管理体系，为员工提供明确而具体的职业发展引导，员工可以根据自身的兴趣、特点为自己的职业生涯进行规划，选择最适合自己能力的事业。有效的职业生涯规划可以充分发挥员工潜能，从人力资本增值角度达成企业价值最大化。

三、人力资源的使用与退出

（一）人力资源的使用

企业要建立和完善人力资源的激励约束机制，设置科学的业绩考核指标体系，对各级管理人员和全体员工进行严格的考核与评价。这样可以为人力资源规划提供依据，并可以成为验证人员甄选手段和培训发展方案效度的标准，确保员工队伍处于持续优化状态。

管理人员（包括关键岗位的员工）的激励方法可以用设置助理职务或临时职务、定期轮岗等方式进行。设立助理职务和临时职务有助于培训待提拔的管理人员，观察他的组织与领导能力，并据此判断是否继续培养。在企业里最常见的是定期轮岗制度，通过明确轮岗范围、轮岗周期、轮岗方式等，形成相关岗位员工的有序持续流动，这样不仅可以丰富员工的技术知识与管理能力，掌握企业业务管理全貌，还可以培养他们的协作精神和系统观念，全面提升员工素质。有激励就要有约束，企业要对受训人员提出明确要求，并据此对他们在工作期间的表现严格考核，避免由于在岗时间短而带来的各种问题。

全体员工的激励手段以薪酬激励制度为主。企业应注意薪酬等物质性激励对员工的重要性，制定与业绩考核挂钩的薪酬制度，切实做到薪酬安排与员工贡献相协调，体现效率优先、兼顾公平。员工的薪酬除了基本工资外，还应该注意绩效工资、分红、奖金与知识工资的管理。这里的绩效工资是员工的奖励工资，是员工根据自身的绩效贡献而获得的奖励；分红强调的是团队或全体员工因总体的绩效贡献超出预期而获得的奖励，奖励的着眼点在员工的团结与协调能力上；资金是以绩效为基础的现金奖励，它的激励力最为直接；知识工资是指员工的工资随着他能够完成的任务的数量增加而增加，需要企业有着健全的员工评估程序。

（二）人力资源的退出

企业应按照有关法律法规的规定，结合企业实际，建立健全员工退出（辞职、解除劳动合同、退休等）机制，明确退出的条件和程度，确保员工退出机制得到有效实施。

企业应对员工进行考核，对不能胜任岗位要求的员工，要及时暂停其工作，安排再培训，或调整工作岗位，安排转岗培训；仍不能满足岗位职责要求的，应按照规定的权限和程度解除劳动合同。对管理人员及关键岗位员工的退出，企业要强化安全意识，根据有关法律法规的规定完善工作交接或离任审计制度，应当与退出员工依法约定保守关键技术、商业秘密、国家机密和竞业限制的期限，确保知识产权、商业秘密和国家机密的安全。对普通员工的退出，企业要依据相关法律法规的规定向其支付与其劳动价值相匹配的薪酬，并给出充分、明确的理由，避免不必要的法律诉讼风险。

第五节　企业社会责任

一、社会责任概述

（一）社会责任的概念

《企业内部控制应用指引第4号——社会责任》中认为，社会责任是指企业在经营发展过程中应当履行的社会职责和义务，主要包括安全生产、产品质量（含服务）、环境保护、资源节约、促进就业、员工权益保护等。简单来说，社会责任就是企业对社会应负的责任。企业作为在社会中存在的组织形态，为了盈利在经营过程中不可避免地与周边环境发生联系，这就要求企业应以有利于社会的方式进行经营管理，应该服务社会，两者共生共荣、共同发展，进而形成企业的社会责任感。它超越了法律所规定的企业的社会义务，是企业管理道德的要求，是高于企业义务的自愿行为。

企业社会责任观的发展取决于管理者对企业的认知。如果管理者仅把企业看作营利性组织，要为股东负责，那么企业关注的对象只有股东和管理层，企业所追求的也仅仅是通过利润最大化来提高股东和高层管理者的权益。随着对企业经营管理的进一步了解，会重视到员工的重要性，在盈利之外，基于员工角度考虑的安全生产、员工权益保护等要求进入企业管理的范围。将观察角度延伸到企业外部，会发现企业的发展还离不开供应商、消费者等其他利益相关者，因此，企业还要重视产品质量等间接满足其他利益相关者需要的一些要求。最后，企业会发现，作为社会中的一分子，要对社会整体负责，保护环境、节约资源，促进整个公共利益的提升也是企业不可避免的责任。

（二）企业应关注的履行社会责任方面的风险

一是安全生产措施不到位，责任不落实，可能导致企业发生安全事故。

二是产品质量低劣，侵害消费者利益，可能导致企业巨额赔偿、形象受损，甚至破产。

三是环境保护投入不足，资源破费大，造成环境污染或资源枯竭，可能导致企业巨额赔偿、缺乏发展后劲，甚至停业。

四是促进就业和员工权益保护不够，可能导致员工积极性受挫，影响企业发展和社会稳定。

二、内部控制中的社会责任问题

社会责任是企业对有利于社会的长远目标的追求，也是企业管理道德的要求与体现。管理者关注企业的利益相关者及其对企业的影响，就不会忽略对利益相关者应尽的责任，借助内部控制手段可以将社会责任履行与实现经济绩效统一在一起，实现企业与员工、社会、环境等的和谐有序发展。

（一）安全生产

安全生产旨在保护劳动者在生产过程中的安全，通过有效消除或控制企业生产经营过程中的危险和有害因素来保障员工的生命安全与身体健康，是企业管理必须遵循的一项原则。在“安全第一、预防为主、综合治理”的方针下，企业在设计实施安全生产内部控制时必须根据国家有关安全生产的规定，结合本企业实际情况，建立严格的安全生产管理体系、操作规范和应急预案，强化安全生产责任追究制度，切实做到安全生产。在安全生产的制度建设上，主要包括以下方面的工作。

1. 企业要设立安全管理部门和安全监督机构，负责企业安全生产的日常监督管理工作。企业的主要负责人对本单位的安全生产工作全面负责。

2. 企业应建立完善的安全生产责任制。这是企业安全生产、劳动保护管理制度的核心。安全生产是全员管理，企业内每个人或部门都应有各自明确的安全生产责任，强调“安全生产，人人有责”。

3. 对特殊岗位实行资格认证制度。特种作业人员必须按照国家有关规定经过专门的安全作业培训，取得特种作业操作资格证书，方可上岗作业。

4. 企业要有妥善的安全生产监督保障机制。企业应重视安全生产投入，在人力、物力、资金、技术等方面提供必要的保障，加强生产设备的经常性维护管理，确保各项安全措施落实到位，不得随意降低保障标准和要求。

5. 企业应建立安全责任考核和奖惩制度。企业应贯彻预防为主的原则，采用多种形式增强员工安全意识，重视岗位培训，加强岗位安全责任的履行和落实，对安全责任管理实行重奖重罚、单设单列，突出安全生产的重要性。

6. 企业要建立安全生产事故应急预警和报告机制。企业要建立事故应急处理预案，建立专门的应急事故指挥部门，配备专业队伍和必要的物资资源。一旦发生生产安全事故，企业应按照安全生产管理制度妥善处理，排除故障，减轻损失，追究责任。重大生产安全事故应启动应急筹备拍摄，同时按照国家有关规定及时报告，严禁迟报、谎报和瞒报。

（二）产品质量

产品质量是产品满足消费者规定需要和潜在需要的特征属性总和，一般可以从性能、寿命、可靠性、安全性、适应性、经济性等方面来体现。产品质量直接关系到消费者的身体健康与安全，因此，忠实履行对产品质量的承诺，尊重并维护消费者权益是一个企业最基本的道德准则，也是企业最重要的一项社会责任。企业应当根据国家和行业相关产品质量的要求，从事生产经营活动，切实提高产品质量和服务水平，努力为社会提供优质安全健康的产品和服务，最大限度地满足消费者的需求，对社会和公众负责，接受社会监督，承担社会责任。企业的产品质量内部控制主要关注以下三个方面。

1. 建立健全产品质量标准体系。企业应根据国家法律法规及自身产品特点，制定完善的产品质量标准体系，对生产的产品质量负责，对社会和公众负责。

2. 建立严格的产品质量控制和检验制度。企业要规范产品生产流程，严把质量关，禁止缺乏质量保障、危害人民生命健康的产品流向社会。

3. 加强产品的售后服务。产品售后发现存在严重质量缺陷、隐患的产品，应当及时召回或采取其他有效措施，最大限度地降低或消除缺陷、隐患产品的社会危害。企业要妥善处理消费者提出的投诉和建议，切实保护消费者权益。

（三）环境保护与资源节约

环境保护与资源节约是统筹人与自然和谐发展、促进可持续发展的重大举措，这是关系到我国经济社会发展的未来，具有全局性和战略性的重大决策。企业应当按照国家有关环境保护与资源节约的规定，结合本企业实际情况，建立环境保护与资源节约制度，认真落实节能减排责任，积极开发和使用节能产品，发展循环经济，降低污染物排放，提高资源综合利用效率。在此基础上，企业还应该做到以下三点。

1. 重视生态保护，实现清洁生产、循环经济。企业应重视资源节约和资源保护，着力开发利用可再生资源，防止对不可再生资源进行掠夺性或毁灭性开发。企业要加大对环保工作的人力、物力、财力的投入和技术支持，不断改进工艺流程，降低能耗和污染物排放水平，实现清洁生产。企业要加强对废气、废水、废渣的综合治理，建立废料回收和循环利用制度。

2. 依靠技术创新，转变发展方式。企业应重视国家产业结构相关政策，特别关注产业结构调整的发展要求，加快高新技术开发和传统产业改造，切实转变发展方式，实现低投入、低消耗、低排放和高效率。

3. 建立和完善监测考核制度。企业要建立环境保护和资源节约的监控制度，定期开展监督检查，发现问题，及时采取措施予以纠正。污染物排放超过国家有关规定的，企业要承担治理或相关法律责任。发生紧急、重大环境污染事件时，应启动应急机制，及时报告和处理，并依法追究相关责任人的责任。

（四）促进就业与员工权益保护

员工作为生产要素中最活跃的一个，是企业的基础，只有将人力资源与物质资源相结合，才能创造财富实现企业的经济效益与社会效益。前面关于企业人力资源内部控制的内容主要关注的是企业员工的引进、培育、激励与发展，旨在发挥员工的主观能动性与创造力为企业谋发展。另外，也要注意到企业的员工在社会中生存，社会的发展依赖于人的努力。企业保障员工就业与保护员工权益就是维护社会的和谐稳定发展，因此，企业还应从社会责任的角度保障员工的基本权益不受损失，具体包括以下四个方面。

1. 人力资源政策中的社会责任要求。企业要依法保护员工的合法权益，保护员工依法享有劳动权利和履行劳动义务，保持工作岗位相对稳定，积极促进充分就业，切实履行社会责任。企业应与员工签订并履行劳动合同，遵循按劳分配、同工同酬的原则，建立科学的员工薪酬制度和激励机制，不得克扣或无故拖欠员工薪酬。企业要建立高级管理人员与其他员工薪酬的正常增长机制，切实保持合理水平，维护社会公平，企业应避免在正常经营情况下批量辞退员工，增加社会负担。

2. 员工保障要求。企业要及时办理员工社会保险，足额缴纳社会保险费，保障员工依法享受社会保险待遇。企业要按照有关规定做好健康管理工作，预防、控制和消除职业危害；按期对员工进行非职业性健康监护，对从事有职业危害作业的员工进行职业性健康监护。企业要遵守法定的劳动时间和休息休假制度，确保员工的休息休假权利。企业应当尊重员工人格，维护员工尊严，杜绝性别、民族、宗教、年龄等各种歧视，保障员工身心健康。

3. 员工的保障机构要求。企业应当加强职工代表大会和工会组织建设，维护员工合法权益，积极开展员工职业教育培训，创造平等发展机会。

4. 其他社会责任要求。企业应当按照产学研用相结合的社会需求，积极创建实习基地，大力支持社会有关方面培养、锻炼社会需要的应用型人才。企业应当积极履行社会公益方面的责任和义务，关心帮助社会弱势群体，支持慈善事业。

第六节 企业文化

一、企业文化概述

（一）企业文化的概念

《企业内部控制应用指引第 5 号——企业文化》中提到，企业文化是指企业在生产经营实践中逐步形成的为整体团队所认同并遵守的价值观、经营理念和企业精神，以及在此基础上形成的行为规范的总称。一般可以从精神文化、制度文化、物质与行为文化以及不同文化层作用而成的文化氛围来解读一个企业的文化。其中，精神文化主要指的是企业精神、经营哲学、企业道德、价值观等企业意识形态的总和。制度文化主要包括了企业领导体制、组织架构和管理制度等。物质与行为文化主要指的是企业提供的产品与服务，企业建筑、广告、产品包装与设计，以及不同层级的企业管理者与员工的活动或行为。企业文化中的精神文化是其他文化层的核心，制度文化是精神文化的反映也是塑造精神文化的机制和载体，物质与行为文化是精神文化与制度文化的反映，这些共同作用于企业，成为企业不同于其他企业的文化氛围。

企业文化可以从两个途径加以培育：一是企业创始人的倾向性决定或企业创建团队从经验中获取；二是管理者与专家团队共同设计、塑造企业文化，并将其加以建设、推进。随着人们对企业文化重要性的认识加大，越来越多的企业开始重视企业文化的建设，并把企业文化上升到核心竞争力的地位上。

（二）企业文化建设中的风险

1. 缺乏积极向上的企业文化，可能导致员工丧失对企业的信心和认同感，企业缺乏凝聚力和竞争力。

2. 缺乏开拓创新、团队协作和风险意识，可能导致企业发展目标难以实现，影响可持续发展。

3. 缺乏诚实守信的经营理念，可能导致舞弊事件的发生，造成企业损失，影响企业信誉。

4. 忽视企业间的文化差异和理念冲突，可能导致并购重组失败。

二、企业文化的建设

企业应当采取切实有效的措施，积极培育具有自身特色的企业文化，引导和规范员工行为，打造以主业为核心的企业品牌，形成整体团队的向心力，促进企业长远发展。具体如下所述。

1. 精神文化方面，企业应当培育体现企业特色的发展愿景、积极向上的价值观、诚实守信的经营理念、履行社会责任和开拓创新的企业精神，以及团队协作和风险防范意识。

2. 制度文化方面，企业应当根据发展战略和实际情况，总结优良传统，挖掘文化底蕴，提炼核心价值，确定文化建设的目标和内容，形成企业文化规范，使其构成员工行为守则的重要组成部分。

3. 行为文化方面，企业文化建设要融入企业生产经营的全过程，切实做到文化建设与发展战略的有机结合，增强员工的责任感和使命感，规范员工行为方式，使员工自身价值在企业发展中得到充分体现。企业应当加强对员工的文化教育和熏陶，全面提升员工的文化修养和内在素质。董事、监事、经理和其他高级管理人员要在企业文化建设中发挥主导和垂范作用，以自身的优秀品格和脚踏实地的工作作风，带动影响整个团队。

4. 物质文化方面，企业应重视精神文化的显性表达，在企业的名称、标志、设施、产品以及各种物质形态的设计等方面加强企业文化的渗透，打造以主业为核心的企业品牌，务必做到企业文化在各层次表述一致。

5. 文化氛围方面，企业应重视员工价值体现，培育以人为本的价值观；为顺应市场变化需要，企业应在文化中贯穿创新与变革精神，充分调动全体员工的主动性，培育积极向上的文化环境。

在此基础上，企业在文化建设过程中还要重视信息沟通渠道的建设，顺畅的信息沟通渠道有助于加强企业内部的管理公平、透明化，提升员工的满意度，也易于在外界树立良好的企业形象，有助于客户关系管理，提高企业的美誉度。此外，企业还应当重视并购重组后的企业文化建设，平等对待被并购方的员工，促进并购双方的文化融合。

三、企业文化的评估

企业应当建立企业文化评估制度，明确评估的内容、程序和方法，落实评估责任制，避免企业文化建设流于形式。

1. 构建企业文化评价体系，对企业文化建设的过程、成果和工作流程进行评价，可采用企业自我评判或专家组评判的方式进行。

2. 重点关注董事、监事、经理和其他高级管理人员对企业文化建设责任的履行情况、全体员工对企业核心价值观的认同感、企业经营管理行为与企业文化的一致性、企业品牌的社会影响力、参与企业并购重组各方文化的融合度，以及员工对企业未来发展的信心。

3. 重视企业文化的评估结果，巩固和发扬文化建设成果，针对评估过程中发现的问题，研究影响企业文化建设的不利因素，分析深层次的原因，及时采取措施加以改进。

【复习与思考】

1. 企业内部环境的主要内容是什么?
2. 企业内部环境在内部控制中有哪些重要性?
3. 企业内部环境在企业经营过程中存在的风险是什么?
4. 从内部控制角度来看，应如何完善企业内部环境?

【案例分析】

从脸书看中美招股书披露的不同①

将脸书（Facebook）的招股书与国内部分 A 股公司进行对比，差异主要体现在披露内容和披露质量两个方面，表 2－2 和表 2－3 分别给出了举例说明。需要进一步说明的是，表 2－3 中的信息质量特征，在美国证监会的 S－K 条例、C 条例，以及关于管理层讨论与分析的若干指南等规则中，均有所体现。此处通过脸书招股说明书提供质量特征（标准）的具体说明。

表 2－2　　招股说明书披露内容差异列举

具体项目	Facebook	A 股公司
风险因素	风险揭示全面深入，敢于揭丑：38 项业务风险因素，10 项 A 类股发行风险	风险因素一般为 20～30 项，部分风险披露模板化
管理层	讨论与分析以管理层的视角，解读公司业绩及其推动力量、公司未来规划。重在对财务业绩的驱动因素做出解释	主要围绕财务报表展开，信息有待进一步充分深入
使命与战略	披露公司存在的价值、使命和具体战略，并作为其他披露内容的主线	公司披露不一，有部分公司披露其远景、战略类型的信息
高管薪酬	披露高管的薪酬政策、目标、具体设计，以及高管薪酬设定的程序、薪酬组成、薪酬确定的依据等，每一项均详细披露	主要披露高管薪酬的具体金额及领取单位，其他较少涉及
募集资金	公司披露募集资金用于营运资本支出和其他企业用途。用途未详细披露	披露详细的募集资金使用项目和计划

① 资料来源：陈政，《Facebook 招股书说明书信息披露分析及借鉴》，http：//www. szse. cn/aboutus/research/secuities/documents/P020180328492734686 808. pdf。

表 2-3　　招股说明书披露质量差异列举

具体项目	Facebook	A 股公司
相关性	结合公司的外部环境、行业、规模、商业模式展开具体的分析，主要围绕公司自身业务展开	包括宏观、行业、公司等多层信息，因此披露了较多宏观和行业相关的公共信息
可靠性	好坏信息全部披露。核心数据给出其获取途径和计算方法，便于投资人理解数据的含义	个别公司和披露项目倾向于披露好的方面
可理解性	语言简明、表述清晰，有效借助图表、索引，帮助投资者理解公司的发展历程、具体产品（服务内容），并且信息重复和冗余较少	借助图表等手段提高披露的可读性，但是部分信息有重复
整体性	以战略为主线，将财务业绩、核心资源、风险、投资等有机联系起来，传递公司的完整图景	各类信息较为全面，但是部分信息关联度有待提升

思考：请课后查阅相关资料，了解我国企业一般在招股说明书中会对哪些内部环境进行说明。除此之外，我们还有什么渠道可以了解上市公司的内部环境？结合案例资料，思考是什么原因导致中美招股说明书披露上的差异。

第三章 风险评估

【知识与技能要求】

通过本章的学习，使学生能够：

1. 了解风险的内涵和风险评估的原则；
2. 了解风险识别的内涵；
3. 熟悉风险识别的主要内容；
4. 熟悉风险分析的主要内容；
5. 掌握财务报表分析法、流程图分析法等风险识别的主要方法；
6. 掌握风险评估图、情景分析法等风险分析的主要方法；
7. 掌握风险规避、风险降低、风险转移、风险承受四种风险应对策略的优缺点以及适用范围。

【关键术语】

风险　风险评估　风险识别　风险分析　风险规避　风险降低　风险转移　风险承受

【案例3－1】

中诚信报告："一带一路"沿线国家整体风险水平偏高①

"一带一路"背景下，沿线国家的风险与机遇识别是企业投资战略决策中的重中之重。2017年11月23日，在由中诚信国际、VIS Group、《欧洲货币》（Euromoney）联合主办的新全球化战略下"一带一路"沿线国家风险与机遇高峰论坛上，中诚信发布了《"一带一路"沿线国家风险报告（2017）》，报告从政治、经济、财政债务、银行系统、汇兑等方面对相关国家风险进行了评价，并提示了中国企业"走出去"面临的挑战与应对。

报告选取的38个重点国家覆盖中东欧、中亚、东南亚、南亚以及中东等"一带一路"必经区域，人口覆盖"一带一路"沿线整体国家的63.5%，GDP总量覆盖49.6%。报告指出，总体来看，"一带一路"沿线国家绝大多数为发展中国家，经济增速快但发展水平差异大，自然资源丰

---

① 资料来源：王君晖，《中诚信报告："一带一路"沿线国家整体风险水平偏高》，http：//www.sohu.com/a/206155732115433？trans ＝01004 pcwzy，证券时报官方搜狐号发布，2017年11月23日。

富，人口红利巨大，同时城镇化及基础设施建设水平低，发展空间广阔。其风险表现主要有以下特征。

一是沿线国家整体风险水平偏高，同时政治风险相对突出。38个国家中，风险等级在高及很高的国家为14个，占比36.8%；风险等级在低及很低的国家占比仅26.3%。二是区域间国家整体风险差异大，中亚、南亚地区的整体风险相对较高，从次级风险因素来看，东欧地区国家的经济风险较高；南亚地区的财政风险较为突出；中亚地区的汇兑风险和银行系统风险最高；除中欧外，整体沿线国家政治风险都较为显著。三是与2015年相比，沿线国家的整体风险有明显变化，其中17个国家的整体风险有所上升，21个国家的整体风险出现下降。

分地区来看，在沿线国家中，中欧地区经济发展水平较高，整体来看国家风险较低；东欧地区国家风险处于中等水平，但是乌克兰和白俄罗斯经济弹性较差，国内基本面承压，银行体系稳健性和政府财政债务等表现也受到拖累，整体国家风险偏高；东南亚地区风险居中，得益于大规模的外来投资和出口带动，区域经济增速较快，但由于越南、老挝、缅甸等国基础设施及财政实力较为薄弱，对外部需求依赖程度较高，对外偿付能力易受外部冲击，整体国家风险相对较高。

南亚地区国家风险整体偏高，各国财政实力普遍薄弱、金融市场发展不够充分、经常性账户逆差明显高于其余新兴市场国家，面临一定汇兑风险，且除斯里兰卡外，各国内政较为动荡、地缘政治风险突出，地区稳定性较差。

中亚地区的国家风险整体处于中等偏高水平。中东地区以产油国为主，近年来随着国际油价降低，产油国普遍出现经济增长放缓、财政和对外偿付实力下滑的特征。同时中东地区地缘政治风险较高，使得中东地区整体国家风险在沿线国家中处于中等偏高的水平。

此外，从目前构建的各经济走廊风险状况来看：新亚欧大陆桥整体风险较低，银行系统风险相对突出。中亚—西亚经济走廊总体政治、银行系统风险较高，财政风险相对最小。21世纪海上丝绸之路经济风险相对最小，政治、银行系统风险值得关注。中缅、中巴经济走廊政治风险是主要的不稳定因素。

报告称，近年来，中国企业“走出去”取得了丰硕成果，但也面临着诸多挑战。其中，部分国家政治环境复杂是最大的风险，从硬件来看，沿线国家基础设施薄弱，制约了我国企业产能输出的进程；从软件来看，沿线国家政策体制、法律法规、宗教文化与我国差异较大。对此，报告提出三点建议：一是加强对“一带一路”沿线国家的风险研究；二是加强硬联通和软联通建设，为企业“走出去”创造良好的投资环境；三是讲清顶层设计和整体布局，构建制度保障。

第一节 风险评估概述

古人云："宜未雨而绸缪，毋临渴而掘井。"每个企业都时刻面临着来自组织内部或外部的风险。《企业内部控制基本规范》第三章第二十条规定，企业应当根据设定的控制目标，全面系统持续地收集相关信息，结合实际情况，及时进行风险评估。风险评估，即对风险进行量化评估的全过程，包括风险识别、风险分析和风险应对。

一、对风险的理解

国资委2006年印发的《中央企业全面风险管理指引》中将风险定义为"未来的不确定性对企业实现其经营目标的影响"。国际标准化组织（ISO）2009年发布的ISO31000—2009标准《风险管理——原则与指南》明确指出，风险是"不确定性对组织目标的影响"。美国反虚假财务报告委员会下属的发起人委员会（COSO）2016版《全面风险管理框架的修订版》将风险定义为"事项发生并影响战略和业务目标之实现的可能性"。

因此，对于风险的概念可以从以下六个层面进行理解。

1. 风险的未来属性：风险是面向未来的。

2. 风险的两重性：风险的影响即偏离预期目标的差异，既可以是正面的也可以是负面的，前者为"机会"，后者为"威胁"。

3. 目标可以体现在不同的方面（如财务、健康、安全以及环境目标），并应用于不同的层次（如战略、组织整体、项目、产品和过程等）。

4. 风险的潜在特征：在风险还未充分暴露之前，对其难以肯定或否定，包括事件、发生的可能性及后果，或三者的结合。

5. 风险的二维表示：风险通常用事件的后果和发生的可能性两个维度进行表示。

6. 风险的不确定性：不确定性是风险一词的内核，管理企业的风险即管理不确定性。不确定性的根源，往往在于对事件的后果和发生的可能性有关的信息及完整性缺乏了解。

一般而言，风险是由风险因素、风险事故和损失三者构成的统一体。风险事故，也称风险事件，是指风险可能变成现实，以致造成人身伤亡或财产损害的偶发事件，是造成损失的外在原因或直接原因。风险事故是损失的媒介物，即风险只有通过风险事故的发生才能导致损失。例如，火灾、地震、爆炸、盗窃、抢劫、疾病、死亡等都是风险事故。风险因素，也称风险源，是指增加风险事故发生的频率或损失程度的条件或因素。风险因素是造成风险事故的潜在因素，造成损失的内在或间接原因。构成风险因素的条件越多，发生损失的可能性就越大，损失就会越严重。风险因素引起或增加风险事故，风险事故发生则可能造成损失。

二、风险评估的原则

为保证风险评估成效，组织的各个层面应当遵循下列原则。

（一）风险评估的前提条件是设定目标

没有目标，就无所谓有风险。只有先设定了目标，管理者才能针对目标识别和分析风险并采取必要的行动管理风险。COSO《内部控制——整合框架》2013版指出，组织需要制定足够清晰的目标，使这些目标在不同层面上相互联系并具有内在的一致性，并确保风险识别和评估与其目标相关。《企业内部控制基本规范》第三章第二十条规定：企业应当根据设定的控制目标，全面系统持续地收集相关信息，结合实际情况，及时进行风险评估。

《企业内部控制基本规范》第一章第三条规定，内部控制的目标是合理保证企业经营管理合法合规、资产安全、财务报告及相关信息真实完整，提高经营效率和效果，促进企业实现发展战略。其中，战略目标是最高层次的目标，经营目标、资产目标、报告目标与合规目标是建立在战略目标基础上的业务层面目标。在目标的设定过程中，企业要根据自己的风险偏好和风险承受能力制定企业层面的目标，即战略目标，然后再制定业务层面目标。风险偏好，即组织在追求目标的过程中愿意承受的风险量，风险量通常用可接受的绩效变动区间（accepted variation in performance）表示。风险承受能力，即风险承受度，是指企业在风险偏好的基础上设定的对相关目标实现过程中所出现的差异的可承受限度，包括整体风险承受能力和业务层面的可接受风险水平。

（二）风险评估是组织管理和决策的一部分

风险评估不是独立的与企业主要活动和过程相分离的一项活动。风险评估是管理职责的一部分，是构成组织所有过程整体性所必需的一部分，包括战略策划、所有项目以及变更管理过程。风险评估是决策的一部分，可以帮助决策者进行正式的选择、优化活动顺序并辨别可选择的行动路线。风险评估可以为以下决策提供信息：是否应该开展某些活动；如何充分利用时机；是否需要应对风险；风险应对策略的选择；确定风险应对策略的优先顺序；选择最适合的风险应对策略，将风险的不利影响控制在可接受水平。

（三）风险评估应系统化、结构化

风险评估活动适用于组织的各个层级，评估范围可涵盖项目、单个活动或具体事项等。系统化的风险评估，要求企业不能局限在某一个专门部门或专门的环节，而是把主体作为完整系统看待，在企业的各个层面得到贯彻，不仅要对经济活动的每个环节、每项业务进行单独的风险评估，还需要特别注意各个环节、各项业务之间的紧密联系和配合。风险主体面临的整体风险可能大于或小于其单个风险的总和，企业应将整体风险控制在可接受的范围之内。

（四）风险评估应适应组织

在具体实践中，风险评估的复杂及详细程度千差万别。风险评估应符合组织的外部环境、内部环境和风险状况，风险评估的形式和结果应与组织的自身情况适合。此外，在不同情境中，所使用的评估方法和技术可能存在差异。选择合适的风险评估技术和方法，有助于组织及时高效地获取准确的评估结果。

（五）风险评估是动态的、反复的以及适应变化的

由于内部和外部事件的不断发生、背景和知识的不断改变、监控和审查的出现、新风险的发生，以及其他一些影响因素的变化或消失，企业面临的风险的类型、受险部位、严重程度等都可能发生变化。在这种情况下，企业应当保持风险评估的敏感性，根据实时信息随时关注风险的变化，连续、反复识别和分析风险，并及时调整风险的应对策略。特别地，企业管理层应当识别与评估对内部控制有效性产生重大影响的变化因素，例如，外部环境的变化、自身经营模式的变化等。

第二节 风险识别

一、风险识别的概念和内容

（一）风险识别的概念

风险识别，指采用相关的技术和方法，系统、全面和连续地对可能影响企业战略和目标得以实现的事项或情况进行确认的过程。风险识别实际上就是发现、确认和表述风险要素，通过搜集有关风险因素、风险事故和损失暴露等风险要素方面的信息，发现导致潜在损失的因素。一旦风险得以识别，组织应对现有的控制措施（如设计特征、人员、过程和系统等）进行识别。

对于风险识别，可从以下三个层面进行理解。

1. 风险识别是一个循环往复并与其他业务流程相结合的过程。例如，风险识别必须与计划过程相结合。风险识别需要针对环境的变化持续进行，不可能一蹴而就。仅凭一两次有限的识别，风险主体的风险是不可能被完全认知的，许多复杂的和潜在的风险识别要经过多次调查和反复论证。企业不能局限于已识别的各类风险，而要运用新的视角不断审视已有的风险，及时关注新兴风险。新出现的风险，即使还很遥远，但对企业的影响可能越来越大，因此需要及时分析与它

相关的风险因素。

2. 风险识别是一项复杂的系统工程。风险识别的过程应该在企业的各个层面得以贯彻。只涉及个别部门、业务或项目的风险可能不会对整个企业产生大范围的影响。相反，一个影响企业整体的主要风险，却会波及下属业务部门。而这些主要风险虽然罕见却威胁巨大，难以判断它们对企业未来的影响。风险识别的过程应当覆盖各个子公司和运营部门，例如，财务、人力资源、市场营销、生产、采购和信息管理等。此外，还要考虑来自外包服务商、主要供应商和渠道合作伙伴的风险，它们也会直接或间接地影响企业的业绩目标。总之，企业应考虑所有内部和外部的影响，及所有与风险相关的企业内部和外部各方之间的相互影响。

所有风险都应该在操作层面和企业总体层面予以考虑。不同层次的员工会从不同的角度看待同样的风险。比如，营销经理关注来自竞争对手的定价策略或可能令企业陷入法律纠纷的贸易定价的风险；IT 经理可能更担心应用系统遭受计算机病毒攻击的风险，但对定价问题的风险则知之甚少。通常情况下，高级管理人员与操作型员工所感受的风险水平并不相同。例如，管理层可能觉得产品赔偿责任带来的风险微不足道，但在生产一线的管理人员眼里，可能是一项危害极大的风险。COSO 认为风险识别的最优顺序是自上而下，即从企业的最高层开始，向企业各级运营部门及业务单位不断延伸。

3. 风险识别是整个风险评估过程中重要的程序之一。《企业内部控制基本规范》第三章第二十一条规定，企业开展风险评估，应当准确识别与实现控制目标相关的内部风险和外部风险，确定相应的风险承受度。作为风险评估的起点，风险识别是否全面、深刻将直接影响风险评估的质量，进而影响风险管理的目标能否实现。风险识别的目的就是确认所有风险的来源、种类以及发生损失的可能性，为风险分析和风险应对提供依据。

【案例3-2】

德国国家发展银行事件①

2008 年 9 月 15 日上午 10 时，拥有 158 年历史的美国第四大投资银行——雷曼兄弟公司，向法院申请破产保护，消息转瞬间通过电视、广播和网络传遍地球的各个角落。令人匪夷所思的是，10 时 10 分，德国国家发展银行居然按照外汇掉期协议的交易，通过计算机自动付款系统，向雷曼兄弟公司即将冻结的银行账户转入 3 亿欧元。毫无疑问，这笔钱将是肉包子打狗有去无回。转账风波曝光后，德国社会各界大为震惊。财政部部长佩尔·施泰因布吕克发誓，一定要查个水落石出，并严厉惩罚相关责任人。一家法律事务所受财政部的委托，进驻银行进行全面调查。

几天后，他们向国会和财政部递交了一份调查报告，调查报告并不复

① 王洪华：《从德国国家发展银行事件看内部控制的重要性》，载于《财务与会计》，2011 年第 12 期。有改动。

杂深奥，只是一一记载了被询问人员在这10分钟内忙了些什么。这里，看看他们忙了些什么。

首席执行官乌尔里奇·施罗德：我知道今天要按照协议预先约定转账，至于是否撤销这笔巨额交易，应该让董事会开会讨论决定。

董事长保卢斯：我们还没有得到风险评估报告，无法及时作出正确的决策。

董事会秘书史里芬：我打电话给国际业务部催要风险评估报告，可那里总是占线。我想，还是隔一会儿再打吧。

国际业务部经理克鲁克：星期五晚上准备带全家人去听音乐会，我得提前打电话预订门票。

国际业务部副经理伊梅尔曼：忙于其他事情，没有时间去关心雷曼兄弟公司的消息。

负责处理与雷曼兄弟公司业务的高级经理希特霍芬：我让文员上网浏览新闻，一旦有雷曼兄弟公司的消息就立即报告，现在，我要去休息室喝杯咖啡了。

文员施特鲁克：10时3分，我在网上看到雷曼兄弟公司向法院申请破产保护的新闻，马上跑到希特霍芬的办公室。当时，他不在办公室，我就写了张便条放在办公桌上，他回来后会看到的。

结算部经理德尔布吕克：今天是协议规定的交易日子，我没有接到停止交易的指令，那就按照原计划转账吧。

结算部自动付款系统操作员曼斯坦因：德尔布吕克让我执行转账操作，我什么也没问就做了。

信贷部经理莫德尔：我在走廊里碰到施特鲁克，他告诉我雷曼兄弟公司的破产消息。但是，我相信希特霍芬和其他职员的专业素养，一定不会犯低级错误，因此也没必要提醒他们。

公关部经理贝克：雷曼兄弟公司破产是板上钉钉的事。我本想跟乌尔里奇·施罗德谈谈这件事，但上午要会见几个克罗地亚客人，觉得等下午再找他也不迟，反正不差这几个小时。

德国经济评论家哈恩说，在这家银行，上到董事长，下到操作员，没有一个人是愚蠢的，可悲的是，几乎在同一时间，每个人都开了点小差，加在一起，就创造出了“德国最愚蠢的银行”。

（二）风险识别的内容

企业应识别风险事项、风险影响的范围、相关事件（包含情况的变化）及其原因和潜在后果。风险识别过程包含两个环节：第一，感知风险事项，即调查、了解客观存在的各种风险事项。第二，分析风险事项，即通过归类分析，分析引起风险的各种因素，掌握风险事项产生的原因、条件以及风险事项的性质。感知风险事项是风险识别的基础，只有在感知风险的基础上才能进一步进行分析，寻找导致风险事项发生的条件因素；分析风险事项，则是进行风险识别的关键。

按照风险来源的不同，企业可能面临的风险事项可以划分为内部风险和外部风险。企业的内部风险主要来自决策和经营活动：决策的风险一方面体现在与外部环境的不适应，另一方面体现在自身的经营活动中；经营活动中的风险主要源于企业的流程和人员。《企业内部控制基本规范》第三章第二十二条指出，企业识别内部风险，应当关注下列因素：董事、监事、经理及其他高级管理人员的职业操守、员工专业胜任能力等人力资源因素；组织机构、经营方式、资产管理、业务流程等管理因素；研究开发、技术投入、信息技术运用等自主创新因素；财务状况、经营成果、现金流量等财务因素；营运安全、员工健康、环境保护等安全环保因素；其他有关内部风险因素。

企业的外部风险主要源于企业经营的外部环境，包括外部环境本身及其变化对企业目标的影响。《企业内部控制基本规范》第三章第二十三条指出，企业识别外部风险，应当关注下列因素：经济形势、产业政策、融资环境、市场竞争、资源供给等经济因素；法律法规、监管要求等法律因素；安全稳定、文化传统、社会信用、教育水平、消费者行为等社会因素；技术进步、工艺改进等科学技术因素；自然灾害、环境状况等自然环境因素；其他有关外部风险因素。

按照风险的内容，企业风险一般包括战略风险、财务风险、市场风险、运营风险、法律风险等①。

1. 战略风险。在战略风险方面，企业应该关注以下因素：国内外宏观经济政策以及经济运行情况、本行业状况、国家产业政策；科技进步、技术创新的有关内容；市场对本企业产品或服务的需求；与企业战略合作伙伴的关系，未来寻求战略合作伙伴的可能性；本企业主要客户、供应商及竞争对手的有关情况，与主要竞争对手相比本企业的实力与差距；本企业发展战略和规划、投融资计划、年度经营目标、经营战略，以及编制这些战略、规划、计划、目标的有关依据；本企业对外投融资流程中曾发生或易发生错误的业务流程或环节。

2. 财务风险。在财务风险方面，企业应注重下列因素：负债、或有负债、负债率、偿债能力；现金流、应收账款及其占销售收入的比重、资金周转率；产品存货及其占销售成本的比重、应付账款及其占购货额的比重；制造成本和管理费用、财务费用、营业费用；盈利能力；成本核算、资金结算和现金管理业务中曾发生或易发生错误的业务流程或环节；与本企业相关的行业会计政策、会计估算，与国际会计制度的差异与调节（如退休金、递延所得税等）。

3. 市场风险。在市场风险方面，企业应关注下列因素：产品或服务的价格及供需变化；能源、原材料、配件等物资供应的充足性、稳定性和价格变化；主

① 国务院国有资产监督管理委员会：《中央企业全面风险管理指引》，2006 年 6 月 6 日。

要客户、主要供应商的信用情况；税收政策和利率、汇率、股票价格指数的变化；潜在竞争者、竞争者及其主要产品、替代品情况。

4. 运营风险。在运营风险方面，企业应关注下列因素：产品结构、新产品研发；新市场开发，市场营销策略，包括产品或服务定价与销售渠道，市场营销环境状况等；企业组织效能、管理现状、企业文化，高、中层管理人员和重要业务流程中专业人员的知识结构、专业经验；期货等衍生产品业务中曾发生或易发生失误的流程和环节；质量、安全、环保、信息安全等管理中曾发生或易发生失误的业务流程或环节；因企业内、外部人员的道德风险致使企业遭受损失或业务控制系统失灵；给企业造成损失的自然灾害以及除上述有关情形之外的其他纯粹风险；对现有业务流程和信息系统操作运行情况的监管、运行评价及持续改进能力；企业风险管理的现状和能力。

5. 法律风险。在法律风险方面，企业应重视下列因素：国内外与本企业相关的政治、法律环境；影响企业的新法律法规和政策；员工道德操守的遵从性；本企业签订的重大协议和有关贸易合同；本企业发生重大法律纠纷案件的情况；企业和竞争对手的知识产权情况。

需要特别注意的是，影响企业风险状况的事项通常不是孤立存在的，一个事项可能引发另一个或另几个事项。在风险识别过程中，企业应该明确并评估事项之间的相互联系和影响，并采用恰当的风险应对措施。此外，风险具有可变性，因此，风险管理者必须密切注意原有风险的变化，持续、系统地进行风险识别工作。

【案例3-3】

举报信揭开金矿黑幕①

2012年10月，辽宁省检察院反贪局收到了一封针对黄金集团收购金泰—红旗金矿相关问题的举报信。线索反映：辽宁省黄金局原局长王某与原副局长刘某收受个体老板李某、刘某某（后查明为郭某某）900万元贿赂，弄虚作假，将没有任何资源的辽宁省建昌县温杖子金矿80%的股权以3.6亿元的价格卖给了黄金集团（后查明为2.3亿元）。辽宁省检察院反贪局成立“10·15”专案组，对线索展开调查。

在调查中，专案组得知了两个重要情况：一是收购矿山的主体虽然是中国黄金集团辽宁公司（以下简称“辽宁公司”），可辽宁公司对于收购并没有发言权，最终作出决定的是黄金集团的领导；二是重新探矿的结果显示，金泰—红旗金矿的黄金储量仅有200多千克，与黄金集团收购此矿所依据的辽宁省第十一地质大队（以下简称“第十一地质大队”）所出具的报告中7 078千克的储量相差巨大，后者可能存在较大的水分。

① 赵铁龙、刘键、苏泽：《举报信揭开金矿黑幕》，载于《检察日报》，2017年11月21日。有改动。

最终调查结果显示，2009 年 8 月，李某为使金泰—红旗金矿能够被黄金集团高价收购，要求时任第十一地质大队勘查一处处长的张某某做一份总储量达 6 吨以上的勘探报告。为此，张某某向李某提出，由他本人找钻探队钻孔，由第十一地质大队工程师编录采样。张某某授意手下工程师不下井、不在现场监工、每隔两三天去取一次岩芯，给李某留出对岩芯做手脚的时间和空间。钻探工作结束后，由张某某将样品带到第十一地质大队下属的第八实验室化验，张某某担心化验数据出问题，只做了品位的基本检测，没做内检和外检。化验报告出来后，张某某让第十一地质大队返聘的技术人员张某发编写报告。李某担心张某发对过高的勘探数据提出异议，同时也是为了尽快完成报告，给了张某某、张某发各 2 万元人民币。于是，他们两人抛开事实，按照李某的要求编写了储量达 6 吨以上的报告。报告完成后需要第十一地质大队队长齐某某、副总工程师丁某签字才能生效，李某遂送给二人各 2 万元，丁某和齐某某便分别在报告上签了字。

此外，李某通过买通第十一地质大队相关人员，放松对勘探现场的管理，指使手下向第十一地质大队采集到的岩芯中添加金粉，人为提高黄金储量数据，又通过向黄金集团以及辽宁公司相关人员行贿的方式，使相关人员违规收购金泰—红旗金矿，致使 2.3 亿元巨额国有资产流失。

经查，李某在金泰—红旗金矿收购和生产经营以及海南盛京房地产公司、银河大厦收购过程中，向黄金集团、辽宁公司以及第十一地质大队等多家单位共 25 名相关人员行贿，行贿数额约 1 500 万元。其中，原黄金集团总经理孙某某收受李某 1 150 万元贿赂。在这起黄金矿收购案中辽宁省人民检察院反贪局共立案侦查 34 人（其中黄金系统 15 人），涉案金额上亿元。

二、风险识别的方法

对于风险识别，既可以通过感性认识和历史经验来判断，也可以通过对各种客观的资料和风险事项的记录进行分析、归纳、整理及必要的专家访问，辨识和确认各种现存和潜在的风险和损失规律。风险识别的一般方法包括但不限于风险清单法、财务报表分析法、流程图法、压力测试、现场调查法、危险与可操作性分析等方法。

（一）风险清单法

风险清单是由专业人员设计的标准表格和问卷，用于全面列示企业可能存在的风险。使用者需要对照清单的内容，逐项判断并回答其所在企业是否存在这样的风险事项。通过回答问题，管理者逐渐构建出企业的风险框架。1977 年，美国风险和保险管理学会制定了一份比较全面的风险损失清单表，包括直接损失风险、间接损失风险和责任损失风险等内容（见表3-1）。

表3-1 风险损失清单

直接损失风险	无法控制和无法预测的损失	1. 电力中断：雷电、火灾及各种损坏
		2. 物体下落：飞机失事、建筑材料
		3. 地壳运动：火山、地震、滑坡
		4. 声音及震动波：飞机、震动
		5. 战争、暴力、武装冲突、恐怖活动
		6. 水损：洪灾、水位抬高、管道破裂等
		……
	可控制和可预测的损失	1. 玻璃或其他易碎物品的破裂
		2. 毁坏：工厂设施的毁坏
		3. 起始时或过程中的碰撞：飞机碰撞、船舶碰撞
		4. 污染：液体、固体、气体、放射性污染
		5. 腐蚀
		6. 员工疏忽或大意
		……
	与财务有关的主要损失	1. 员工不诚实：伪造、贪污
		2. 没收：国有化、充公
		3. 欺诈、偷窃、抢劫
		4. 事实、专利、版权、公证的无效
		5. 库存短缺：无故消失、乱放丢弃
		……
间接损失风险	1. 所有直接损失的影响：供应商、消费者、公用设施、员工	
	2. 附加费用增加：租金、通信费用、产品费用	
	3. 资产集中损失	
	4. 风格、品味、期望的变化	
	5. 破产：员工、管理人员、供应商、消费者、顾问	
	6. 管理失误：市场、价格、产品投资等	
	……	
责任损失风险	1. 航空损失	
	2. 运动责任	
	3. 出版商责任	
	4. 汽车责任	
	5. 契约责任	
	6. 雇主责任	
	……	

资料来源：洪锡熙，《风险管理》，暨南大学出版社2005年版。

风险清单通常表现为标准化的表格，其优点是：简单明了、经济方便，非专业人士也可以采用；有助于确保常见问题不会被遗漏，因此，企业可以根据风险清单系统地识别出最基本的风险，并降低忽略重要风险的可能性。风险清单适合新公司、初次构建风险管理的公司或缺乏专业风险管理人员的公司使用。

但风险清单也存在严重缺陷：标准化的风险清单针对性较差，特殊风险可能未被风险清单包含进去；风险清单大多是在传统风险管理的基础上设计出来的，传统的风险管理通常仅考虑纯粹风险，很少涉及投机风险，所以风险清单中没有投机风险的项目；风险清单往往只能定性分析；风险清单往往基于已观察到的风险，不利于发现以往没被观察到的风险。因此，企业需要结合行业特点、经营状况、发展阶段等方面的情况，制作适合本企业的风险清单。此外，在使用风险清单进行风险识别时，要采用其他辅助手段。

（二）财务报表分析法

财务报表分析法是通过分析资产负债表、利润表、现金流量表和其他附表等财务信息来进行风险识别。该方法由克里德尔（A. H. Criddle）于 1962 年提出。克里德尔认为，任何企业的经营活动最终涉及的不是现金就是财产，因此，对财务报表及其支持性文件中的这些项目进行分析，可以非常可靠和客观地帮助风险管理人员识别企业的财产风险、责任风险和人力资本风险等。财务报表分析法又具体包括趋势分析法、比率分析法、因素分析法、综合分析法等。

1. 趋势分析法。趋势分析法，是指通过对某企业连续数期的资产负债表和利润表中的各个项目进行比较，求出金额和百分比增减变动的方向和幅度，从而揭示出财务状况和经营成果增减变化的性质及其趋势，对该企业的发展前景做出判断。

趋势分析法通常包括横向分析法和纵向分析法。横向分析法，也称水平分析法，是以金额或百分比的形式，将会计报表中各个项目的当期或多期的金额与基期的金额进行比较，观察企业经营成果与财务状况的变化趋势。可见，横向分析法注重的是会计报表关键项目不同年份的比较。纵向分析法，也称垂直分析法，则注重对会计报表内部各项目的内在结构分析。纵向分析法通过比较不同期间内会计报表中各个项目占某一基期项目的比例，观察企业经营成果和财务状况的变化趋势。例如，企业资产报酬率 = 净利润 ÷ 平均资产总额 × 100%，该指标表明企业每单位资产创造净利润的能力，将该指标与基期或各年度的可比指标数据相对比，观察企业盈利能力的变化趋势。

2. 比率分析法。比率分析法就是把财务报表的某些项目同其他项目进行比较，计算出相应的财务比率，并将该比率与上期比率、计划比率或同行业平均比率进行比较，进而揭示出企业的发展情况、计划完成情况或者与同行业平均水平的差距。这些金额或数据可以选自同一财务报表，也可以选自不同的财务报表。

比率分析法通常包括构成比率法、相关比率法和效率比率法。构成比率法，也称结构比率法，主要以某项经济指标的各组成部分占总体的比例为依据，分析部分与总体的关系，了解项目指标结构上的变化。

3. 因素分析法。因素分析法是依据分析指标与其影响因素的关系，从数量上确定各因素对分析指标影响方向和影响程度的一种方法。因素分析法既可以全面分析各因素对某一经济指标的影响，又可以单独分析某个因素对经济指标的影响。该方法包括连环替代法、定基替代法、差额分析法和指标分解法等。连环替代法是根据因素之间的内在依存关系，依次测定各因素变动对经济指标差异影响的一种分析方法。定基替代法，分别用分析值替代标准值，测定各因素对财务指标的影响，例如标准成本的差异分析。差额分析法，是连环替代法的一种简化形式，是利用各个因素的比较值与基准值之间的差额，来计算各因素对分析指标的影响。指标分解法，是把一个财务比率分解为若干影响因素的方法。例如，资产收益率可以分解为销售利润率和资产周转率两个比率的乘积。

4. 综合分析法。为全面、合理评价企业的财务状况和经营成果，在进行财务分析时，仅仅观察单一的财务比率远远不够，还需要对各项财务数据和财务指标进行系统、综合的分析。综合分析法包括财务比率综合评分法、杜邦分析法等。其中，杜邦分析法是企业风险识别中应用最广泛的方法之一。杜邦分析法最早由美国杜邦公司使用，最显著的特点是将若干个用以评价企业经营效率和财务状况的比率按其内在联系有机地结合起来，形成一个完整的指标体系，并最终通过股东权益收益率来综合反映。其基本思想是将最能反映公司理财目标的指标——净资产收益率逐级分解为多项财务比率的乘积。

杜邦分析法的分解过程如图 3－1 所示。首先，以净资产收益率作为核心和出发点，将其分解为总资产收益率与权益乘数的乘积。这种分解揭示了企业股东回报率的差异来源：一是综合盈利能力；二是资本结构。适度的财务杠杆水平有助于提高企业对股东的回报，但过度举债容易增加企业的财务风险。其次，将总资产收益率分解为销售净利率和总资产周转率的乘积。这种分解揭示出企业的综合盈利能力源自销售净利率代表的获利能力和总资产周转率代表的营运能力。这实际上反映了企业在成本领先战略（薄利多销）和产品差异战略（厚利少销）之间做出的战略选择。再次，将销售净利率和总资产周转率分别进一步分解为净利润、营业收入和资产总额。最后，进一步细分净利润和资产总额。其中净利润等于营业收入减去全部成本再加上其他利润，资产总额则由流动资产和长期资产构成。

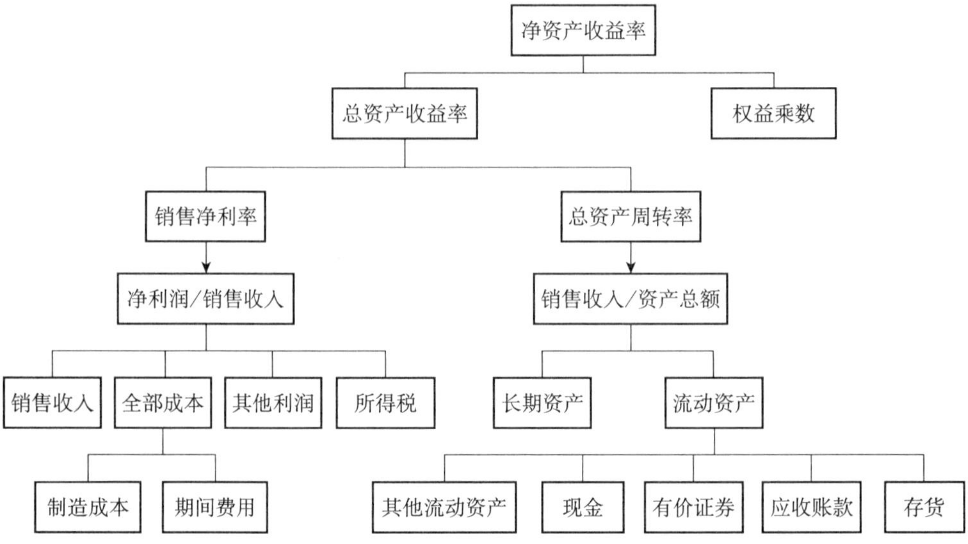

图 3－1　杜邦分析图示例

财务报表分析法的优点在于：（1）财务报表综合反映了企业的财务状况和经营成果等情况，该方法有助于识别企业的财务风险和经营风险；（2）基于严密的会计核算流程和会计信息的质量要求，该方法具有较强的可靠性和客观性；（3）该方法可以为风险投资、风险融资等提供依据。但该方法的缺点是专业性较强，如果风险管理人员缺乏财会方面的专业知识，可能无法识别潜在的相关风险。此外，在某些情况下，若财务报表的真实性和全面性无法得到保证，则该方式的使用将受到限制。

（三）流程图法

流程图法（flow-chart method）是一种根据生产过程或管理流程来识别风险的方法。应用这种方法时，要将企业的全部生产经营过程，按内在的逻辑联系绘制成作业流程图，并针对流程中的关键环节和薄弱环节进行调查与风险识别。流程图按照内容划分，可分为内部流程图和外部流程图；按照表现形式划分，可分为实物流程图和价值流程图。

1. 内部流程图与外部流程图。以企业内部的生产制造活动为流程路线绘制的流程图叫作内部流程图，也称生产制造程序流程图。外部流程图则包含了企业原料供应、生产制造和销售产品全过程的流程路线。图3－2、图3－3分别显示了某制衣公司的内部流程图和外部流程图。

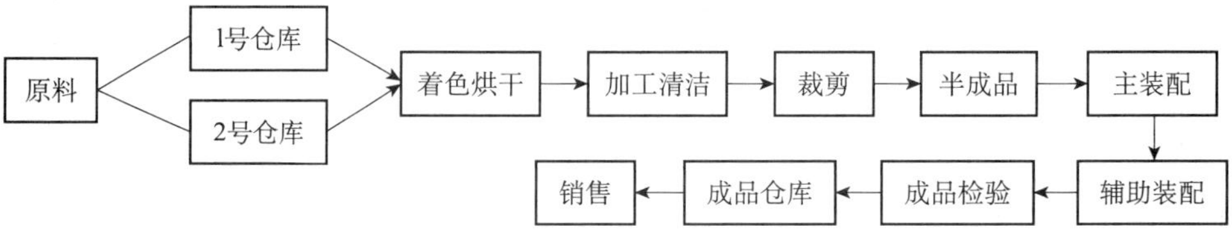

图3－2　某制衣公司的内部流程图

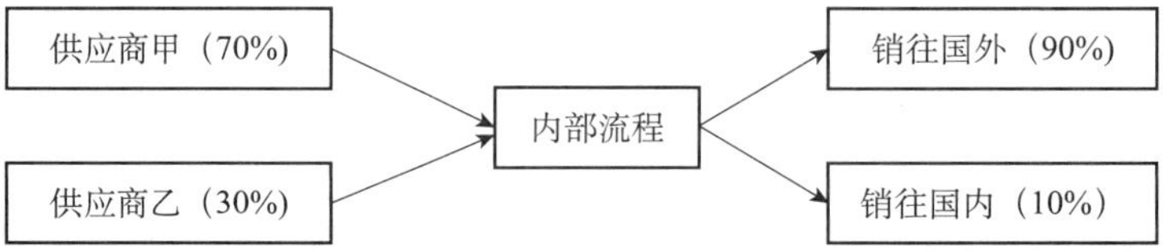

图3－3　某制衣公司的外部流程图

2. 实物流程图与价值流程图。实物流程图以某种产品的生产全过程为基本流程路线，将主要生产经营活动以及各种辅助活动以实物形态反映在图表中，对每一环节、每一过程逐步进行调查分析，发现潜在的各种风险。从实物流程图中可以看出各个生产环节之间的依赖关系。如果生产企业拥有其他产品，则需要绘制不同的流程图。实物流程图如图3－4所示。

价值流程图与实物流程图非常相似，所不同的是，价值流程图对实物的货币价值额度进行标示。因此，价值流程图有助于明确生产过程中的关键部门和关键环节，以及生产过程中某一环节对其他环节带来的影响。价值流程图如图3－5所示。

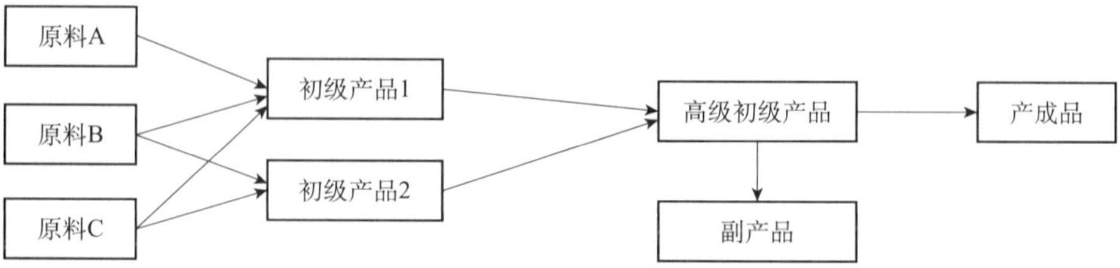

图 3-4 简单的实物流程图

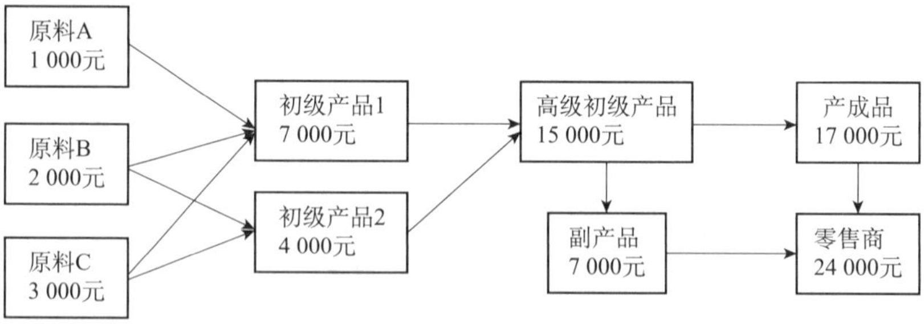

图 3-5 简单的价值流程图

流程图的优点在于清晰、形象，可以比较清楚地反映活动（或工序）流程的风险。一般而言，企业的经营规模越大、生产工艺越复杂，应用流程图识别风险越具有优势。但流程图只揭示了风险，没有分析风险产生的原因及应对方法。此外，流程图绘制的准确性决定着风险管理部门识别风险的准确性；流程图一般是由具有专业知识的风险管理人员绘制的，往往花费较多的时间、耗费较高的管理成本。

（四）压力测试

压力测试是指在极端情景下（例如最不利的情形下），分析评估风险管理模型或内控流程运行的有效性及对目标可能造成的损失，及时发现问题并制定改进措施，目的是防止出现重大的损失事件。极端情景是指在非正常情况下发生概率很小，而一旦发生，后果十分严重的事项。压力测试广泛应用于各行业的风险评估中，尤其常见于金融、软件等行业。例如，某银行拥有一批信用记录良好的客户，该类客户在正常情景中一般不会违约。在日常交易中，该银行只需遵循常规的风险管理策略和内控流程即可。若采用压力测试进行风险评估，则需要设想该类客户在极端情景下（如其财产毁于火灾、地震、被盗）可能会出现的违约事件，一旦出现类似情形，银行可能遭受何种类型和程度的损失。

压力测试的优势在于：该方法关注了非正常情况下的风险情形，是普通风险识别方法的有益补充；考虑了不同风险之间的相互关系；加强对极端情形和潜在危机的认识，预防重大风险的发生。需要注意的是，压力测试并不能取代一般的风险管理工具，频繁的压力测试并不能解决组织日常的风险管理问题。此外，压力测试的效果取决于使用者是否可以构造合理、清晰、全面的情景。

（五）现场调查法

现场调查法，即深入生产和流通环节等现场，进行实地调查来获取风险主体经营情况等相关信息的方法，是一种最直接、获取信息最真实、反馈信息最快捷的方法。该方法有助于发现原本已经被忽略的风险。现场调查法的步骤包括：（1）调查前的准备工作，包括明确调查任务、调查范围、调查对象和时间安排，确定调查类型和方式、方法，制定调查方案和提纲，培训调查人员等；（2）采取适当、有效的调查方式和方法进行现场调查与访问，准确做好调查记录；（3）形成调查报告与反馈。为达到更好的调查效果，在进行现场调查之前，要对企业和调查项目的基本情况做大致了解，例如项目的目前状态、故障情况和采取的措施等；风险管理人员所关注的问题要具备一定的感性认识，同时还要注意那些不明显的细节，避免遗漏重要的风险事项；现场调查需要配置专业的调查人员和调查工具，并建立一套完善的与基层人员交流的制度。

现场调查法的优点在于：（1）有助于调研人员获得风险主体从事活动的第一手资料，从而有效识别和应对风险；（2）获取的资料相对真实可靠；（3）可以与基层人员建立和维持良好的关系。但该方法也存在一定的弊端：（1）要真正了解风险主体面临的风险，需要进行大量的风险调查工作，可能耗费大量的时间；（2）现场调查需要组织人员亲临现场，必要时可能聘请相关专家参加，加大了风险主体的管理成本；（3）调查人员的风险识别能力和水平决定了该方法的有效性。

（六）危险与可操作性分析

危险与可操作性分析（hazard and operability study，HAZOP），是一种基于危险与可操作性研究的定性识别风险的技术。该方法对规划或现有产品、设计、过程、程度或体系的结构化及系统等各个步骤中是否实现设计意图或运行条件的方式提出质疑，明确可能偏离预期绩效的偏差，并可评估偏差的危害度。通常由一支多专业团队通过多次会议进行。HAZOP 最初被应用于化学工艺系统的风险评估中，目前已拓展到其他类型的系统及复杂的操作中，包括机械及电子系统、程序、软件系统，甚至包括组织变更和法律合同设计及评审等。

HAZOP 使用一种基于引导词的系统。HAZOP 依据设计图纸、流程说明、操作程序等对系统的各组成部分进行审查，检查是否存在偏离预期效果的偏差、潜在原因及偏差可能造成的后果。通过使用合适的引导词，对于系统、过程或程序的各个部分对关键参数变化的反应方式进行系统性分析。可以使用针对某个特殊系统、过程或程序的引导词，也可以使用能涵盖各类偏差的通用词。例如对于技术系统中常见的参数（如材料或过程的物理特征，温度、速度等物理条件等），常用的引导词包括“过高”“过低”“无”“不”“相逆”“异常”等。

HAZOP 的优势在于：为系统、彻底地分析系统、过程或程序提供了有效的方法；涉及多专业团队，可处理复杂问题；形成了解决方案和风险应对行动方法；有机会对认为错误的原因及结果进行清晰的分析。但同时也存在一定的局限：耗时、成本过高；对文件或系统、过程以及程序规范的要求较高；讨论可能集中在设计的层面上，而不是更宽泛的或外部问题；受制于设计及设计意图，以及传递给团队的范围或目标；过程对设计人员的专业知识要求较高，专业人员在寻找设计问题的过程中很难保证完全客观。

（七）其他方法

在识别企业风险时，还可以采用很多其他行之有效的方法，例如经常检查关键文档（如董事会会议的详细记录、年度报告等）获取关键信息，采用头脑风暴法、结构化或半结构化访谈、德尔菲法等收集企业内部人员及专家的看法，使用事件树法或故障树法等。

但需要注意的是，任何一种方法不可能揭示出企业面临的全部风险，更不可能揭示导致风险事故的所有因素，因此必须根据企业的实际条件、每种方法的优缺点和适用条件、在成本效益的原则下选择效果最优的方法或方法组合。此外，风险识别是一个连续不断的过程，仅凭一两次调查分析不能解决问题，许多复杂的和潜在的风险需要经过多次识别才能获得较为准确的答案。

第三节 风险分析

一、风险分析的定义与内容

（一）风险分析的定义

风险分析是在风险识别的基础上，结合企业的特定条件，运用定性或定量的方法进一步分析风险发生的可能性和对企业目标实现的影响程度，并对风险进行综合评价，进而为决定风险是否需要应对以及制定恰当的应对策略和方法提供信息支持。风险分析可进一步增进对风险的理解，是风险应对的前提和基础。

企业在运营过程中通常会面临各种类型的风险，虽然有些风险是同行业的企业共同面临的（比如政策风险），但更多的风险是特定的企业所特有的，企业的管理层在进行风险评估时应当重点关注这些特有风险。

（二）风险分析的内容

一般来说，风险分析的内容包括评估风险发生的可能性、估计风险的影响程度（后果的严重度）以及分析不同风险的相互关系等。前两者是风险分析的核心任务。

1. 风险发生的可能性分析和影响程度分析。对风险发生的可能性和后果严重程度的评估结果，可以采用定性或定量的方法进行表示。定性方法主要是直接用文字描述风险发生的可能性的高低、后果的严重程度，如用“极低”“低”“中等”“高”“极高”等区分风险发生的可能性，用“极轻微的”“轻微的”“中等的”“重大的”“灾难性的”刻画风险对目标实现的负面影响程度。定量方法是对风险发生可能性的高低、后果严重程度用具有实际意义的数量描述，如对风险发生可能性的高低用概率表示，对后果严重程度用造成的损失金额表示。企业对风险发生的可能性和影响程度的评价标准可以分别参考表 3－2 和表 3－3。

表 3－2　　风险发生可能性的评价标准

定量方法一	评分	1	2	3	4	5
定量方法二	一定时期发生的概率	10%	10% ~30%	30% ~70%	70% ~90%	90%以上
定性方法	文字描述一	极低	低	中等	高	极高
	文字描述二	一般情况下不会发生	极少情况下才发生	某些情况下发生	较多情况下发生	常常会发生
	文字描述三	今后 10 年内发生的可能性少于 1 次	今后 5 ~10 年内可能发生 1 次	今后 2 ~5 年内可能发生 1 次	今后 1 年内可能发生 1 次	今后 1 年内至少发生 1 次

资料来源：国家标准 GB/T 27921—2011《风险管理　风险评估技术》。

表 3－3　　风险对目标影响程度的评价标准

适用于所有行业	定量方法一	评分		1	2	3	4	5
	定量方法二	企业财务损失占税前利润的百分比		1%以下	1% ~5%	6% ~10%	11% ~20%	20%以上
	定性方法	文字描述一		极轻微的	轻微的	中等的	重大的	灾难性的
		文字描述二		极低	低	中等	高	极高
		文字描述三	日常运行	不受影响	轻微影响（造成轻微的人身伤害，情况立刻受到控制）	中度影响（造成一定的人身伤害，需要医疗救援，需要外部支持才能控制情形）	严重影响（企业失去一些业务能力，造成严重人身伤害，情况失控，但无致命影响）	重大影响（重大业务失误，造成重大人身伤亡，情况失控，给企业致命影响）
			财务损失	较低的财务损失	轻微的财务损失	中等的财务损失	重大的财务损失	极大的财务损失
			企业声誉	负面消息在企业内部流传，企业声誉没有受损	负面消息在当地局部流传，企业声誉轻微损害	负面消息在某区域流传，企业声誉中等损害	负面消息在全国各地流传，对企业声誉造成重大损害	监管机构进行调查，公众关注，对企业声誉造成无法弥补的损害

资料来源：国家标准 GB/T 27921—2011《风险管理　风险评估技术》。

企业对风险的可能性和影响程度的分析，都是建立在对实际情况的搜集、专业的判断和恰当的分析方法基础上达成的。需要特别注意的是，风险的影响程度是针对既定目标而言的，对于不同的目标，企业应采用不同的衡量标准。一般情况下，企业应关注具有潜在严重后果的风险，但同时分析具有严重后果和轻微后果的风险在某些情况下可能是重要的。例如，频繁而轻微的问题可能造成很大的累积或长期效应。此外，企业要同等重视对于马上出现的后果和经过一段时间才可能出现的后果。

2. 风险之间的关系分析。在企业面临的各类风险中，有些风险是相互联系的，不同风险之间的联系可能会加大或减少其对风险主体的影响。在风险分析过程中，除了要对单项风险进行分析，还需要考虑各种风险因素综合起来的总体影响，对可能引起损失的风险事件进行综合分析，并重点关注系统各组成部分的重要性和薄弱环节。

【案例3-4】

中航油（新加坡）公司巨亏事件①

中国航油（新加坡）股份有限公司（以下简称中航油（新加坡））成立于1993年5月，由中央直属大型国企中国航空油料控股公司（中国航空油料集团公司的前身）控股，总部和注册地均位于新加坡。公司成立之初经营十分困难，一度濒临破产，后在总裁陈某某的带领下，一举扭亏为盈，从单一的进口航油采购业务逐步拓展到国际石油贸易业务，并于2001年在新加坡交易所主板上市，成为中国首家利用海外自有资产在国外上市的中资企业。经过一系列扩张运作后，公司成功地从一个贸易型企业发展成工贸集合的实体企业，实力大为增强，其净资产由1997年的16.8万美元猛增至2003年的1.28亿美元，市值超过65亿元人民币，一时成为资本市场的明星。

中航油（新加坡）于2002年3月起开始从事背对背期权交易。2002年3月27日，中国证监会对中航油（新加坡）未经批准开展衍生品交易提出批评、警告。2003年3月底，中航油（新加坡）开始从事石油衍生品期权交易，同日本三井集团、法国兴业银行、英国巴克莱银行、新加坡发展银行和新加坡麦戈利银行等在期货交易场外签订了合同。2003年第三季度前，由于中航油（新加坡）对国际石油市场价格判断准确，公司基本上购买看涨期权，出售看跌期权，产生了一定的利润。

2003年底至2004年，中航油（新加坡）错误地判断了油价走势，调整了交易策略，卖出买权并买入卖权，导致期权盘位到期时面临亏损。为了避免亏损，中航油（新加坡）分别在2004年1月、6月和9月先后进行了三次挪盘，即买回期权以关闭原先盘位，同时出售期限更长、交易量更大的新期权。但每次挪盘均成倍扩大了风险，该风险在油价上升时呈指数

① 李晓慧、何玉润：《内部控制与风险管理：理论、实务与案例》，中国人民大学出版社2016年版，第87页。

级扩大，直至中航油（新加坡）不再有能力支付不断高涨的保证金，最终导致了严重的财务困境。

2004年3月28日，中航油（新加坡）账面亏损已经高达580万美元，但公司决定延期交割合同，并宣布2003年全年盈利3 289万美元（公司的《风险管理手册》中规定，亏损50万美元必须斩仓）。2004年第二季度，随着油价持续升高，公司的账面亏损增加，公司再次决定延后到2005年和2006年交割，交易量再次增加。2004年10月，油价再创新高，公司此时的交易盘口达5 200万桶石油，需要支付的保证金也急剧上升。2004年10月以后，中航油（新加坡）所持石油衍生品盘位已远远超过预期价格。根据合同，中航油（新加坡）需向这些银行支付5 000万美元的保证金。2004年10月10日，面对严重的资金周转问题，中航油（新加坡）首次向母公司呈报交易和账面亏损，为了补交交易商追加的保证金，公司已耗尽2 600万美元的营运资本、1.2亿美元银团贷款和6 800万元应收账款资金，账面亏损高达1.8亿美元，另外已支付8 000万美元的额外保证金。

2004年10月20日，母公司提前配售15%的股票，将所得的1.08亿美元资金贷款给中航油（新加坡）。2004年10月26日和28日，公司因无法弥补一些合同的保证金而遭逼仓，蒙受1.32亿美元实际亏损。2004年11月8~25日，在亏损5.54亿美元后，中航油（新加坡）宣布向法庭申请破产保护令。

二、风险分析的方法

《企业内部控制基本规范》第三章第二十四条指出，企业应当采用定性与定量相结合的方法，按照风险发生的可能性及其影响程度等，对识别的风险进行分析和排序，确定关注重点和优先控制的风险。企业进行风险分析，应当充分吸收专业人员，组成风险分析团队，按照严格规范的程序开展工作，确保风险分析结果的准确性。

（一）定性分析的方法

定性分析的方法是对风险的影响和可能性进行定性描述。在不要求进行定量分析，或者定量分析所需的数据无法获取，或者获取这些数据不符合成本效益原则时，企业的管理者凭借丰富的经验和直觉，或依据国际惯例和标准而进行的定性评估结论，对风险分析同样具有重要意义。该方法是目前风险分析中采用比较多的方法。

定性分析可以通过多种操作手法实现，例如问卷调查、集体讨论（如头脑风暴法）、专家咨询（如德尔菲法）或人员访谈（结构化/半结构化访谈）等。其中，最常用的定性分析方法是风险矩阵法。

风险矩阵（risk matrix）是一种用于识别风险和对风险进行优先排序的有效工具。风险矩阵可以直观地显示组织风险的分布情况，并对多项风险进行比较，从而帮助管理者确定风险管理的优先顺序、关键控制点和风险应对策略。风险矩阵的基本方法是以矩阵图的方式，把风险对组织目标的影响程度和发生的可能性，作为两个维度绘制在同一个平面上，为确定风险因素的优先次序提供框架。例如，某公司绘制的风险矩阵图如图 3－6 所示。根据发生的可能性等级和影响等级，该企业可以将风险划分为 A、B、C 三个领域：A 领域为低风险领域、B 领域为中等风险领域、C 领域为高风险领域。与影响较小且发生的可能性较低的 A 领域中的风险相比，具有较大影响且发生的可能性较高的 C 和 B 领域内的各项风险更亟待关注。

可能性等级 ↑	极高	B	B	C	C	C
	高	B	B	C	C	C
	中等	B	B	B	C	C
	低	A	A	B	B	B
	极低	A	A	B	B	B
		极低	低	中等	高	极高
		影响等级 →				

图 3－6 风险矩阵示例

需要注意的是，风险矩阵定义的风险等级与组织的决策规则和风险偏好紧密相关，例如管理层的关注度或应对所需的反应时间。因此，每个企业应根据自己的情况对风险发生可能性的高低和后果严重程度进行确定。

风险矩阵的优点是方法简单、易于采用，可以直观地将风险划分为不同的重要性水平或级别。但该方法也存在比较明显的局限：首先，主观色彩较强，不同的决策者对风险等级的划分可能存在明显的差异；其次，有些情况下可能难以界定风险的影响等级和可能性等级；最后，无法对风险进行累计叠加（例如无法将一定频率的低风险判定为中等风险）。总之，设计出适合企业具体情况的矩阵图是采用该方法进行风险评估的关键。

（二）定量分析的方法

定量分析的方法，是对风险的影响和可能性的数量特征方面（比如概率数值、损失金额等）进行描述。常用的定量分析方法有情景分析、在险价值法、敏感性分析、故障树分析、事件树分析等。

1. 情景分析。情景分析（scenario analysis），也称脚本法，是指通过假设、预测、模拟等手段，对未来可能发生的各种情景及其可能对目标产生的影响进行分析的方法。一般认为，荷兰皇家壳牌公司（Royal Dutch / Shell）于20世纪60年代末首先使用基于脚本的战略规划，并获得成功，然后该方法由该公司的科研人员沃克（Pierre Wack）于1971年正式提出。这种方法根据发展趋势的多样性，通过对系统内外相关问题的系统分析，设计出多种可能的未来前景，然后用类似于撰写电影剧本的手法，对系统发展态势进行自始至终的情景与画面的描述。情景分析可用来预计威胁和机会可能发生的方式，并且适用于各类风险包括长期风险和短期风险的分析。在周期较短及数据充分的情况下，可以从现有情景中推断出可能出现的情景；对于数据不充分的情况，情景分析的有效性更依赖于合乎情理的想象力。情景分析特别适用于积极后果和消极后果的分布存在较大差异的情况。

情景分析由于需要识别并描述未来可能发生的各种情景及发展趋势，并针对各类情景制定相应的应对措施，因此，具有一定的客观性。但在存在较大不确定性的情况下，有些情景可能缺乏现实性。因此，情景分析作为一种风险评估工具的局限在于，所用的情景可能缺乏充分的基础，数据可能具有随机性，同时可能无法发现那些将来可能出现但目前看起来不切实际的结果。

【案例3-5】

荷兰皇家壳牌公司基于脚本的战略规划①

壳牌公司以重视战略规划著称。其战略规划有两个特点：第一，高度参与，不是由高层专家孤立地提出没有弹性的10年计划，而主要是由各经营单位提出课题。第二，采用脚本法，提出一系列的“如果怎样”的或然课题。该公司20世纪70年代成功地预测了因石油输出国组织（Organization of Petroleum Exporting Countries，OPEC）的出现而导致的原油价格上涨和80年代由于OPEC石油供应配额协议的破裂而导致的原油价格的下跌。

20世纪80年代初，每桶原油价格在30美元左右，该产业的成本是每桶11美元，因此多数石油公司是盈利的。对未来的分析，市场普遍看好，有的公司甚至预测到90年代原油价格将上涨到每桶50美元。壳牌公司则分析了一系列未来脚本，其中之一是，OPEC石油供应配额协定破裂，市场上石油充斥，每桶价格降至15美元。1984年，公司对各下属公司提出的课题是，如果这一情况发生，我们该怎么办?

壳牌公司根据自己认定的或然情况，围绕核心业务实施了以下降低成本的变革，包括采用领先的开采技术，大量投资于提炼设备，取消低利润的服务站等。其他石油公司（如Exxon公司等）未改善核心业务的效率，而是实施多样化。到1986年1月壳牌公司完成上述变革时，原油价格为27美元/桶。但与此同时，OPEC生产配额协议失败，北海和阿拉斯加出现

① 徐向艺：《管理学》，山东人民出版社2005年版，第80页。

新的石油产量，市场对原油的需求也下降了。2月1日，原油的价格为17美元/桶，4月则降至10美元/桶。结果是，1988年，壳牌公司的资产净收益率为8.4%，该产业主要公司（Exxon，BP，Chevron，Mobil，Texaco等）的平均收益率为3.8%。至1989年，壳牌公司的主要变革方向是低成本，改进精炼，原油开采成本低于2美元/桶，同时强化市场营销。

2. 在险价值法（VaR）。在险价值（Value at Risk，VaR），是指在正常的市场条件和一定的概率水平（置信度）下，某一投资组合或金融资产在未来特定时期内所面临的潜在的最大可能损失，即“处于风险状态的价值”。与传统的风险度量手段不同，该方法完全是基于统计分析基础上的一种风险度量技术。在险价值法最早由G30集团提出用于评估金融风险，又经J. P. 摩根进一步推出具体的计算模型后，被引入信用管理风险领域，目前已成为国内外大多数金融机构广泛采用的风险评估工具。

该方法的基本原理可以表示为：$Prob(\Delta P_{\Delta t} \leqslant VaR) = \alpha$。其中，$\Delta P$为某一资产组合在一定持有期$\Delta t$发生的价值损失额，$\alpha$为给定的置信水平，在险价值VaR，即为在给定置信水平α下该资产组合在Δt持有期的预期最大损失金额。例如，经计算，某一投资组合在证券市场正常波动和置信水平为95%的情况下，未来24小时持有期的VaR值为550万元，表示该投资组合在未来24小时，由于市场价格变化而带来的最大损失金额超过550万元的概率为5%。换言之，有95%的概率可以判断该投资组合在下一个交易日内的损失不会超过550万元。

在实际工作中，VaR的计算和分析可以使用多种计量模型，如参数法、历史模拟法和蒙特卡罗模拟法。其中，最为常用的方法是参数法，一般假定资产收益率服从正态分布，通常适用于股票、债券、商品等基础资产以及外汇远期等线性衍生产品。对于置信水平的选取，往往依赖于企业的管理需求和风险偏好。选择较大的置信水平通常意味着其对风险比较厌恶，期望得到把握性较大的预测结果。例如，商业银行通常采用95%或99%的置信区间，国际银行监管机构的巴塞尔协议（Basel Accord）规定商业银行应使用99%的置信区间。持有期的选择，应依据所持有资产的特点来确定，比如对于流动性很强的交易头寸（position）往往需以每日为周期计算风险收益和VaR值，而一些期限较长的头寸如养老基金则可以以每月为周期。再如，巴塞尔委员会要求银行以两周即10个营业日为持有期限。

VaR法的优点主要有：（1）过程简单、结果简洁，即便是非专业背景的投资者和管理者也可以通过VaR值对风险进行评判；（2）传统风险管理的方法一般都是在事后衡量风险的大小，VaR法可以事前计算；（3）不仅能计算单个管理工具的风险，还能计算由多个管理工具组成的投资风险。由于VaR法具有整体性，不依赖于个别风险的特性或受资产种类的限制，因此，该方法适用于各种风险的评估。除了被广泛应用在投资组合中，VaR法还可以用于统一度量企业面临的市场风险、信用风险，为企业管理层的资源配置和投资决策提供参考，例如衡量企业各产品的业绩、调整交易员的收益行为、实施风险限额和头寸控制等。

同时，VaR 法也存在一定的局限性：首先，该方法过度依赖统计数据和模型。当统计数据不足时，则难以通过 VaR 法获得可信赖的结果，例如一次性投资决策的数据。其次，VaR 方法衡量的主要是市场风险，若单纯依靠 VaR 法，可能忽视其他重要的风险。再次，VaR 法不能排除高于 VaR 值的损失发生的可能性。最后，VaR 法描述的是正常市场条件下的情景，不适用于极端情景的风险评估。

3. 敏感性分析。敏感性分析（sensitivity analysis method），是通过分析、测算项目主要因素发生变化时对经济效益评价指标的影响，识别敏感因素，确定其对项目经济效益评价指标的影响程度，从而判断项目风险承受能力的一种分析方法。根据不确定因素每次变动数目的多少，敏感性分析分为单因素敏感性分析和多因素敏感性分析。单因素敏感性分析，是指每次只变动一个因素而其他因素保持不变时所做的敏感性分析，可以用该因素的变动引起评价指标的变动幅度来表示，也可以用评价指标达到临界点时允许该因素变动的最大幅度来表示。多因素敏感性分析，是指假定其他因素不变时，分析两种或两种以上不确定性因素同时变化对目标的影响程度。敏感性分析具有广泛适用性，有助于识别、控制和防范短期营运决策（例如目标利润规划）、长期投资决策（项目投资决策）等相关风险，也可以用于一般经营分析。

以短期营运决策中的目标利润规划为例。利润规划的决策目标是利润最大化，管理者为确保利润规划的完成，可以采用敏感性分析研究影响目标利润的有关因素，计算因素的敏感程度，并根据敏感程度对各因素进行排序。企业可根据本量利公式分析和识别影响利润基准值的因素，并视具体情况和以往经验选取对利润基准值影响较大的因素进行分析。这些因素包括销售量、单价、单位变动成本和固定成本。其对目标利润的敏感程度可用敏感系数反映：

$$某因素敏感系数 = 目标利润变动百分比 \div 因素值变动百分比$$

若敏感系数的绝对值 >1，则表示目标利润的变化幅度大于该因素的变化幅度，该因素为利润的敏感因素；若敏感系数的绝对值 <1，则表示目标利润的变化幅度小于该因素的变化幅度，该因素为利润的非敏感因素；若敏感系数的绝对值 =1，则表示目标利润的变化幅度与该因素的变化幅度相同，该因素为利润的非敏感因素。一般而言，单价对利润的敏感程度最高，固定成本对利润的敏感程度最低，销售量和单位成本则介于两者之间。管理者在掌握了有关因素对利润的敏感程度后，应重点关注敏感性因素，及时采取措施，加强控制敏感性因素，确保利润规划的完成。

4. 故障树分析。故障树（fault tree analysis，FTA）是用来识别和分析造成特定不良事件（称为顶事件）的可能因素的分析方法。造成故障事故的原因因素可通过归纳法进行识别，也可以将特定事故与各层原因之间的关系用逻辑门符号连接起来，并用树形图进行表示。因此故障树法描述了原因要素与重大事件之间的逻辑关系。风险管理人员可以采用故障树法对故障（顶事件）的潜在原因及其途径进行定性分析，也可以在掌握原因事项概率的相关数据之后，定量分析重大事件的发生概率。图3－7是采用FTA分析某企业应急发动机自动故障的示例。

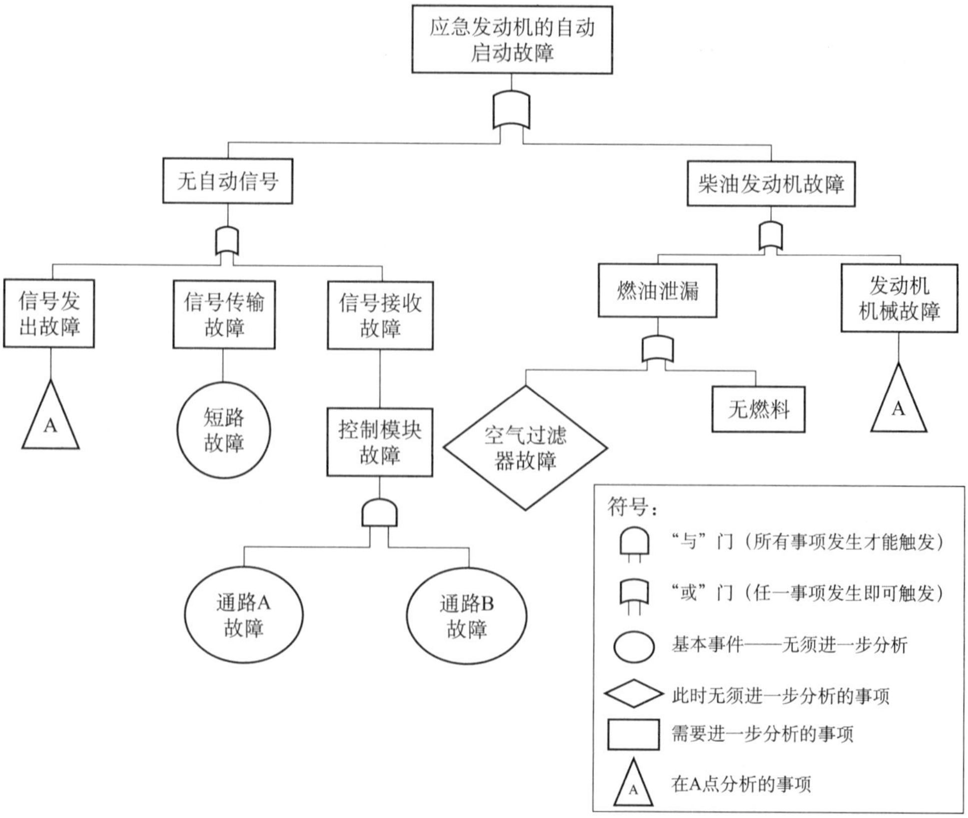

图3－7　采用FTA分析某企业应急发动机自动故障示例

资料来源：中国国家标准化管理委员会：《中华人民共和国国家标准GB/T 27921—2011 风险管理　风险评估技术》，http：//www. doc88. com/p-3032522603704. html，2011年12月30日。

故障树的优点包括：提供了一种系统、规范的方法，同时有足够的灵活性，可以对各种因素进行分析；运用简单的“自上而下”方法，关注与顶事件直接相关的因素的影响；故障树对具有很多界面和相互作用的分析系统非常适用；图形化的故障树有助于理解系统行为及包含的因素；对故障树的逻辑分析和对分割结合的识别有助于识别高度复杂系统中的简单故障路径。

故障树的缺点在于：基础事件概率的不确定性直接影响顶事件概率的不确定性；造成顶事件的所有重要途径是否包含在故障树中有时难以确定；故障树是一个静态模型，无法处理时序上的相互关系；故障树只能处理二进制状态（有无故障）；一般而言，故障树未包含各种程度或性质的人为错误造成的故障；故障树对分析人员的要求较高，分析人员必须非常熟悉对象系统，具有丰富的实务经验。

5. 事件树分析。事件树（event tree analysis，ETA），着眼于事故的起因，即初因事件。事件树从事件的初始状态出发，用逻辑推理的方法，设想事件的发展过程，分析初因事件可能导致的各种序列的结果，从而定性或定量地评价系统的特性。事件树对事件的序列以树图的形式表示，能够反映出引起初因事件加剧或缓解的事件。图 3 - 8 是采用 ETA 分析某企业爆炸事件的示例。

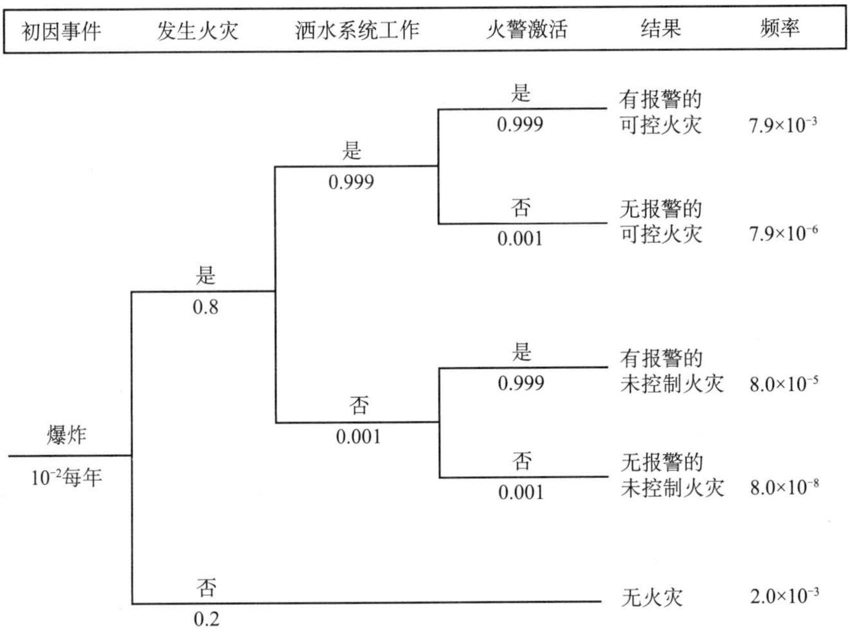

图 3 - 8　采用 ETA 分析某企业爆炸事件示例

资料来源：中国国家标准化管理委员会：《中华人民共和国国家标准 GB/T 27921—2011 风险管理　风险评估技术》，http：//www. doc88. com/p-3032522603704. html，2011 年 12 月 30 日。

事件树分析的优点在于：用简单图示方法列示了初因事件之后的全部潜在情景；清晰地体现了事件的发展顺序，可以揭示出处置风险事项的时机、依赖性，以及事项之间的多米诺效应。

事件树分析的缺点包括：确定初因事件是事件树分析的起点，但一些重要的初因事件可能被遗漏；事件树只分析了某个系统的成功及故障状态，难以将延迟成功或恢复事件纳入其中；该方法中任何路径都取决于路径上以前分支点处发生的事项，因此，需要分析各可能路径上众多的从属因素，从属因素的遗漏将导致风险评估过度乐观。

（三）定性分析与定量分析相结合

选择合适的风险分析技术和方法，有助于企业及时高效地获取准确的评估结果。一项风险评估方法的采用，与该方法同企业的相关性和适用性有直接关系，而且受到资源的可获得性、现有数据和信息中不确定性的性质和程度以及应用方面的复杂性的影响。一般来说，在风险分析中，企业往往采用定量分析和定性分析相结合的方式进行评估，定性分析与定量分析相互补充、相辅相成。

相比定量分析，定性分析的可行性较好，但主观性较强、精确度不够。尽管定性分析在一定程度上考虑了非计量因素，但估计的准确度受到分析人员个人的影响较大（比如经验、能力、知识等），这不可避免地使定性分析的结果带有一定的主观随意性，且难以存在统一的解释。与定性分析法比较，定量分析可以对风险的可能性或后果进行相对准确的度量，并且结果直观、易于理解，这一定程度上弥补了定性分析的不足。但定量分析也存在着非常明显的缺陷，比如定量分析所依据的数据的可靠性难以保证，获得更多的数据需要更高的成本，许多非计量的因素没有考虑，例如消费者心理以及习惯的改变、投资者的意向以及职工情绪的变动等。

因此，在进行风险分析时，定量分析和定性分析的结合是必要的，两者可以取长补短、相互补充。企业可以根据自身的特点选择具体的组合方式。

第四节 风险应对

一、风险应对的概念

风险应对，是指企业根据风险识别和分析的结果，结合自身的风险承受度和风险偏好，运用现代科学技术知识和风险管理方面的理论和方法，确定风险管理策略，制定风险解决方案并予以实施，进而把风险控制在风险承受度之内，以实现风险管理目标的过程。

二、风险应对策略

风险应对策略是指企业根据内外部环境以及企业发展战略，根据自身风险偏好、风险承受度来确定风险管理所需资源的总体配置原则。《企业内部控制基本规范》第二十六条规定，企业应当综合运用风险规避、风险降低、风险分担和风险承受等风险应对策略，实现对风险的有效控制。

（一）风险规避

风险规避是企业对超出风险承受度的风险，通过放弃或者停止与该风险相关的业务活动以避免和减轻损失的策略。这是一项远离风险的策略。例如，出售引发风险的商业单元，退出某一地理区域，或者放弃某条生产线。

1. 风险规避的方式。

（1）完全风险规避，即企业评价相关事项后认为某项风险发生的可能性很大或可能造成重大损失，从而完全不从事可能引起该风险的活动。

（2）部分风险规避，即对于一步到位地开展某项经营活动的风险，企业难以承担，但该项经营活动的预期收益又很可观，则可以将经营活动进行分解、分步实施，由此回避部分风险，也可以使企业有机会和时间，待竞争能力和抗风险能力增强后再次开展。

（3）中途风险规避，即由于内部原因或外部原因等，企业中途终止承担某项经营活动带来的风险。

2. 风险规避的具体实施措施。在实践过程中，企业规避风险通常采用的具体措施如表3－4所示。

表3－4　　风险规避的具体实施措施

剥离	通过适当的措施剥离资产，这些措施包括退出某市场或地域，出售、清算或分立某产品类别或业务等
禁止	通过制定适宜的企业规章制度，禁止从事风险性大的活动和交易
终止	通过重新确立目标、调整战略和政策的中心或者改变资源配置的方向终止某些活动
限制	提高业务发展和市场定位的针对性，限制企业活动的范围，避免因追逐偏离战略的机会而产生的风险
筛选	筛选替代的资本和投资项目，避免低收益或高风险的行为
消除	通过规划和实施内部防范流程，力求控制风险产生的源头

资料来源：池国华、朱荣：《内部控制与风险管理》，中国人民大学出版社2015年版，第171页。

【案例3－6】　中信重工终止收购松正电动汽车股权事项①

中信重工（601608）2017年12月4日晚间公告，公司原拟发行股份购买资产控股收购天津松正，标的公司主要经营业务为电动汽车和混合动力汽车研发、汽车零部件研发及生产和销售等。然而由于行业政策变化、市场需求不及预期等因素影响，致使天津松正当期的盈利能力与交易各方签订收购协议等文件时的盈利假设条件发生了较大变化，根据当前的实际情况，天津松正当期的业绩大幅下降，与预期存在较大差距，已不具备继续推进本次发行股份购买资产事项的相关条件。交易各方一致决定终止本次发行股份购买资产事项。

3. 风险规避策略的评价。风险规避是通过中断风险源，规避可能产生的潜在损失或确定性的一种有效、应用普遍的方法。同时，也是一种相对比较简单且消极的处理方法。该方法的优势在于：（1）可以做到事前控制，不仅能够在风险事件发生后止损，更能有效降低风险发生的概率，从源头避免潜在损失。（2）通过限制企业的经营和管理行为，可以有效防止企业盲目投资那些非理性经营活动，从而节约企业资源。但需要注意的是，有些风险可以规避但规避的潜在成本可能十分高昂，而有些风险无法进行规避，例如世界性的经济危机、自然灾害等基本风险。此外，企业可能因完全放弃某事项而丧失可能盈利的机会。

一般而言，适合采用风险规避策略的情形包括以下四种：（1）某项风险发

① 《中信重工：终止收购松正电动汽车股权事项》，载于《证券时报》，2017年12月4日。

生的可能性较大或影响程度超出企业可防范和控制的范围；（2）企业存在多项风险程度不同的备选方案时，可以放弃高风险方案来规避风险；（3）企业在进行某项活动时遇到难以克服的风险因素，可以采用风险规避；（4）采用其他风险应对策略的成本高于其效益时，可以采用风险规避。

（二）风险降低

风险降低是企业在权衡成本效益之后，准备采取适当的控制措施降低风险或者减轻损失，将风险控制在风险承受度之内的策略。这是一种比较积极的风险应对策略，该策略既能将剩余风险控制在企业的风险容限内，又不会使企业错失获利机会。

风险降低的方式主要包括风险分散以及企业内部活动控制两种。

1. 风险分散。风险分散是指将企业面临的风险划分为若干较小其价值较低的独立单位，分散在不同空间，以减少企业将遭受的风险损失程度。其目的是减少任意一次损失发生可能造成的最大可能损失的幅度①。

风险分散常见的措施包括：（1）将货币、实物和信息等资产进行分散，避免风险事件发生时全部资产均受到影响，从而降低风险的影响程度。该方式应用十分广泛，例如分散设立不同种类的原材料仓库。（2）多元化经营，包括产品多元化、市场多元化、投资多元化和资本多元化等。例如，产品的多元化指企业新生产的产品跨越了并不一定相关的多种行业，且生产多为系列化的产品；市场的多元化指企业的产品分布在多个市场，包括国内市场和国际区域市场，甚至是全球市场；投资区域的多元化指企业的投资不仅集中在一个区域，而且分散在多个区域甚至世界各国。需要注意的是，多元化经营在分散风险的同时，也可能带来新的风险。

【案例3-7】

阿里巴巴的商业帝国②

2014年9月阿里巴巴在纳斯达克上市，造就美股最大IPO历史纪录之后，2015年是其展现在全世界面前第一个完整的财年。

阿里巴巴的使命是“让天下没有难做的生意”，紧紧围绕交易核心，构筑全新的商业生态圈，在这个版图中，电子商务、金融是绝对领先业务；本地生活O2O、文娱媒体、医疗健康、企业服务（云计算）是相对领先业务；旅游、硬件、游戏、教育、汽车、房产是持续投入与突破业务。截至2015年底，在经历了数年的业务整理和大手笔的投资并购后，阿里巴巴形成了如下的整体帝国版图。

---

① 秦荣生、张庆龙：《企业内部控制与风险管理》，经济科学出版社2012年版，第95页。

② IT桔子：《IT桔子2015年度盘点：BAT三巨头盘点之阿里巴巴》，http://www.jiemian.com/article/534214.html，IT桔子界面官方财经号发布，2017年12月11日。有改动。

(1) 国外版图。电子商务：Snapdeal、新加坡邮政、Zulily、Jet. com、1stdibs、Shoprunner、Fanatics；金融：V-Key、Paytm、hetaRay；硬件：Peel、Ouya、SBRH；企业服务：Thetaray、Visualead、One97 communications、Quixey；汽车交通：Lyft；游戏：Kabam；房产服务：Nestpick；社交：Snapchat、Tango。

(2) 电子商务。自有业务：天猫、淘宝、聚划算、1688、全球速卖通、阿里妈妈、一淘、阿里巴巴 B2B、11main. com、菜鸟网络、闲鱼、天猫国际、淘宝全球购。投资布局：苏宁、银泰商业、五矿电商、阿卡 Artka、魅力惠、丽人丽妆、妈妈值得买、易果生鲜网、浙江网上技术市场、又一城、杭州淘巧科技、堆糖、圆通速递、冠廷国际物流、心怡物流、晟邦物流、万象物流、星晨急便、百世物流、爱抢购、卡行天下、美团网、一达通、茵曼、淘淘搜、360Shop、Shopex、宝尊电商、日日顺物流、全峰快递。

(3) 金融。自有业务：蚂蚁金服（包括支付宝、支付宝钱包、余额宝、招财宝、蚂蚁微贷、芝麻信用、蚂蚁小贷、蚂蚁花呗、蚂蚁聚宝、娱乐宝、蚂蚁达客、蚂蚁金融云）、网商银行。投资布局：邮政储蓄银行、邦德证券、国泰产险、趣分期、数米基金、天弘基金、恒生电子、众安保险、36 氪、天津金融资产交易所、网金社。

(4) O2O。自有业务：口碑外卖、淘点点、喵街。投资布局：银泰商业、苏宁、美团网、丁丁优惠、饿了么、点我吧、生活半径、雅座、迈外迪、树熊 wifi、爱抢购、云纵信息、又一城、高德、滴滴快的、接我云班车、车来了、58 到家、遛遛宠物、墨迹天气。

(5) 泛娱乐体育。自有业务：阿里影业、阿里音乐、阿里文学、阿里体育。投资布局：华谊兄弟、优酷土豆、光线传媒、博纳影业、V 电影、芭乐、向上影业、粤科软件、虾米网、天天动听、新浪微博、21 世纪传媒、第一财经、芒果 TV、无界新闻、封面传媒、虎嗅、商业评论、博雅天下猎云网、今日头条（微博投资）、AcfunA 站（优酷投资）、书旗小说、恒大足球、体育疯、浙报传媒、华数传媒、魔漫照相、壹平台、陌陌、趣拍、正和岛、南华早报。

(6) 房产酒店。自有业务：极有家、天猫家装馆。投资布局：中长石基、Nestpick。

(7) 硬件。自有业务：阿里智能、天猫魔盒。投资布局：魅族、微鲸科技。

(8) SNS 社交。自有业务：点点虫（来往）。投资布局：新浪微博、陌陌、超级课程表。

(9) 游戏。自有业务：阿里游戏。投资布局：UC9 游网、KTplay 盟游网络、1771 网游交易平台。

(10) 旅游。自有业务：阿里旅行·去啊。投资布局：穷游网、百程旅行、在路上、丸子地球、游友移动、石基信息、阿斯兰、酷飞在线。

(11) 汽车交通。自有业务：汽车生活 App、天猫汽车。投资布局：高德、滴滴快的、接我云班车、车来了、Lyft。

(12) 教育。自由业务：淘宝教育、淘宝大学、湖畔大学。投资布局：VIPABC、MySIMAX、365 翻译。

(13) 医疗健康。自有业务：阿里健康、医蝶谷、药品管家。投资布局：华康全景网、中信 21 世纪。

(14) 企业服务/技术。自有业务：阿里云、钉钉、菜鸟网络、千牛、阿里大鱼、阿里通信。投资布局：树熊网络、酷盘、友盟、LBE 安全大师、杭州安恒信息、数梦工场、千寻位置、泛亚通信、翰海源信息。

2. 企业内部活动控制。企业可以通过控制内部活动流程、活动准则、行为方式等手段达到降低风险的目的①。具体措施包括：(1) 控制。通过控制内部流程等将风险发生的可能性降低至可接受的水平，从而控制风险。例如，企业对不相容职务设立岗位分离制度，钱、账、物实行分管。例如，企业销售产品形成的应收账款占流动资产比重比较高的，应对客户信用进行评级，确定其信用期限和额度，从而降低坏账发生的概率。(2) 降低。通过提高企业运营效率等手段减少诱发风险的各种活动的总量。例如，某污染行业企业通过提高装备水平，加快淘汰落后工艺技术使污染物排放达标。再如，快递行业近年来出现的分拣机器人有效解决了传统分拣模式下低效率、易出错、快递丢失等问题。(3) 测试。在一定范围内测试战略、产品或服务，并对测试结果进行评估，以确定下一步行动。该手段主要适用于新产品即将上市的企业和软件开发企业。

【案例 3-8】

这帮呆萌的机器人，正在“干掉”所有快递分拣员!②

对于物流业这种对人力成本敏感的产业来说，机器人的出现可谓是划时代的突破。机器人完成的每一道程序，都带来人力成本的下降和工作效率的提高。目前在仓库中，机器人主要可以在分拣、搬运、堆垛等方面代替人工。例如，某快递公司使用的一款分拣小机器人，主要针对长不超过 60 厘米、宽不超过 50 厘米，重量在 5 公斤以下的小件包裹，在 2 000 平方米大小的中转站里，只需 300 台机器人便可在一小时内完成 2 万单货物的分拣。分拣员只需将传送带上的快件放到机器人的橙色托盘中，机器人便

① 池国华、朱荣：《内部控制与风险管理》，中国人民大学出版社 2015 年版，第 173 页。
② 常松：《这帮呆萌的机器人，正在“干掉”所有快递分拣员!》，引自网易新闻学院主编：《了不起的中国制造》，清华大学出版社 2018 年版。

可自主完成称重，并且扫码识别快递信息，每次读码时间可控制在1秒以内，准确率高于99.99%。

分拣机器人无论外形如何，都带有图像识别系统，通过磁条引导、激光引导、超高频射频识别（RFID）引导以及机器视觉识别技术，分拣机器人可以自动行驶，“看到”不同的物品形状之后，按照商品的品种、材质、重量以及发往的地点进行快速分类，然后将货物送到指定的货架上或出货站台处。与此同时，机器人也可以在最短时间内将货架上的商品配送到不同的站台向外运输。这样便可以极大缩短快递发货周期，提高服务水平。自动分拣机器人减少了货物分类集中和运输过程的时间。工作人员只需将商品放到自动运输机器上，机器人便会在出货站台升起托盘等待接收商品，然后集中配送。自动分拣机器人显然是不知疲惫的，而且工作速度始终如一，标准化的操作也最大限度地节约了工作人员的管理成本。

（三）风险分担

风险分担，也称风险转移，是企业准备借助他人力量，采取业务分包、购买保险等方式和适当的控制措施，将风险控制在风险承受度之内的策略。执行风险分担策略时，企业需要充分考虑到相关目标、转移风险的能力、成本效益以及风险发生的可能性和影响程度。

按照分担方式，风险分担可分为非保险转移和保险转移。非保险转移可分为控制型非保险转移和财务型非保险转移，保险转移可分为保险和再保险。

1. 控制型非保险转移。控制型非保险转移是指通过契约、合同等将具有风险的财务和法律责任转移给他人从而降低企业自身承担的风险，主要包括外包、委托、租赁、售后租回等方式。

（1）外包。外包是指企业将风险较大、收益较小的非核心业务及其控制权交由其他企业或机构完成，从而将相应的风险（例如质量风险、技术风险和资金风险等）部分或全部转移给承包者。企业进行外包需要以具有竞争力的核心业务为基础。

（2）委托。委托是指企业通过合同将其部分资产委托给受托企业代为保管的行为。一般而言，委托企业需要支付一定的保管费用，但受托企业在委托物受损时具有一定的赔偿责任。通过委托的方式，可以将委托物的潜在损失转移给受托企业。

（3）租赁。租赁是指出租方通过签订租赁合同将租赁物交付承租方使用、收益，承租方支付租金的协议。通过租赁，承租方可以将购置或开发某项资产的风险转移给出租方。

（4）售后回租。售后回租是指企业通过签订合同将某项资产出售后再租回部分或全部资产。这种方式通常既能将售出资产引发的风险转移给购买方，又能缓解企业自身的资金风险，同时还可以继续从事相关生产经营。

2. 财务型非保险转移。财务型非保险转移是利用经济手段转移经营风险。其主要形式包括保证、再保证、集合、证券化、股份化等。

（1）保证。保证是指保证人和相关方以书面形式订立约定，当被保证人不履行责任时，保证人按照约定履行债务或者承担责任的行为。

（2）再保证。再保证是在"保证"的基础上，由实力或声望更高的团体或个人通过合约或契约的方式对被保证人的承诺。再保证通常用于处理重大事项。

（3）集合。主要指通过套期保值、远期合约等方式来转移外汇风险、利率风险、商品价格风险、股票价格风险、信用风险等。例如，企业可以通过利用买方期权和卖方期权的组合来限制价格巨幅波动。

（4）证券化。利用可转换证券、双汇率债券等金融工具方式，满足投资人、筹资方利益的需要，是一种双赢的风险转移方式。

（5）股份化。股份化是指通过发行股票的方式，将企业风险转移给多数股东，进而分散原有股东的风险，增强企业的抗风险能力。但企业的运营风险并未得到转移。

3. 保险转移。保险是指投保人根据合同约定，向保险人支付保险费，保险人对于合同约定的可能发生的事故因其发生所造成的财产损失承担赔偿保险金责任，或者被保险方死亡、伤残、疾病或者达到合同约定的年龄、期限等条件时承担给付保险金责任的一种商业行为。企业通过订立保险合同的方式，可以将风险转移给保险企业。企业必须以充分的风险识别和分析为基础，并权衡成本与效益进行投保。对于企业自身不能控制、无法通过控制实现转移的风险，或者根据外部与内部环境的变化对风险控制效果有一定的担忧时，企业可以进行投保。

再保险也称分保，是一个保险人（再保险分出人）分出一定的保费给另一个保险人（再保险接受人），再保险接受人对再保险分出人由原保险合同所引起的赔付成本及其他相关费用进行补偿的行为。再保险是保险公司转移风险的一种常用方式。

【案例3-9】　投资保险成投资者应对风险的有力工具①

当前国际环境错综复杂，全球投资风险正由之前高度集中在发展中国家和转型国家，向全球分散式分布转变，发达国家的投资风险同样不容忽视。在我国海外资本输出需求日益旺盛的形势下，海外投资保险已经成为保障我国企业安全"走出去"的重要金融工具。

2003年，中国出口信用保险公司（以下简称"中国信保"）积极响应国家"走出去"倡议，推出了海外投资保险产品，并于2004年组建了专

① 王浩然：《2017全球投资风险分析报告："走出去"企业需关注五大风险》，http://jjckb.xinhuanet.com/2017-11/08/c_136737198.html，2017年12月11日。

业的投资保险团队。该业务是中国信保专门为鼓励投资者进行海外投资，对投资者因投资所在国发生的汇兑限制、征收、战争及政治暴乱，以及违约风险造成的经济损失进行赔偿的政策性保险业务。近年来，中国信保积极服务实体经济发展，支持“一带一路”建设，海外投资保险业务迅猛发展。2003 年至 2016 年末，中国信保对我国企业海外投资的累计承保金额超过2 200 亿美元，年均增幅近 60%。2016 年，中国信保的海外投资保险承保金额近 430 亿美元，覆盖全球 69 个国家（地区）的 424 个投资项目。2017 年 1 ~ 10 月，中国信保海外投资保险的承保金额近 370 亿美元，新承保了白俄罗斯中白工业园区、越南太阳能电池工厂、巴基斯坦风力发电等一批项目，涉及能源、矿产、电力、冶金、农业等数十个领域。

截至 2017 年 10 月末，中国信保在海外投资保险项下累计赔付案件 30 宗，累计支付赔款超过 1 亿美元。在一起因战争导致的海外水电站经营中断案件中，中国信保向投保企业支付赔款 3 000 万美元。在一起因东道国政府征收导致的海外光伏电站投资者权益受损的案件中，中国信保向投保企业支付赔款超过 70 万欧元。

4. 风险分担策略的评价。风险转移是通过将风险转移给他人而间接达到减低损失频率和减小损失幅度目的的一种风险应对方式。其中，控制型和财务型风险转移适用的对象比较广泛，直接成本较低，操作方式灵活多样，但该方式可能由于受让人能力问题、合规问题、合同条文理解的差异等原因，引起经营效率和效果上的新的风险。因此，控制型和财务型风险转移适用于以双赢为目的的合作关系、契约双方就相关内容易达成一致、受让人有能力并愿意承担财务和法律责任的情形。保险型风险转移的优势在于损失保证相对确定，重大事项的投保保证系数较大，合同条款经过严密的审核，但该方式受到合同条款的严格限制，费用相对较高，理赔过程相对复杂，理赔工作上的不及时可能对企业的生产等造成延误。

（四）风险承受

风险承受，也称风险接受，是企业对风险承受度之内的风险，在权衡成本效益之后，不准备采取控制措施降低风险或者减轻损失的策略。用企业的“自我保险”代替外购保险。从本质上讲，一个企业只有衡量风险发生的可能性和现有风险承受度，才能决定是否接受风险。对很多风险而言，接受往往是一种恰当的应对策略。

1. 风险承受的具体方式。

（1）以自身收入弥补。对于发生频率较高但损失额比较小的风险，企业可以用现有收入补偿该风险造成的损失，即直接将损失计入成本或费用。但该方式不适用于突发的大额损失，否则将会对当期损益产生较大影响。

（2）设立风险基金。有条件的企业可以设立用于防范与补偿企业风险损失的专项基金，即风险基金。该方式可以为企业应付风险局面提供资金保证，增强企业的抗风险能力。但企业必须在自身实力的基础上建立风险基金，同时要建立健全风险基金的管理体系，防止资金挪用风险。

（3）用借入资金弥补。若企业内部没有足够的资金弥补风险损失，则可以选择从外部借入资金。例如，与金融机构达成应急贷款或特别贷款协议，当发生重大风险损失时，可以从金融机构借入资金。但在该方式下，企业通常需要面临金融机构比较严苛的条件限制。

2. 风险承受策略的适用条件。一般而言，风险承受策略的适用条件包括以下三个方面。

（1）相比其他应对策略，自我承受风险的成本较低。

（2）风险损失期望值较小，且企业的财务能力足以承担风险损失的极限值；或者该风险发生的可能性极低。

（3）企业在自我保险和控制损失方面存在优势。

当然，企业的风险管理若由于缺乏处理风险的知识和经验，疏忽处理或没有意识到风险的存在，会可能无意识地承担风险。

3. 风险承受策略的评价。风险承受策略的优势主要在于：（1）成本较低。相比其他应对策略，风险承受可能避免一些费用支出。（2）损失弥补进程可控。采用自我保险方式弥补损失，企业对损失弥补的程序、金额、时间等具有较强的可控性，同时避免了对运营效率和效果造成不好影响。（3）提高企业对风险的警惕性。采用风险接受策略的企业往往更注重降低损失发生的概率和损失的严重程度。

当然，风险承受策略也存在一定的局限：（1）可能出现重大损失。例如发生自然灾害等特殊情况时，企业采用风险应对策略可能造成巨额风险损失。（2）放弃了由保险公司等提供的一些专业化服务。（3）可能造成内部资源配置问题。

三、风险应对策略的选择

管理层应该在上述四种风险应对策略中建立针对每一项风险的一般性应对策略，同时还应该建立一套如何选择风险应对措施的总体策略。在建立总体应对策略的过程中，企业应当在遵循总体风险偏好的前提下，考虑实施每种应对策略的成本与效益。只有风险应对策略的成本小于其带来的收益时，这种风险应对策略才是可行的。正如《企业内部控制基本规范》第三章第二十五条规定，企业应当根据风险分析的结果，结合风险承受度，权衡风险与收益，确定风险应对策略。风险承受度，即能够承担风险的限度，通常受到诸多因素的影响，如管理者的风险偏好、企业的资源和财力水平等。特别地，企业应当合理分析、准确掌握董事、经理及其他高级管理人员、关键岗位员工的风险偏好，采取适当的控制措施，避免因个人风险偏好给企业经营带来重大损失。

《企业内部控制基本规范》第三章第二十七条规定，企业应当结合不同发展阶段和业务拓展情况，持续收集与风险变化相关的信息，进行风险识别和风险分析，及时调整风险应对策略。因此，风险应对策略应与企业的发展阶段和具体业务紧密联系，不同的发展阶段和不同的业务应采取不同的风险应对策略，同一业务在不同时期也要采取不同的风险应对策略。

此外，企业还需要建立一套明确的方法，对风险规避、风险降低、风险分担和风险承受等不同方式加以综合利用。企业所面临的风险往往超过其可容忍水平，因此，需要在接受部分风险的同时，采取规避、降低和分担的方式转移其他风险。风险规避战略需要对企业进行功能整合和流程再造，必要时需要放弃某些既得利益。风险降低策略需要消耗有限的内部资源，而此策略的成本有效性也会随着现实中风险降低的程度递减。最后，风险分担和转移也会产生一定的负面效应。总之，一套风险应对策略将使企业管理层始终围绕总体目标和整体情况，实施以风险为基础的决策过程。

【复习与思考】

1. 风险评估的原则有哪些？
2. 影响风险事件发生的因素有哪些？
3. 风险识别的方法有哪些？各种方法的优点和局限性是什么？
4. 定量分析法与定性分析法有哪些具体方法？如何理解两类方法之间的关系？
5. 风险应对策略有哪些？各种策略的优点和局限性是什么？
6. 选择风险应对策略时应考虑哪些因素？

【案例分析】

中国远洋巨亏之谜①

中国远洋控股股份有限公司（以下简称“中国远洋”）是中国远洋运输集团航运业务的海外上市旗舰平台，是一家提供综合集装箱航运服务的全球供应商之一，业务包括集装箱航运、集装箱码头、集装箱租赁以及货运代理与船务代理服务。

2013 年 3 月 27 日，中国远洋控股股份有限公司（601919. SH；1919. HK，简称“中国远洋”）公布了全年业绩：2012 年，归属母公司净利润亏损 95. 59 亿元；而 2011 年，这个数字为亏损 104. 49 亿元。几年间，中国远洋的股价一路下跌，2012 年，每股亏损近 0. 94 元。因连续亏损两年，3 月 29 日，中国远洋股票

---

① 马霖：《中国远洋巨亏之谜》，载于《中国机电工业》，2013 年第 5 期。有改动。

被迫转为中国 A 股市场 ST 股；4 月 10 日，又因“不符合恒生 AH 指数系列”，被踢出恒生 AH 成分股及恒生 A 股 500 强指数（4 月 22 日生效）。

中国远洋 2012 年年报显示，其集装箱航运及相关业务的营收为 484.5 亿元，亏损 15.3 亿元，对比 2011 年 63.6 亿元的亏损额，受全年平均运价提升的积极影响，亏损幅度降低。而干散货航运及相关业务收入 160.9 亿元，亏损 77.7 亿元，此部分亏损占 2012 整个财年亏损额的 81%。运营稍好的是物流、码头和集装箱租赁等业务，分别获得利润 5.9 亿元、6.8 亿元、9.9 亿元，此三项业务的利润一定程度上缓冲了中国远洋的整体亏损现状，但因为业务本身规模不大，对公司整体的扭亏影响幅度并不强。

目前，世界贸易对干散货运输的需求基本处于波谷，反映干散货市场景气度的波罗的海干散货运价指数（BDI）2012 年平均值仅为 920 点（2011 年第四季度，此指数一度创 2008 年金融危机以来的新低，坠入 661 点；而其 2008 年之前的峰值为 11 793 点），距航运业盈亏线 2 000 点相去甚远，表明相当长的一段时期内，干散货航运市场仍会持续低迷。

与中国远洋持续亏损形成对比的是，排名世界第二的干散货航运公司日本邮船（NYK Group），预计 2012 财年获得净利润 37 亿日元，约合 2.3 亿元人民币（截至 2013 年 3 月 31 日），利润额虽不高，但基本获得盈亏平衡；而世界排名第一的集装箱班轮公司马士基（APM-Maersk），仅就其集装箱船运业务而言，2012 年获得利润 4.61 亿美元（约合 28.5 亿元人民币），亦成功扭亏为盈（2011 年为亏损 5.53 亿美元）。

中国远洋方面表示，市场供需失衡、运力过剩、运价水平偏低、成本高企、船队结构不均衡，是导致集团亏损的主要原因，而就企业内部的操作、管理，以及扭亏措施，不论是在其财报中，还是面对媒体时，公司方面都并未给予更多的细节。

交通运输部科学研究院研究员罗凯认为，中国远洋的经营亏损是多种因素影响下的结果。不可否认，全球干散货市场运价下跌，公司的确受到了行业市场景气下挫的冲击。然而，仅仅说“经济环境因素造成了中国远洋的巨亏”是不完全的，同时，这种说法也难以让大家信服。中国远洋自身经营策略的失误也是导致公司经营巨亏的主要原因之一。有分析认为，中国远洋的巨额亏损与其管理层过度扩张的心态、对经济形势的判断失误，以及忽视经济的下行风险有直接关系。2003 ~2008 年是航运业的高速发展期，造船价、租船价和运价齐涨。彼时，中国远洋以长期协议的方式，签下了多条高额租船协议。经济形势好的时候，好望角型船的锁定租赁价格是 8 万美元，然而经济形势陡然走衰，租船率下挫，租金跌破 1 万美元。鉴于此，中国远洋本应收缩航运规模，然而，却因为被锁定了租船价格，只能以高于市场的价格租船。2011 年，中国远洋还曾被曝出因拖欠希腊船东部分高价租船合同的租金以迫使该船主接受更低的船租费率而导致三艘船被扣，引发航运交易所管理人士的批评，并受到评级机构穆迪（Moody's）的警告。

与此同时，新船的交付速度加快也给中国远洋这样的航运公司带来压力。据中国船东协会副秘书长张守国介绍，过去从设计、下单、制造到交船，造一条船要五六年，而现在由于技术进步与效率的提高，从想进入市场下订单，到拿到船，只需不到1年。就此分析，以往船厂的交货期长，造船时间正好与经济下行期吻合，航运公司财务状况好转后，刚好按时付造船款，如今，船厂交付能力增强，而处于亏损的航运公司的负担却大大加重。据悉，中国远洋曾于上一轮航运高峰期下过不少船舶订单，而截至2012年12月31日，中国远洋仍有未交付的干散货船舶新船订单16艘。

就市场交易特点，罗凯认为，中国远洋的很多干散货交易是现货市场，这一点使得中国远洋站在了市场风险的最前沿。市场好的时候赚得多，市场不好时亏损也多。而相比一些与电厂、钢厂签订COA（外贸长期合同的一种），实现“旱涝保收”的航运公司，中国远洋的经营风险可谓相当大。除以上原因之外，中国远洋连同行业内的其他航运企业，其盈利能力降低在一定程度上也与“货主自建船队”趋势有关。比如全球矿业巨头淡水河谷，金融危机前正是航运业疯狂攫取暴利的时候，为了节约高昂的运价（曾有一度铁矿石每吨100美元时，每吨运价高达100美元以上），淡水河谷开始自建运输船队。在此之前，淡水河谷一直是中国远洋的大客户（淡水河谷每年将40%以上的铁矿石出口到中国），租用中国远洋的干散货船进入中国，2012年年中，淡水河谷拒用中国远洋的干散货船，直接影响了中国远洋的干散货船只使用率，中国远洋与淡水河谷的关系也因此一度紧绷。

思考：结合本案例，分析中国远洋公司面临的风险有哪些，该如何应对这些风险。

第四章　控制活动

【知识与技能要求】

通过本章的学习，使学生能够：

1. 掌握控制活动的内涵；
2. 掌握控制活动的主要内容以及它们之间的关系；
3. 熟悉不相容职务分离控制及其所包括的基本内容；
4. 掌握授权审批控制的基本原则；
5. 熟悉会计系统控制所包括的具体措施；
6. 熟悉财产保护控制所包括的主要措施；
7. 了解预算控制的主要特点；
8. 熟悉全面预算控制流程的基本环节以及各环节所包括的内容；
9. 熟悉运营分析控制的主要方法；
10. 熟悉绩效考评控制的主要考评模式；
11. 熟悉内部报告控制的主要内容；
12. 熟悉信息系统控制中一般控制与应用控制的主要内容。

【关键术语】

控制活动　不相容职务分离控制　授权审批控制　会计系统控制　财产保护控制　预算控制　运营分析控制　绩效考评控制　内部报告控制　信息系统控制

【案例4－1】

MS银行风控何在?①

近日，MS银行又陷BQL债务违约风波，逾期贷款金额达2亿元。虽然12月2日，BQL发布公告称，该公司已于11月17日开展公司整顿处置工作，将继续通过多途径努力筹措偿债资金，同时整顿处置小组正与相关债权人沟通债务重组方案。但半个月过去了，BQL却未公布任何进展。在分析人士看来，频繁的“踩雷”，将MS银行在风控上的漏洞暴露无遗。除了贷款风险上升外，在MS银行近年来爆发的虚假理财案、狂接巨额罚单等事件中也可以窥探一二。

---

①　资料来源：陈圣洁，《左脚“踩雷”右脚“爆雷”，市值超3 000亿的MS银行风控何在?》，载于《国际金融报》，2017年12月5日。

2亿元贷款“踩雷”。12月2日，江苏BQL视像科技集团股份有限公司（下称BQL）发布公告称，由于公司近年来在原董事长主导下过度投资，且公司及下属公司部分资金被银行冻结、提前还款，到期贷款难以续贷，公司出现流动性风险和经营风险，致使部分银行贷款未能如期偿还或续贷，到期承兑汇票未能按期兑付。截至2017年12月1日，BQL公司及下属子公司到期未清偿债务总额约4.5亿元，占公司2016年度经审计净资产的10.39%。其中，BQL所欠的银行贷款来自MS银行、上海银行、汇丰银行3家银行。在这三家银行中，MS银行所涉的逾期金额最多，为2亿元。从公开资料来看，早在10月13日左右，MS银行深圳分行就有所行动，即向深圳市中级人民法院申请诉前财产保全，要求冻结公司资金。截至10月13日，BQL及子公司被MS银行深圳分行冻结的资金总额约为46万元。然而，相对于在9月4日左右选择及时“止损”，对BQL进行抽贷的汇丰银行深圳分行来说，MS银行的速度并不算快。对此，国家中小银行研究基地研究员在接受《国际金融报》记者采访时表示，这是因为不同银行的风险偏好不同。很多情况下，当公司资金流较为紧张时，一旦银行抽贷，公司必死无疑。“没那么早抽贷的MS银行当时认为BQL或‘还有一救’”。

不良贷款攀升。事实上，此次BQL的债务违约并非近年来MS银行首次“踩雷”。在今年的丹东港债务违约、辉山乳业债务违约等著名“爆雷”事件中，MS银行均露过脸。

具体来看：丹东港2017年半年报显示，截至6月30日，MS银行向丹东港授信11亿元，剩余6亿元。MS银行官方发布的关于辉山乳业融资情况的说明显示，截至2017年4月7日，MS银行沈阳分行对辉山乳业贷款余额7亿元，其中短期流动资金余额6.34亿元、固定资产贷款0.66亿元，另有买方保理担保余额8亿元，合计15亿元。另外，MS银行香港分行对辉山乳业的大股东冠丰有限公司股权质押贷款余额3亿元港币，上述融资均为2016年末以前发放。

频繁“踩雷”也致使MS银行的不良贷款攀升。据该行财报，前三季度MS银行不良贷款余额为470.6亿元，同比增长了22.3%，环比增加了3.2%。不良贷款率为1.69%，环比持平。有分析人士指出，同比、环比数据均明显上升，这显示出目前MS银行的不良贷款风险还在持续暴露。与此同时，由于MS银行的整体不良贷款还在增加，不可避免地要持续消耗资本金，从而进一步降低其资本充足率。三季报显示，相较2017年上半年，该行资本充足率、一级资本充足率、核心一级资本充足率均出现下降，分别达到11.84%、9.11%、8.85%，分别较半年末下降了0.07%、0.35%、0.33%。

风控屡被诟病。虽然MS银行屡屡在财报中宣称继续优化风险政策管理体系，加强信贷风险全过程控制，有效控制资产质量，但其在具体落实执行时却显得行动力不足。除了贷款频繁“踩雷”外，MS银行自身还爆了不少“雷”！据相关媒体不完全统计，仅2017年前7个月，MS银行就接了29张罚单，其中28张为银监会处罚，1张为央行处罚。罚款金额累计约2 000万元。具体来看，MS银行的违规行为呈现多样化，内容涉及票据业务严重违反审慎经营规则；未按规定履行贷后管理职责；对未审验贸易背景真实性的银行承兑汇票代理贴现、转贴现；未能通过有效的内部控制措施发现并纠正员工私售行为等多个方面。值得注意的是，就在11月末，MS银行又收到了一张北京银监局开具的罚款金额为2 750万元的“天价”罚单，罚单案由为“中国MS银行北京分行下辖航天桥支行涉案人员销售虚构理财产品以及北京分行内控管理严重违反审慎经营规则”。这张罚单对应的正是2017年4月闹得沸沸扬扬的MS银行“假理财”案。根据MS银行2017年4月对外披露的信息，依据当时初步掌握的线索，此案系上述支行行长张某通过控制他人账户作为资金归集账户，编造虚假投资理财产品和理财转让产品。此事“东窗事发”后，据购买该款“假理财”的投资人初步统计，“假理财”涉及的投资规模近30亿元。不过，从MS银行4月27日对外披露的涉案金额来看，涉案金额约16.5亿元，涉及客户约150余人。

记者注意到，不仅仅是央行、银监会对MS银行屡开罚单，在12月1日国家外汇管理局集中公布20例外汇违规案例中，MS银行也在被点名的“反面教材”之列。公开资料显示，2014年9月至2015年6月期间及2015年9月至2016年7月期间，中国MS银行泉州分行在办理内保外贷签约及履约时，未对债务人主体资格、担保资金来源、担保项下资金用途、计划还款资金来源及相关交易背景进行尽职审核和调查，违规办理购付汇业务。该行上述行为违反了《跨境担保外汇管理规定》第十二条及第二十八条的规定，严重干扰外汇市场秩序，情节严重。根据《外汇管理条例》第四十七条的规定，该行被责令限期改正，没收违法所得304.1万元，并处罚款800万元。上述一桩桩违规案例，将MS银行管理和内控上的漏洞暴露无遗。作为一家市值超3 000亿元的股份制银行，风控何在？

第一节　控制活动概述

一、控制活动的定义

控制活动是内部控制的核心步骤和内容，它是组织根据风险评估结果，期望将风险控制在可承受度之内，以确保内部控制目标得以实现所采取的应对控制政策、策略与具体处置措施。

《企业内部控制基本规范》第二十八条规定，企业应当结合风险评估结果，通过手工控制与自动控制、预防性控制与发现性控制相结合的方法，运用相应的控制措施，将风险控制在可承受度之内。控制活动一般包含两个要素，即确定应遵循的政策以及实现政策的程序。控制活动的措施一般包括不相容职务分离控制、授权审批控制、会计系统控制、财产保护控制、预算控制、运营分析控制、绩效考评控制和信息系统控制等。同时，《企业内部控制基本规范》第三十六条规定，企业应当根据内部控制目标，结合风险应对策略，综合运用控制措施，对各种业务和事项实施有效控制；第三十七条规定，企业应当建立重大风险预警机制和突发事件应急处理机制，明确风险预警标准，对可能发生的重大风险或突发事件，制定应急预案、明确责任人员、规范处置程序，确保突发事件得到及时妥善处理。

因此，企业是通过采取控制活动实施内部控制的，控制活动是内部控制的具体实施方式和实施载体。一个组织必须根据控制目标，紧密结合组织内部业务事项和流程的特点与管理要求，分别制定和实施控制活动。

二、控制活动的分类

控制活动可以按照控制的形式与性质来划分。

（一）按照控制的形式划分

按照控制的形式，可以将控制活动分为两类：人工控制活动和自动控制活动。人工控制活动，顾名思义，就是由人工主导和操作的控制活动。这种控制形式本身控制成本较低，但主观性较强，存在人为的有意无意的疏忽，可能会导致不应有的风险事件的发生。自动控制活动就是通过计算机系统所实施的控制活动，它是将主要控制风险、主要控制点、主要控制证据等信息输入信息控制系统，通过系统自动分析识别、判断、处理，以达到控制目的的控制活动。这种控制活动具有灵敏度高，反应快，控制程序化、规范化，减少人为操控的主观因素，在一定程度上可以起到预警的作用。

（二）按照控制的性质划分

按照控制的性质，可以将控制活动分为两类：预防性控制活动和发现性控制活动。预防性控制活动，是指在风险发生之前所采取的控制活动，防患于未然。发现性控制活动，是指通过控制活动发现已经存在的风险，然后采取相应措施加以控制。其控制手段主要包括检验性控制、纠正性控制和补偿性控制。预防性控制活动是属于事前控制，所以相比发现性控制活动更及时、更有效，也更受推崇。

三、控制活动的要点

一个组织在设计和开展控制活动时，要充分考虑以下四点。

1. 授权有度、授权合理。在企业各项经营活动和管理活动过程中，管理层和员工是以所授权力来开展工作的。管理层和员工都不可以越权，不可以擅权。所以在授权时合理把握授权的“度”就显得至关重要。授权控制时要明确授权的层次、授权的范围、授权的对象与行权的责任。既能保证所授的权力与岗位职务匹配，责权利匹配，技术对等，有利于工作的开展，又有权力制衡，避免独断专行。

2. 重视预算控制。预算是一种具有自我约束和自我激励作用的管理机制，是在预测基础上有针对性地采用的一种预先风险防范与补救系统。有效的预算可以有效防范风险。预算控制是内部控制活动的一种重要的事前控制手段，是现代企业制度下规范公司治理结构的一项制度保障。在设计和实施内部控制活动时，必须充分考虑和重视预算控制，通过预算控制实现对企业所拥有的经济资源的合理配置，以控制经营管理过程中可能发生的风险，促进企业经营管理目标和其他控制目标的实现。

3. 加强会计系统控制。会计系统通过一系列规范体系在组织一切经济活动中发挥着独特的不可替代的作用。会计系统控制是内部控制活动中的主要控制形式之一。它按照会计法和国家统一的会计控制规范，通过统一的企业内部会计政策控制、统一的企业内部会计科目控制、会计凭证控制、复式记账控制、会计账簿控制、会计复核控制、会计报表控制和财务成果控制以及规范的会计凭证、账簿和财务报告的处理程序和方法，发挥着会计系统的控制作用。因此，在设计和实施内部控制活动时，应该强化会计系统控制。

4. 将控制活动与控制目标相结合。内部控制是一项有明确目标指向性的管理活动。控制活动是为控制目标而存在，是组织实现其目标过程中极其重要的活动。脱离了控制目标，为控制而控制，控制活动将失去意义。所以在设计和确定控制活动时，不仅要考虑内部控制活动之间的联系，还必须将控制活动与控制目标紧密结合起来。

第二节 不相容职务分离控制

一、不相容职务分离控制的定义

不相容职务是指集中由一人或一个部门承担和办理业务，产生舞弊或发生差错失误的可能性就会增加，而又能掩盖这些舞弊或差错失误行为发生的两项或几项职务。这些职务通常包括授权、批准、业务经办、会计核算、财产保管和稽核检查等，对于这些职务应该分别由不同的部门或者同一职能部门的不同员工担任，以实现控制的目的。

《企业内部控制基本规范》第二十九条规定，不相容职务分离控制要求企业全面系统地分析、梳理业务流程中所涉及的不相容职务，实施相应的分离措施，形成各司其职、各负其责、相互制约的工作机制。不相容职务分离控制的核心是内部牵制，应始终贯穿于企业经营活动之中，是企业风险防范的主要手段。

二、不相容职务分离控制的原则

1. 经济业务处理的部门、岗位和人员分工分离。经济业务处理的分工分离是指一项经济业务全过程应分割为若干个不同的环节，由分属不同部门或不同岗位或不同的人员办理。各部门内部的岗位也要做到分离。

2. 各职能部门工作及其相互关系明确。企业内部各职能部门的工作分工明确，它们之间是相互联系、相互配合又相互独立、相互制约，是一种平级关系，非上下级领导与被领导关系。

在企业内部机构设置和岗位职责、权限设定时，企业应当遵循不相容职务相分离的原则，综合考虑企业性质、企业规模、发展战略、文化理念、业务特点和管理要求等诸多因素，形成各司其职、各负其责、相互制约和协调的工作机制，明确各具体岗位职责、权限和工作要求以及相互关系。特别是涉及“三重一大”或者高风险、高敏感性业务和管理事项处理程序时，必须既考虑实行各层级、各部门、各岗位之间的职务分离，同时还要考虑其分离后的内部牵制。对于因企业规模较小，机构和人数较少且业务简单，为减少成本而暂不分离的某些不相容职务，企业应当采取切合自身实际和利于规范操作的替代控制办法，有效避免不相容职务未完全分离所产生的风险。

三、不相容职务分离控制的程序和内容

（一）不相容职务分离控制的关键程序

1. 设立管理控制机构。为了确保企业不相容职务分离，减少管理风险与经营风险，企业应设立审计委员会、薪酬与考评委员会、安全委员会、审计监督部门、内部控制部门、法务部门等管理控制机构，明确机构职能、部门内部岗位权利与责任，监督检查和评价企业内部单位内部控制制度规范的执行情况。

2. 建立和实行职务不兼容制度。

（1）减少和避免公司高层管理人员交叉任职。交叉任职体现在决策机构人员与执行机构人员重叠，如董事长与总经理、董事会成员与总经理办公会成员重叠；执行机构负责人与监督检查机构人员重叠，如财务总监与审计机构负责人重

叠。这种职责交叉重叠，结果会导致丧失内部牵制力，增大内部控制风险。因此，在组织机构设置和岗位职责设定上应避免不相容职务人员任职重叠。

（2）杜绝会计人员和出纳人员交叉任职。《企业内部控制基本规范》及其配套指引规定，企业应当结合岗位特点和重要程度，明确关键岗位员工轮岗的期限和有关要求，建立规范的岗位轮换制度，对关键岗位的员工，可以实行强制休假制度，并确保在最长不超过5年的时间内进行岗位轮换，防范并及时发现岗位职责履行过程中可能存在的重要风险。

（3）利用现代信息技术手段分离不相容职务。企业可以利用计算机信息技术，在管理控制系统设计时，通过相关模块使用的权限设置、密码设置等方式自动屏蔽非授权人员的进入和操作，从而实现不相容职务分离控制。

（二）不相容职务分离控制的内容

根据一般企业的经营管理特点和业务性质，经济业务活动中需要分离的不相容职务主要有以下方面：

1. 可行性研究与决策审批相分离；
2. 授权与执行相分离；
3. 决策审批与业务执行相分离；
4. 业务执行与审核监督相分离；
5. 业务执行与会计记录相分离；
6. 业务执行与财产保管相分离；
7. 资产保管与记录相分离；
8. 记录与审核相分离。

第三节 授权审批控制

一、授权审批控制的定义

授权审批控制是指企业的每个部门或每个岗位的人员必须在经过授权审批的范围内处理经济业务和管理事项。未经授权和批准的业务和事项，有关人员不得接触和处理。授权控制的目标就是确保经济业务和管理事项的处理符合企业目标、遵守控制规范、真实有效。

《企业内部控制基本规范》第三十条规定，授权审批控制要求企业根据常规授权和特别授权的规定，明确各岗位办理业务和事项的权限范围、审批程序和相应责任。

企业应当编制常规授权的权限指引，规范特别授权的范围、权限、程序和责任，严格控制特别授权。企业内部各级管理人员必须在授权范围内行使职权和承担责任，业务经办人员必须在授权范围内办理业务。

二、授权控制

（一）授权的种类

1. 常规授权。常规授权是指企业在日常经营管理活动中按照既定的职责和程序进行的授权。这种授权主要是对日常业务活动的权利、条件、范围和责任的授权。常规授权通常在公司管理制度文件中加以规定。为保持相关制度的稳定性，充分发挥被授权者的积极性和聪明才智，提高业务处理效率，一般常规授权有效时间都比较长，被授权人可长期行使该权利。在日常例行业务处理过程中，被授权人可以按照授权范围、条件和有关职责办理或执行各项业务。常规授权是企业授权管理的正常管理行为，一个企业必须进行常规授权，而且在企业中大量存在，如总经理办公室对公司文件的日常处理，人力资源部门对人员招录、例行岗前培训、日常考勤等常规管理工作，销售部门所进行的产品日常销售业务，会计部门对日常经济业务所进行账务处理等。企业应该根据常规授权编制权限指引，以明确被授权人的权限、范围、条件、程序和责任，同时应该通过适当形式在企业内部予以公布，以提高权限的透明度，加强对权力行使的监督和管理。

2. 特别授权/临时性授权。特别授权是指企业在特殊情况、特定条件下或对例外业务进行的授权。例如，董事长委托董事长助理代为签署某一合同或协议，就必须给予他签约特别授权，一旦合同或协议签署完毕，这项权力也自动终止。特别授权是一种临时性的、应急性的授权，通常是一次性的或者是在限定时间、限定范围、限定业务有效的。

企业中所有日常例行经济业务和管理事项办理以外的涉及公司对外投资、合同签订、资产处置、资金调度、资产重组、收购兼并、担保抵押、财务承诺、关联交易等超过一般授权的重要经济业务与交易、管理事项处理都需要特别授权。企业应当加强对特别授权的管理，规范特别授权的权限、条件、范围、程序、责任和相关的记录措施，尽量减少特别授权。企业应该创造条件，尽量通过现代办公管理信息系统，采用网上办公、在线审批等方式减少或避免特别授权。

（二）授权控制的基本原则

1. 依事不依人授权原则。企业内部授权必须依企业经济业务和管理事项而定，本着有利于实现企业目标，有利于提高工作效率，有利于发挥各级管理者和业务员的积极性和主动性，创造性地开展工作的目的来进行授权，而不是依据人本身进行授权，或者仅以被授权者的能力或经验为依据进行授权。

2. 不可越权授权原则。不可越权授权设定了授权的界限，表明授权者对下级的授权必须是在自己的权力范围内，不能超越自己拥有的权限进行授权。一切越权的授权都是无效授权。

3. 适度授权原则。适度授权原则表达了授权过程中对授权的“度”的把握。对于授权“度”的把握是授权控制成败的关键。授权的“适度”主要体现在两个方面：一方面就是该授权的应该授权到位，不可把控权力该放不放，造成授权不足，或者只下放职责而不下放与职责匹配的权力，挫伤下属积极性和主动性，影响工作效率和效果。另一方面也不能过度授权。过度授权表面上是放弃本属于自己职责范围的权力，实际上是放弃职责、不负责任的表现，同时也可能出现滥用职权、渎职的现象。正确的做法是授权审批的层次应当根据经济业务和管理事项的重要性程度和涉及资金额的大小，确定不同的授权审批层次。一般涉及重大或高风险的经济业务和管理事项的权限，不轻易下放；应该明确被授权者履行权力所应当承担的责任，避免权责不清、权责不匹配，保证被授权者职责清楚、有权有责有利；应该规定授权范围的经济业务和管理事项的审批程序，被授权者应当严格按照程序办理审批，不能发生越权、越级、“先斩后奏”等违规审批行为。

4. 必要监督原则。对被授权者行使权力的必要监督，是授权成功的必要保障。绝对的权力造成绝对的腐败。如果对授予的职权放任不管，不实施有效监督，就可能发生越权或滥用职权或渎职的行为。监督的“必要”表达了监督的不可或缺性，同时也表达了监督的适当性，不可过度，不可妨碍或干涉正常的履行权力，否则授权就可能形同虚设，影响工作的正常开展，不利于调动下属的主动性和创造性。

（三）授权的具体形式

授权一般有两种具体形式，即口头授权和书面授权。

1. 口头授权，是指以非书面形式、口头语言方式对下属进行授权，包括当面口头授权、电话授权、微信语音授权等方式。口头授权形式一般适合于不重要、不重大且责任较轻的临时性简单事项或业务。企业应当尽可能减少或避免口头授权。

2. 书面授权，是指采用书面文字方式所做的授权形式。包括企业内部有关授权的正式制度文件、授权人亲笔书写或签名的授权书等。企业应该尽可能采用书面授权形式，有利于明确授权的内容，有利于留存授权证据，避免出现口头授权形式下所产生的误解，导致越权、滥用职权，或出事之后发生的相互推诿、无法追责等情况。这种授权形式适合规范的例行的日常事项和业务。

三、审批控制

（一）审批控制的原则

1. 审批必须有依据。审批人有一定的审批权限，但行使审批权力时必须在认真审核的基础上进行批准，不能随意批准、轻率决定。审批的依据应该是企业的有关发展战略、经营目标、管理目标、预算、计划、控制规范或者会议决议、集体决策意见等。审批控制的目的是保证企业的经济业务与交易、管理事项有利于企业提高经营效率和效果，实现控制目标。

2. 审批必须有界。审批必须在本职务的授权范围内、授权的时限内及授权的条件下行使，不得超越被授权权限进行审批。越权审批通常表现为下级行使了上级的权力，有时也表现为同级行使了另一同级职务的权力，尤其在职责权限界定不明确的情况下。比如大额资金的调度权按规定属于总经理，但财务总监直接通知出纳将资金借给其他企业，副总经理审批了另一个副总经理分管的业务或事项，都属于越权审批的行为。

3. 审批必须按照规定的程序。企业经济业务和管理事项种类众多、复杂多样，包括采购业务、销售业务、筹资、投资、营运资金、工程项目、担保业务、研究与开发、合同管理、资产管理、业务外包、内部报告传递等活动，每一类经济业务或管理事项都应该履行相应的报批程序。每一类经济业务或管理事项都应当规定审批程序，以便按照程序审批，以防止越级审批，同时也提高办事效率。每一位授权审批者都应该在授权的层级按照程序办理审批，不得越级审批。

（二）审批的具体形式

1. 口头审批。口头审批是以非书面形式对经济业务或管理事项处理的审核批准。在企业生产经营活动和管理活动过程中时常出现口头审批的情况。这种形式时效性和针对性强，效率高，但是没有书面记录，如果处理的交易或事项后续出问题，取证较困难，会产生责任不清、否认推诿责任情况，难以追究责任。

2. 书面审批。书面审批是一种比较正式的审批形式。企业经济业务、管理事项按照规定的审批流程，采用书面形式进行传递审批，一方面可以方便审批人签署批示，加快内部处理信息传递；另一方面可以保留书面审批凭证，有据可查，避免口说无凭，责任不清，推诿不认。同授权的形式一样，企业审批应该尽量采用书面审批形式。

（三）审批的具体模式

1. “一支笔”审批。“一支笔”审批是指企业所有的财务开支指定一人或授权一人进行最终审批，其他人无权审批。

2. 分级审批。分级审批是指按照分级管理、授权审批的原则，企业财务开支根据分级授权的范围、条件、开支额度、时限、程序和责任，由企业负责人、企业分管领导、部门负责人或内部单位负责人负责审批。

3. 多重审批。多重审批是指企业的经济业务或管理事项需要两个或两个以上的审批人员共同审批。这种形式多是涉及企业内部多个关联部门或单位共同负责的经济业务或管理事项的处理。企业应该尽量明确内部各部门、各单位的主要职责权限，避免职责交叉重叠，防止出现问题、出现难题时扯皮，相互推诿，谁都不负责任的现象。

4. 集体决策审批或联签审批制度。企业应当实行“三重一大”决策制度。企业对于重大的经济业务和管理事项，如重大投资决策、重要干部任免、重要项目安排、重大对外合同、大额资金的使用等，应当实行集体决策审批或者联签制度，任何个人不得单独进行决策或者擅自改变集体决策。

“三重一大”制度是指重大事项决策、重要干部任免、重要项目安排、大额度资金的使用。“三重一大”事项决策审批程序如下。

（1）决策前必须提前通知所有决策人员，认真调查研究，充分吸取各方意见。

（2）企业应当以会议的形式，对职责权限内的“三重一大”事项做出集体决策。

（3）决策会议的召开须符合规定的人数。与会人员充分讨论并发表意见，主要负责人最后发表总结性意见。

（4）决策做出后，企业应及时向股东或履行出资人职责的机构报告有关决策情况；企业负责人应当按照分工来组织实施，并明确责任部门和责任人。

（5）建立“三重一大”事项决策审批的回避制度和决策考评制度，逐步健全决策失误纠正机制和责任追究制度。

实行集体决策审批或联签制度意味着，对于重大决议，即使董事长一人同意，大多数人不同意，也要实行否决的制度，从而可以保证企业决策科学、运营健康。对于中小企业而言，可以成立经营管理委员会，这样对于企业中的重大事项需要经营管理委员会全票通过，因此，能够保证重大事项的合规性与可控性。

审批模式的比较如表 4－1 所示。

表 4－1　　审批模式的比较

审批模式	审批主体
“一支笔”审批	指定一人负责全部财务开支的最终审批
分级审批	根据分级授权的范围、条件、开支额度、时限、程序和责任，分级确定审批人员
多重审批	所有需审批的经济业务或管理事项均需要两个或两个以上的审批人员共同审批
集体决策审批或联签审批	决策委员会

四、授权审批控制的要求

1. 完善企业治理结构。依照法律法规和企业章程，规范股东会、董事会、经理层、监事会、职代会等权责，认真履行决策、执行、监督、评价职能，真正形成科学决策程序和分权制衡机制。

2. 建立企业各职能部门的职责权限、业务流程、管理程序等内部管理制度和授权审批体系。企业的人、财、物、供、产、销等一系列业务活动和管理活动，复杂多样，种类众多，为了避免职责不清、业务流程和管理程序不规范，影响企业工作效率，需要分部门确定工作职责权限，理顺业务流程，提高办事效率，因此，企业应根据生产经营和管理活动的实际情况，合理设置相关职能部门，并制定部门职责权限、业务流程和管理程序的规章制度。按照经济业务、管理事项性质进行分类，明确常规授权和特别授权的具体业务内容，建立分级授权审批体系，编制常规授权的权限指引，规范特别授权的范围、权限、程序、条件和责任。

3. 建立授权审批控制活动评价体系。企业在建立各职能部门内部管理制度和授权审批体系的基础上，还应当建立对授权审批体系执行情况的评价体系。由企业董事会审计委员会、监事会、内部控制评价部门或审计监督部门定期不定期对授权审批控制活动的有效性进行评价，形成评价结论，促进授权审批控制体系的不断完善。

4. 建立完善的授权审批信息系统，畅通相关信息反馈渠道，及时纠正授权审批失范行为，不断修正和弥补授权审批控制缺漏。为了及时、准确地收集企业授权审批控制过程的相关信息，及时、有效地解决授权审批控制过程中存在的问题，企业应当建立便捷、通畅的信息反映渠道，使授权审批控制全过程的信息能够及时通达董事会、监事会和经理层，以确保授权审批控制活动有效正确，实现内部控制的目标。

第四节　财产保护控制

一、财产保护控制的定义

财产保护控制是指从内部控制规范出发，采取一系列控制性制度、措施和方法来确保财产的安全与完整。

《企业内部控制基本规范》第三十二条规定，财产保护控制要求企业建立财产日常管理制度和定期清查制度，采取财产记录、实物保管、定期盘点、账实核对等措施，确保财产安全。企业应当严格限制未经授权的人员接触和处置财产。

财产保护控制可以分为财产价值保护控制和财产实物保护控制。财产价值保护控制主要是指对财产以货币计量的价值发生增减变化所实施的保护控制。本节所述财产主要是指实物形态的财产，如企业的厂房、建筑物、机器设备、办公设备、现金、存货等，债权类资产也包括在此类财产实物保护控制之中。实物类财产是企业开展生产经营活动和管理活动的基本物质基础，在企业财产总额中所占比重较大，发生损失的风险比较高，因此，加强实物形态资产的保护控制具有十分重要的意义，也是企业内部控制的重点内容。

二、财产保护控制的内容与措施

企业应建立财产保护控制制度，以防止财产流失。企业财产保护控制制度一般包括资产收发制度、资产保管制度、定期盘点制度、资产处置制度等。根据财产保护内容和财务机制，可以将财产保护控制进一步细分为财产实物保护控制与财产账务保护控制两类。

（一）财产实物保护控制

财产实物保护控制主要包括限制接触和处置控制、财产清查控制、财产保险控制、建立相应的财产记录监控制度、财产档案的建立和保管，以及货币资金和空白票据的保护。

1. 限制接触和处置控制。限制接触和处置控制是指严格限制无关人员直接接触和处置财产，只有经过授权和审批的人员才能接触或处置财产。这是保证财产安全与完整的重要措施，是企业内部控制中的一条重要原则。

2. 财产清查控制。财产清查是会计核算工作的重要制度，也是加强财产物资管理的一项重要制度。财产清查范围一般包括现金、存货、票据、有价证券和固定资产等。财产清查控制是指定期或不定期地组织对各项财产物资进行实物盘点和对库存现金、银行存款、债权债务进行清查核对的控制。企业应当将盘点清查的结果与会计记录进行比较核对。结果与会计记录不相符，说明实物财产管理上或会计记录方面可能出现差错、实际损失或其他不正常情况，财产清查相关人员应当进一步查找问题，分析原因，查明责任，追究责任，完善相关管理制度。

为了随时准确掌握财产物资的真实情况，企业应当采用全面清查和抽样调查相结合、定期清查与不定期清查相结合的原则进行财产清查盘点。由于财产清查的内容主要是现场清查盘点，账实、账账、账证、账表核对，检查其一致性。根据不相容职务分离原则，财产清查盘点，账实、账账、账证、账表核对不应由仓库管理人员、财产记录人员、账证表会计处理人员单独进行。会计制度规定，企业必须在编制年度会计报告之前进行全面的财产清查，其他时间的财产清查，则可依据企业自身的需要适当安排，抽查方式方法可以灵活多样，依据抽查的对象、内容、时间、人员等因素来确定。

3. 建立相应的财产记录监控制度。企业应该建立相关财产项目的记录和监控制度，利用信息技术等手段全面进行监控，将各项财产项目建立档案，且每一笔资产变动都被予以详细记录和监控，以便实现对企业资产的动态管理。如对固定资产应当编制详细的目录，对每项固定资产进行编号，按照单项资产建立固定资产卡片，详细记录各项固定资产的来源、验收、使用地点、责任单位和责任人、运转、维修、改造、折旧、盘点等相关内容。

涉及财产物资的各种文件资料要被企业妥善保管，避免记录毁损和被盗。在计算机处理条件下，对重要的文件资料留有备份显得尤为重要，以便在遭受意外损失或毁坏时重新恢复。

4. 财产投保控制。财产保险是指通过对财产进行投保来增加实物资产受损后补偿的程度或机会，从而保护企业的财产实物安全与完整。企业可以根据实际情况，选择重要的、贵重的或发生风险高的或特殊的财产进行投保，使企业在财产发生意外情况时可以通过保险获得补偿，减少损失。财产保险主要有企业财产基本险和综合险两大类，以及若干附加险（如火灾险、盗窃险和责任险）。

5. 实物财产安全控制。为了保障实物资产放置的安全性，企业应当根据实物资产的不同特性有针对性地采取不同措施分别加以保护。例如，对于货币资金类资产，就需要确保存放地点的安全、存放保险柜的安全，严格遵守有关货币资金管理规章制度；在重要、贵重的财产存放地点，有条件的单位可以安装监控设施设备和安全防盗防火系统，或配备安保人员加强保护。

（二）财产账务保护控制

为了强化财产账务保护控制，应该加强对相关部门财产账务记录的管理。主要包括财务部门会计账务文件资料保护控制，防止发生记录受损、被盗及被毁。对于重要的财产文件资料，应当建立备份或后备记录，以便出现意外损失或毁坏时可以启用或重新恢复。对未在会计账册中反映的某些低值易耗财产物资，应当建立相应的备查账，以便核对复查。建立客户信誉考评制度、定期对账制度和应收账款催收制度，及时了解客户财务状况和资信情况，避免不实账务、坏账的发生。资产管理部门应该建立全部实物资产档案，加强财产所有权证和其他权证的管理；建立房屋建筑物、生产用机器设备、办公设备家具、后勤保障用机器设备、存货等相关资产的管理台账，以便定期与财务部门进行对账。信息系统管理部门应该建立财产信息管理系统和数据库，利用现代信息技术加强财产保护控制，严禁未经授权的机构或人员进入财产资料数据库。

第五节　会计系统控制

一、会计系统控制的定义

会计系统，是指企业分类记录、分类核算和报告企业生产经营活动与管理活动的最重要信息系统之一，可以给企业利益相关者提供与管理决策相关的信息。

会计系统控制，是指利用会计系统实现对企业经济业务和管理事项处理的内部控制，确保企业会计信息真实、准确、完整。会计系统控制贯穿于企业整个生产经营与管理活动过程，在控制采购业务、销售业务、筹资业务、投资业务、营运资金、担保业务、外包业务、工程项目、资产管理、研究与开发、合同管理等风险方面发挥了重要的作用。

《企业内部控制基本规范》第三十一条规定，企业要严格执行国家统一的会计准则制度，加强会计基础工作，明确会计凭证、会计账簿和财务会计报告的处理程序，保证会计资料真实完整。企业应当依法设置会计机构，配备会计从业人员。从事会计工作的人员，必须取得会计从业资格证书。会计机构负责人应当具备会计师以上专业技术职务资格。大中型企业应当设置总会计师。设置总会计师的企业，不得设置与其职权重叠的副职。

二、会计系统控制的功能

会计系统控制要求企业必须依据《会计法》和国家统一的会计准则制度，制定适合本单位的会计制度，明确会计凭证、会计账簿和财务会计报告的处理程序，建立和完善会计档案保管和会计工作交接办法，实行会计人员岗位责任制，充分发挥会计系统的控制职能。

1. 会计系统控制通过会计人员岗位责任制、不相容职务的分离控制可以有效防止舞弊或差错失误行为的发生，既有助于为管理决策提供真实、准确和完整的会计信息，也有助于有效保护企业资产的安全与完整。

2. 会计系统控制通过会计凭证、会计账簿和财务会计报告的处理程序，以及会计档案保管和会计工作交接办法，做到证证、账证、账账、账表、账实相符，确保会计信息的质量。

三、会计系统控制的内容

（一）依法选择和制定适合本单位的会计制度

企业应当依据《会计法》和国家统一的会计准则制度，选择和制定适合本单位的会计制度。

（二）会计政策选择

企业的会计政策，是指企业在会计确认、计量和报告中采用的原则、基础和会计处理方法。企业应当以真实、公允地反映企业实际状况为标准来选择适当的会计政策。一旦选定了会计政策，不能随意更改变动，如确实需要变更，应当说明变更的合理原因。

（三）会计估计确定

会计估计，是指企业对其结果不确定的交易和事项以最近可利用的信息为基础所做出的判断。企业需要依据企业的真实情况，做出合理的会计估计。如果资产和负债的当前状况及预期未来经济利益和义务发生了变化，则会计估计也需要做出相应的改变。

（四）会计文件和凭证控制

企业应当对经济业务文件进行记录并且相关的凭证需要连续编号，避免业务记录的重复或遗漏，同时便于业务查询，并在一定程度上防范舞弊行为的发生。例如，企业对产品出入库单预先编号，这样可以有效控制产品的流动，不会出现产品的无故短缺。

（五）会计档案保管控制

会计档案是指会计凭证、会计账簿和财务报表等会计核算专业资料，是记录和反映企业经济业务的重要历史资料和证据。企业应当详细记录且妥善保管合同、协议、备忘录、出资证明等重要的法律文书，作为企业重要的档案资料以备查阅。

（六）组织和人员控制

企业应当依法设置会计机构，配备会计专业从业人员。从事会计工作的人员应当具备从事会计工作所需要的专业能力，会计机构负责人应当具备会计师以上专业技术职务资格。大中型企业应当设置总会计师。设置总会计师的企业，不得设置与其职权重叠的副职。

（七）会计岗位制度的建立

企业应根据自身规模大小、工作量多少、经济业务特点和专业人员素质等具体情况设置会计岗位。会计岗位主要包括会计主管、出纳、货币资金核算、存货核算、固定资产核算、投资核算、研究与开发核算、薪酬核算、成本核算、财务成果核算、往来核算、总账报表、稽核、综合分析等岗位。生产经营规模较小、业务量小的企业可以适当合并核算岗位。上述会计岗位可依据工作量多少，可以一人一岗、一人多岗，也可以一岗多人，但必须严格执行不相容职务分离原则，如出纳人员不得兼任稽核、会计档案保管和收入、费用、债权债务账目的登记工作。

四、会计系统控制的方法

根据会计记录企业活动的步骤与程序，可以将其分为以下四个环节进行风险控制。

（一）会计凭证控制

会计凭证控制指在填制或取得会计凭证时实施的相应控制措施，包括原始凭证与记账凭证的控制。凭证控制的基本要求有：（1）严格审查。（2）设计科学的凭证格式。（3）连续编号。（4）规定合理的凭证传递程序。（5）明确凭证装订与保管手续。

1. 原始凭证控制。

（1）记录真实。原始凭证的填制应由填制人或经办人根据经济业务的实际执行和完成情况填写，不得伪造、变造。

（2）书写正确。摘要简练；数量、单价、金额计算要正确，书写要符合规定；大小写数字要按规定使用蓝黑、碳素墨水，字迹要工整、清晰；各种原始凭证不能随意涂改，应按正确方法更正。

（3）内容完整。原始凭证填制的内容必须完整、齐全。经办人员及有关单位、人员要签名盖章，做到手续完备。

（4）连续编号、及时填制。各种自制原始凭证都必须连续编号，以备查考。一些事先印好编号的重要凭证作废时，在作废的凭证上应加盖“作废”戳记，连同存根一起保存，不得随意撕毁。在经济业务实际发生或完成时，所有经办业务的有关部门和人员必须及时将原始凭证送交会计部门，由会计部门加以审核并据以编制记账凭证。

2. 记账凭证控制。

（1）及时进行会计处理。企业应当对交易或事项所属的会计处理进行有效控制，检查会计处理是否严格遵循了会计核算原则，是否存在故意漏记或多记、提前确认或推迟确认报告期内发生的交易或事项的情形，是否存在错误划分调整与非调整事项等情况。一旦发现异常，企业应查明原因并进行处理。

（2）记入恰当的会计科目。从原则上说，企业可以依据自身的情况来设置会计科目，但在实际运用中，为了保证会计信息的可理解性和可比性，对于会计准则已经给定的科目，企业在进行会计处理时应该直接使用这些科目，而不能任意增设。对于一些特殊的行业或者特殊的业务，如果会计准则没有可供参考的科目，那么企业可以根据实际情况设置合适的会计科目，但事先必须经过总会计师的书面批准。企业应该检查会计处理人员的会计科目使用是否规范，是否存在添加或更改会计科目的情况，如有应及时予以纠正。

（二）会计账簿控制

会计账簿控制指在设置、启用及登记会计账簿时实施的相应控制措施。其具体内容包括：按照规定设置会计账簿；启用会计账簿时要填写“启用表”，会计凭证必须经过审核无误后才能够登记入账，对会计账簿中的账页连续编号，会计账簿应当按照规定的方法和程序登记并进行错误更正，按照规定的方法与时间结账。

（三）财务报告控制

财务报告控制指在编报财务报告时实施的相应控制措施。其具体内容包括：按照规定的方法与时间编制及报送财务报告；编制的会计报表必须由单位负责人、总会计师以及会计主管人员审阅、签名并盖章；对报送给各有关部门的会计报表要装订成册、加盖公章等。

（四）会计复核控制

会计复核控制是指对各项经济业务记录采用复查核对的方法进行的控制。会计复核控制的主要内容包括：（1）证证的复核。（2）账证、账账、账表的复核。会计复核工作应由职业操守良好、专业技术合格的人员担任。复核人员必须认真复核，逐笔审查会计凭证、会计账簿、财务会计报表及其所附单据，并在复核过的凭证及账表上加盖名章。未经复核人员复核的款项不得付款，未经复核人员复核的单据不得签发，未经复核人员复核的报表不得对内提供或对外披露。

第六节　预 算 控 制

一、预算控制与全面预算

（一）预算控制

预算控制是指企业围绕预算进行的一系列控制活动。它通过实施全面预算管理制度，有效控制企业风险，实现内部控制的目标。预算控制是企业内部控制的重要组成部分。《企业内部控制基本规范》第三十三条规定，预算控制要求企业实施全面预算管理制度，明确各责任单位在预算管理中的职责权限，规范预算的编制、审定、下达和执行程序，强化预算约束。

预算控制内容覆盖企业生产经营管理全过程，体现企业的生产经营管理目标，所以通过预算控制，企业可以规范组织的目标和经济行为全过程，调整、修正管理行为与目标偏差，保证各级目标、策略、政策和规划的实现。

（二）全面预算

《企业内部控制应用指引第 15 号——全面预算》第一章第二条指出，全面预算是指企业对一定期间经营活动、投资活动、财务活动等做出的预算安排。从其内容上看，主要包括经营预算、专门决策预算和财务预算三个部分，具体内容如图 4－1 所示。

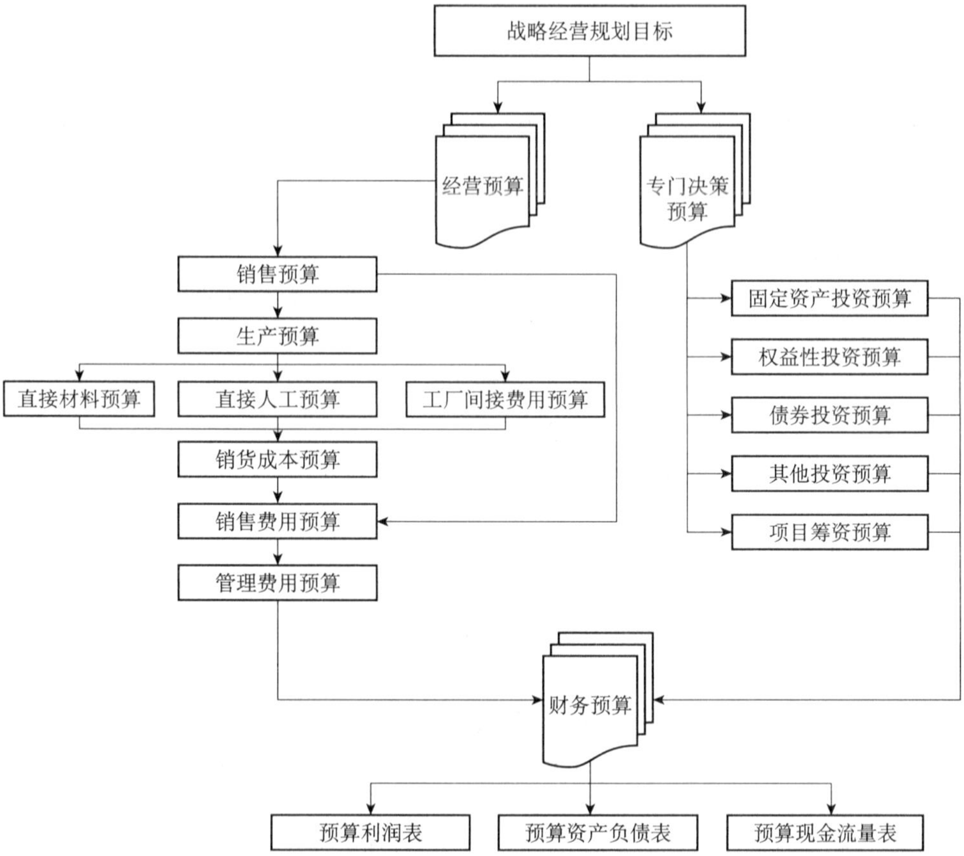

图4-1 全面预算内容示意

因此，全面预算作为一种全方位、全过程、全员参与编制与实施的预算管理模式，凭借其计划、协调、控制、激励、评价等综合管理功能，整合和优化配置企业资源，提升企业运行效率，成为加强企业内部控制、促进实现企业发展战略的重要保障。

二、预算控制的意义

企业预算控制是一种切实有效的企业内部控制重要方法，通过预算控制系统可以整合信息流、资金流和业务流，实现财务业务一体化，对实现企业战略目标和经营目标，优化资源配置，规范业务流程，协调责任主体之间关系，有效组织经济活动，分散和化解控制风险，实现内部控制目标，具有重要的意义。

1. 预算控制是一种过程中的数量化控制。它详细地描述了为实现计划目标而要进行的工作标准，通过数量化的方式来建立控制标准，并以此标准来对经济行为、管理行为进行度量、纠正、考核、评价，从而实现对经济业务和管理事项处理的事前、事中和事后的准确控制，保证预期目标的实现。

2. 预算控制是一种预测控制。它通过对未来一段时间内企业内外环境的变化趋势、生产经营与管理计划情况及其执行过程可能出现的问题的预测，一方面可以使经营管理者明确经营目标和努力方向，另一方面控制者可以预先采取应对措施，实施精准控制，及时优化流程，调整预算，纠正偏差，保证预期目标的实现。

3. 有利于促使企业进一步完善管理基础规范。预算编制的基础是依赖于企业各种管理基础工作，比如预算编制的基础依据就包括企业中各项相关的定额、标准，如各种物料消耗定额、生产工时定额、销售费用率、小时工资率等。预算控制要求的提高也会促进各项相关定额、标准的及时调整修订；预算的编制与预算控制对信息要求面广量大，要求信息传递及时准确，有利于促进内部信息管理系统的进一步完善；等等。

4. 预算控制有利于优胜劣汰机制、激励约束机制的运行。

三、预算控制的基本要求

1. 企业所编制的预算必须体现企业总体经营管理目标和各责任主体的经营或管理目标，并明确权责。

2. 应当加强预算执行全过程的监督检查，及时反馈预算执行情况。

3. 应当允许针对执行过程出现的问题，按照分级授权审批制度规定，及时调整修正预算，使预算更加切实可行。

4. 应当对预算执行的各责任单位进行考核评价，实施必要的奖惩。

四、全面预算的实施主体

《企业内部控制应用指引第 15 号——全面预算》第一章第四条指出，企业应当加强全面预算工作的组织领导，明确预算管理体制以及各预算执行单位的职责权限、授权审批程序和工作协调机制。

（一）决策机构——预算管理委员会

企业应当设立预算管理委员会履行全面预算管理职责，其成员由企业负责人及内部相关部门负责人组成。预算管理委员会主要负责拟订预算目标和预算政策，制定预算管理的具体措施和办法，组织编制、平衡预算草案，下达经批准的预算，协调解决预算编制和执行中的问题，考评预算执行情况，督促完成预算目标。

预算管理委员会是预算管理的领导机构和决策机构，应作为预算控制的最高级别控制主体承担监控职责。

（二）工作机构——预算管理工作机构

预算管理委员会下设预算管理工作机构，由其履行日常管理职责。预算管理工作机构一般设在财会部门。总会计师或分管会计工作的负责人应当协助企业负责人负责企业全面预算管理工作的组织领导。

预算管理工作机构履行预算管理委员会的日常管理职责，对企业预算执行情况进行日常监督和控制，收集预算执行信息，并形成分析报告。其主任一般由总会计师（或财务总监、分管会计工作的负责人）兼任，工作人员除了财务部门人员外，还应有计划、人力资源、生产、销售、研发等业务部门人员参加。

（三）执行单位——各责任中心

根据权责范围和对整个企业效益的影响程度，责任中心可以分为：仅负责收入而不负责成本的收入中心；产生很少收入或不产生任何收入，只发生成本费用的成本中心；产生成本和收入的利润中心；负责本部门投资、收入和成本的投资中心。

各责任中心既是预算的执行者又是预算执行的监控者，各责任中心在各自职权范围内以预算指标作为生产经营行为的标准，同预算指标比较，进行自我分析，并上报上级管理人员以便采取相应措施。企业内部预算责任单位的划分应当遵循分级分层、权责利相结合、责任可控、目标一致的原则，并与企业的组织机构设置相适应。

五、全面预算控制的流程

全面预算控制的流程包括预算编制、预算执行和预算考评三个基本环节。其中，预算编制环节包括预算编制、预算审批、预算下达等内容；预算执行环节包括预算分解与责任落实、预算执行控制、预算分析和预算调整等内容。三个基本环节及各项内容之间相互关联、相互作用、相互衔接，并周而复始地循环，从而实现企业所有经济活动的科学管理与有效控制。企业全面预算控制流程如图4－2所示。

（一）预算编制

《企业内部控制应用指引第15号——全面预算》第二章第五条指出，企业应当建立和完善预算编制工作制度，明确编制依据、编制程序、编制方法等内容，确保预算编制依据合理、程序适当、方法科学，避免预算指标过高或过低。企业应当在预算年度开始前完成全面预算草案的编制工作。

1. 预算编制。企业应当根据发展战略和年度生产经营计划，综合考虑预算期内经济政策、市场环境等因素，按照上下结合、分级编制、逐级汇总的程序，编制年度全面预算。企业可以选择或综合运用固定预算、弹性预算、滚动预算等

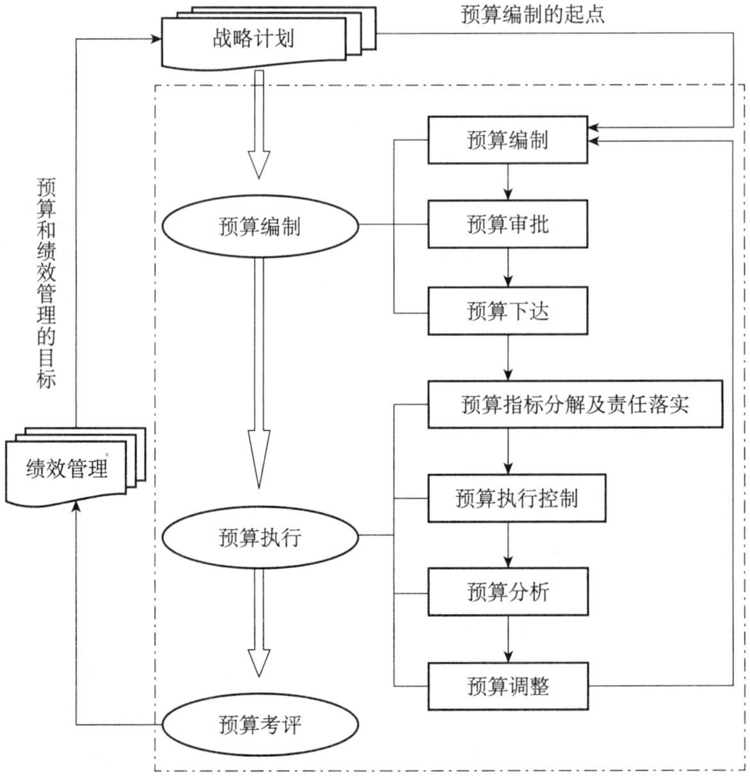

图 4－2　全面预算控制流程

方法编制预算。

2. 预算审批。企业预算管理委员会应当对预算管理工作机构在综合平衡基础上提交的预算方案进行研究论证，从企业发展全局角度提出建议，形成全面预算草案，并提交董事会。

3. 预算下达。企业董事会审核全面预算草案，应当重点关注预算的科学性和可行性，确保全面预算与企业发展战略、年度生产经营计划相协调。企业全面预算应当按照相关法律法规及企业章程的规定报经审议批准。批准后，应当以文件形式下达执行。

（二）预算执行

1. 预算分解与落实。企业应当加强对预算执行的管理，明确预算指标分解方式、预算执行审批权限和要求、预算执行情况报告等，落实预算执行责任制，确保预算刚性，严格预算执行。

企业全面预算一经批准下达，各预算执行单位应当认真组织实施，将预算指标层层分解，从横向和纵向落实到内部各部门、各环节和各岗位，形成全方位的预算执行责任体系。企业应当以年度预算作为组织、协调各项生产经营活动的基本依据，将年度预算细分为季度、月度预算，通过实施分期预算控制，实现年度预算目标。

2. 预算执行控制。企业应当根据全面预算管理要求，组织各项生产经营活动和投融资活动，严格预算执行和控制。

企业应当加强资金收付业务的预算控制，及时组织资金收入，严格控制资金支付，调节资金收付平衡，防范支付风险。对于超预算或预算外的资金支付，应当实行严格的审批制度。企业办理采购与付款、销售与收款、成本费用、工程项目、对外投融资、研究与开发、信息系统、人力资源、安全环保、资产购置与维护等业务和事项，均应符合预算要求。涉及生产过程和成本费用的，还应执行相关计划、定额、定率标准。对于工程项目、对外投融资等重大预算项目，企业应当密切跟踪其实施进度和完成情况，实行严格监控。

企业预算管理工作机构应当加强与各预算执行单位的沟通，运用财务信息和其他相关资料监控预算执行情况，采用恰当方式及时向决策机构和各预算执行单位报告、反馈预算执行进度、执行差异及其对预算目标的影响，促进企业全面预算目标的实现。

3. 预算分析。企业预算管理工作机构和各预算执行单位应当建立预算执行情况分析制度，定期召开预算执行分析会议，通报预算执行情况，研究、解决预算执行中存在的问题，提出改进措施。企业分析预算执行情况，应当充分收集有关财务、业务、市场、技术、政策、法律等方面的信息资料，根据不同情况分别采用比率分析、比较分析、因素分析等方法，从定量与定性两个层面充分反映预算执行单位的现状、发展趋势及其存在的潜力。

4. 预算的调整。企业批准下达的预算应当保持稳定，不得随意调整。由于市场环境、国家政策或不可抗力等客观因素，导致预算执行发生重大差异确需调整预算的，应当履行严格的审批程序。

（三）预算考评

1. 企业应当建立严格的预算执行考评制度，对各预算执行单位和个人进行考评，切实做到有奖有惩、奖惩分明。

2. 企业预算管理委员会应当定期组织预算执行情况考评，将各预算执行单位负责人签字上报的预算执行报告和已掌握的动态监控信息进行核对，确认各执行单位预算完成情况。必要时，实行预算执行情况内部审计制度。

3. 企业预算执行情况考评工作，应当坚持公开、公平、公正的原则，考评过程及结果应有完整的记录。

总之，预算考评是对企业全面预算管理实施过程和实施效果进行的考评和评价，既包括对企业全面预算管理活动实施效果的全面考评，也包括对预算执行部门或责任中心以及预算责任人的考评与绩效评价。预算考评本着公平公开、科学合理的原则，将其评价结果与预算执行者的薪酬相挂钩，实行奖惩制度，进一步确保预算目标的实现，真正发挥预算管理的作用。

4. 预算考评的内容。预算考评包括预算评价和预算激励两个方面。预算评价是对企业内部各级责任部门或责任中心预算执行结果进行评价。要促使预算执行者主动积极执行预算，需要将预算的评价结果与预算执行者的薪酬相挂钩，实行奖惩制度，即预算激励。

预算考评类型分为动态考评和期末综合考评，动态考评指在预算执行的过程中开展考评，这样可以及时提供各级责任主体的预算执行情况信息，通过差异分析，及时纠正行为偏差，督促其落实预算任务。在预算期末，对预算的执行情况进行总结和综合评价，为下次准确编制和有效运行预算积累经验。应与企业的绩效考评和激励机制相结合，分为高级经理责任中心和基础员工。

预算考评采用定量与定性相结合、财务指标与非财务指标相结合的方法。定量考评侧重结果评估和数量考评，定性考评侧重行为评估；财务指标关注过去经营业绩，注重企业内部而忽视外部竞争，非财务指标注重企业未来成长、战略发展和外部市场。因此，定量和定性相结合、财务指标和非财务指标相结合的预算考评是企业首选的方法。

第七节　运营分析控制

一、运营分析控制的定义

运营分析是指以原始数据统计及台账、计划指标、会计记录、市场信息、问题反馈表单和其他相关资料为依据，运用科学的管理分析方法和模型对企业一段时期内的运筹和经营活动情况进行系统性分析研究，旨在评价过去的经营绩效，了解真实的目前运营状况，预测未来的发展趋势，并按照客观规律指导和控制企业经济活动。

运营分析控制是指通过分析企业经济活动的相关信息，从中发现管理过程中的问题，及时采取针对性措施，并监督检查执行情况，保证经济活动的计划性和过程受控。

《企业内部控制基本规范》第三十四条规定，运营分析控制要求企业建立运营情况分析制度，经理层应当综合运用生产、购销、投资、筹资、财务等方面的信息，通过对比分析、比率分析、趋势分析、因素分析、综合分析等方法，定期开展运营情况分析，发现存在的问题，及时查明原因并加以改进。

二、运营分析的内容

运营分析内容体系包括宏观、中观和微观三个层面，宏观运营分析主要研究外部环境的状况，比如国家路线方针政策、区域经济政策、国家科技体制等；中观运营分析主要研究市场和产业的状况，比如竞争者的市场策略、产业结构、行业政策、消费者偏好等；微观运营分析主要研究企业内部运营状况，比如部门考核指标的完成情况、业务专项分析等。

按照分析的目的，运营分析主要包括财务经营分析、预算分析、专项分析和综合分析。

（一）财务经营分析

财务与经营分析是指利用企业内部财务信息对企业生产经营成果、财务运营情况进行分析与评价，形成相关的书面报告，主要包括企业盈利能力分析、企业营运能力分析、企业偿债能力分析和发展能力分析。

（二）预算分析

预算分析是指企业对一定期间经营活动、投资活动、财务活动等做出的预算事项分析。企业预算管理工作机构和各预算执行单位应建立预算执行情况分析制度，定期召开预算执行分析会议，通报预算执行情况，研究、解决预算执行中存在的问题，提出改进措施。企业分析预算执行情况，应当充分收集有关财务、业务、市场、技术、政策、法律等方面的信息资料，根据不同情况分别采用比率分析、比较分析、因素分析等方法，从定量与定性两个层面充分反映预算执行单位的现状、发展趋势及其存在的潜力。

（三）专项分析

企业各部门都有专项的工作职责，为了提高企业运营效率，确保部门工作计划按时完成，每个部门都需定期或不定期提交本部门的专项分析报告，分析内容包括业务专项问题分析及采取的措施或具体建议、下一阶段趋势预测和工作安排、需要协调解决的工作问题、部门指标完成通报及未完成指标原因分析和改进方案或建议。例如，根据企业市场部的部门职责，市场部需提交主要竞争对手情况通报及对比分析、市场反馈的主要问题及建议、新用户的开发情况等。

（四）综合分析

综合分析是指对企业一定时间内经济活动过程及其结果所进行的全面分析。基本内容有：(1) 生产经营消耗分析。需将生产经营过程中的人力消耗、物资消耗同生产经营成果进行对比考察。常用的分析指标有劳动生产率、成本利润率等。(2) 市场销售趋势分析。需将某些产品（服务）进入流通消费领域的情况同本单位生产经营该项产品或提供服务的业务情况进行对比考察。常用的分析指标有销售利润率、市场占有率等。(3) 生产经营资金占用分析。需对生产经营过程中的固定资金和流动资金利用状况进行考察。常用的分析指标有资金周转率、资金利润率等。

在进行上述分析后，将产值、产量、成本、费用、供货合同、利润、税金等因素有机地结合起来，系统而详细地从整体上检查企业或部门生产经营过程中各方面的问题和可能发掘的潜力。

三、运营分析控制的流程

1. 制定分析目标。企业根据实际需要，确定经营活动分析的目标。

2. 根据确定的分析目标，制定分析方案，明确分析对象和指标。

3. 组织相关人员执行分析方案，搜集相关数据信息，进行现状分析。具体情况如下：（1）为分析收集相关的内外部信息。内部信息主要是本部门根据自身运营分析的目的收集相关数据，在履行本部门职责过程中应注意相关数据的收集与积累；外部信息主要是从企业外部（如网络媒体、行业协会、中介机构、政府监管部门等）广泛收集的资料，包括宏观经济政策、行业数据、用户需求与偏好、其他竞争对手的动态等。（2）信息处理。企业各部门只有对信息进行有效的清理与筛选，即降噪和删除不合格、不相关的内容，才能变成有用的信息。（3）信息深加工。企业各部门围绕本部门运营分析的目的采用各种分析方法（包括对比分析法、比率分析法、趋势分析法、因素分析法、综合分析法等）对处理后的信息进行分析，利用关联数据、异常数据，充分挖掘其背后所隐藏的原因或规律，并对未来经营做出预测。

4. 形成分析报告。在数据分析结果的基础上形成总结性结论，并提出相应的建议，从而对发展趋势、策略规划、前景预测等提供重要的分析指导，为企业的效益分析、业务拓展提供有力的保障。

5. 根据解决方案或下一步工作计划，严格执行并受监督与评价。

四、运营分析的方法

根据运营分析的内容，运营分析方法可以分为企业环境分析方法、产品分析方法和经营分析方法。

其中，企业环境分析方法主要包括 PEST 分析法、SWOT 分析法、竞争力分析和 SPACE 分析法等；产品分析方法常见的有波士顿矩阵法、层次分析法、价值曲线分析等；经营分析的主流分析方法包括统计分析法、类比分析方法（如比较分析法、比率分析法）、指标分析方法（如因素分析法、杜邦分析法）、事件分析方法（如决策树、神经网络）、聚类分析方法、关联分析法、机理模型（如回归分析、量本利分析）和预测（如德尔菲法、趋势分析法）。

第八节　绩效考评控制

一、绩效考评控制的定义

绩效考评是绩效考核和评价的总称。它是指运用一系列科学方法，对企业或其分支机构一定经营期间内的生产经营及其业绩、资本运营及其效益、管理活动及其效益等进行定量和定性的分析、考核，做出客观、公正的综合评价，作为一个反馈控制手段在内部控制中作用显著。

《企业内部控制基本规范》第三十五条规定，绩效考评控制要求企业建立和实施绩效考评制度。科学设置考评指标体系，对企业内部各责任单位和全体员工的业绩进行定期考评和客观评价，将考评结果作为确定员工薪酬以及职务晋升、评优、降级、调岗、辞退等的依据。

二、企业绩效考评内容

1. 关键业绩指标考评。企业通过设定关键业绩指标，用于定期衡量各部门各岗位员工重要工作的完成情况。如利润指标、费用指标、销售收入指标等。

2. 计划完成情况考评。按照事先下达的计划，衡量各部门各岗位员工计划完成情况，以动态考评各部门各岗位员工的努力程度和工作效果。这种考评一般在月度、季度、半年和年度终了进行。

3. 能力态度考评。能力态度考评主要是衡量各岗位员工的履职能力、思想觉悟、工作态度和工作作风。一般每年度进行一次。

4. 部门满意度考评。部门满意度考评主要考评在日常工作中企业各部门之间相互配合、相互协调、相互合作、相互促进的情况与效果，一般每半年进行一次。

三、绩效考评的方法

1. 平衡计分卡评价法。平衡计分卡（the balanced score card，BSC），是绩效管理中的一种战略衡量工具，适用于对部门的团队考评。平衡计分卡的核心思想就是通过财务、客户、内部运营、学习与发展四个维度，衡量组织的战略落实与完成情况的一种绩效评价方法。它通过可操作的绩效衡量指标和目标值之间相互驱动的因果关系展现组织的战略目标实现过程的轨迹，包括绩效考评—绩效改进以及战略实施—战略修正等过程。它把绩效考评的地位上升到组织的战略层面，使之成为组织加强企业战略执行力、保证企业战略得到有效执行和实现的战略管理工具。

2. 关键绩效指标评价法。关键绩效指标（key performance indicator，KPI）是通过对组织内部流程的输入端、输出端的关键参数进行设置、取样、计算、分析，衡量流程绩效的一种目标式量化管理指标，是把企业的战略目标分解为可操作的工作目标的工具。通过 KPI 设置明确各部门的主要工作目标和责任，并以此为基础，明确部门人员的业绩衡量指标。关键绩效指标评价法就是通过建立一套 KPI 体系来评价企业各部门各单位及其员工主要工作完成情况。它是目前国内外企业比较流行的绩效考评方法。

3. 360 度评价法。360 度评价也可称为多源评价或多向度评价者评价，它不同于自上而下、由上级主管评价下属的单一向度评价方式。在 360 度评价中，评价者不仅有被评价者的上级主管，还包括其他与之密切接触的同级人员、下属、合作者、客户等相关人员，也包括被评价者的自我评价。它是一种从不同层面的人员中收集考评信息，从多个视角对员工进行综合绩效考评并提供反馈的方法，或者说是一种基于上级、同事、下级和客户等信息资源的收集信息、评价绩效并提供反馈的方法。

360 度评价法作为绩效管理的一种新工具，被越来越多的国际知名企业使用。据调查，在《财富》杂志排名前 1 000 位的企业中，已有 90% 的企业在使用不同形式的 360 度评价法，比如 IBM、摩托罗拉、摩根士坦利、诺基亚、福特、迪斯尼、西屋、美国联邦银行等，都把 360 度评价法用于人力资源管理和开发。

4. 图尺度评价法。图尺度评价法是操作简单、运用较为普遍的工作绩效评价技术方法之一。它通过列举绩效构成要素（比如“质量”和“数量”）、跨度较大的工作绩效衡量等级（比如从“非常不满意”到“非常满意”，从“很差”到“很好”）并对等级进行赋值。在进行工作绩效评价时，首先针对每一位下属员工从每一项评价要素中找出最能符合其绩效状况的分数；其次将每一位员工所得到的所有分值进行汇总，即得到其最终的工作绩效评价结果。

5. 行为锚定等级评价法。行为锚定等级评价法（behaviorally anchored rating scale，BARS）是一种对同一职务工作可能发生的各种典型行为进行评分度量，建立一个锚定评分表，以此为依据，对员工工作中的实际行为进行测评记分的考评办法。它是用一些特定关键事件说明的行为来对工作绩效加以定位的工作绩效评价方法。它实质上是把描述性关键事件评价法和量化等级评价法的优点结合起来，兼具两者之长。这种方法为每一个绩效指标都设计出一个等级评价表，表中每一个等级的绩效均通过对工作中某一关键事件的客观描述性说明词来加以界定（即所谓锚定）。它的目的是通过这种等级评价表，将关于特别优良或特别劣等绩效的叙述加以等级性量化，供考评者为被考评者实际绩效评分时做参考依据。

四、绩效考评对内部控制的作用

在实际工作中，基于内部控制本身的局限性，企业内部控制存在着控制功能弱化、缺乏效率和效果等问题，企业通过建立有效的绩效评价机制和科学的评价依据，用绩效考评制度的优势去保证内部控制的贯彻实施，可以成为内部控制的有效补充。这也是制度管理的精髓。

（一）激励作用

通过考评指标维度和权重设计，把绩效考核结果与薪酬体系相衔接，可以引导和强化员工的行为，从而真正对员工起到激励作用。在企业正常运营情况下，在新的运营期间，部门或员工个人新的目标应高于旧的目标，以激励组织和个人进一步提升绩效，经过这样的绩效管理循环，组织和个人的绩效就会得到全面提升。绩效考评的严肃性及奖优罚劣机制，可以极大地调动员工的积极性、主动性和创造性，有利于企业文化的建设和员工素质的培养，形成核心价值观，这正是内部控制制度执行和实施所必需的环境因素。

（二）督促作用

绩效考评虽然表面上是一种对工作结果的考核评价，但其考核评价的作用是体现生产经营与管理活动全过程，所以本质上它也是一种过程管理，它将中长期的企业目标分解成年度、季度、月度甚至每天的工作指标，不断督促员工去努力实现、去完成。有效的绩效考评能帮助企业达成目标。绩效考评以帮助员工弄清楚他们应该做什么和可以怎样去做，督促员工积极工作，可有效地提高员工工作效率。在绩效考核评价环节，对个人和部门的工作进行客观公正的阶段性考核评价，明确个人和部门对组织的贡献，通过多种方式激励高绩效的部门和员工继续努力提升绩效，督促低绩效的部门和员工找出差距改善绩效。绩效考评通过持续不断的沟通、分析，找出存在问题的原因和方向并提供有针对性的人力资源培训和开发，促进员工能力的提高。

（三）自警作用

当一个绩效考评办法出台后，推动这项工作进行的是被考评者的认知。根据绩效考评中的有关内部控制制度，组织中每名员工都知道自己应该做什么、不应该做什么，知道不遵守内部控制制度应负什么样的责任。大家以此为准绳，时时、事事、处处自警，并相互提醒、相互监督，遵守内部控制制度已成为每个人的自觉、自愿行为。

第九节 内部报告控制

一、内部报告控制的定义

内部报告主要是指企业根据内部经营管理的需要而编制的供内部管理人员使用的工作报告。内部报告的使用，有助于企业及时了解生产经营的实际状况，针对性地有效解决工作问题，增强企业未来发展的可预见性。

内部报告控制是指企业根据内部利益相关者的相关决策信息需求，编制相应的工作报告，通过传递的方式，加强内部生产经营活动的控制，保证工作计划的完成。

内部报告控制要求企业建立和完善内部报告制度，明确相关信息的收集、分析、报告和处理程序，及时提供业务活动中的重要信息，全面反映经济活动情况，增强内部管理的实效性和针对性。

二、内部报告控制的总体要求

为服务于企业生产经营管理决策，做好各项内部报告工作，企业管理人员需要从各种渠道获取相应的信息。企业内部信息有来自基层人员根据市场或业务工作整理的信息，也有来自管理人员根据相关内部信息对所负责部门形成的指示或情况通报。报告编制者通过对收集的信息进行加工与处理，分析相关问题，提出解决方案或建议。尽管内部报告的信息来源、内容、提供者、传递方式等各不相同，但内部报告一般应遵循以下原则。

（一）真实准确性

虚假或不准确的信息将严重误导信息使用者，甚至导致决策失误，造成巨大的经济损失。内部报告的信息应当与所要表达的现象和状况保持一致，若其不能真实反映所计量的经济事项，就不具有可靠性。

（二）及时有效性

如果信息未能及时提供，或者及时提供的信息不具有相关性，或者提供的相关信息未被有效利用，都可能导致企业决策延误，经营风险增加，甚至可能使企业较高层次的管理陷入困境，不利于对实际情况进行及时有效的控制和矫正，同时也将大大降低内部报告的决策相关性。只有那些切合具体任务和实际工作并且能够符合信息使用单位需求的信息，才是具有使用价值的。

（三）保密原则

企业内部的运营情况、技术水平、财务状况以及有关重大事项等通常涉及商业秘密，内幕信息知情者（包括董事会成员、监事、高级管理人员及其他涉及信息披露有关部门的涉密人员）都负有保密义务。这些内部信息一旦泄露，极有可能导致企业的商业秘密被竞争对手获知，使企业处于被动境地，甚至造成重大损失。

（四）整体内容数据化且规范有条理

一方面，内部报告的编制整体减少定性描述，多用数据、表格、曲线和图形定量说明。常规的报告可以根据企业的管理需求形成固定的报告模板，规范报告样式，以便分类管理。

另一方面，编制内部报告的目的是加强企业各部门的协作与沟通，为内部报告使用者提供管理决策支持，因此，报告的内容要少谈过程和原则，多讲问题和对策，分析过程要脉络清晰，问题分析要透彻，解决问题的措施要具体、可行。

（五）报告责任明晰且逐级上报

为了确保内部报告工作的执行效率，企业应当制定内部报告管理制度，所有与内部报告工作相关的人员根据事项划分责任，包括个人责任和部门责任。内部报告的上报要经公司主管领导审核后逐级报送，不得越权，特殊重大事项除外。

三、内部报告的分类

企业内部报告因报告类型不同、反映的信息特点不同，内部报告的方式不尽相同。内部报告的方式通常包括例行报告、实时报告、专项业务报告和综合报告。

1. 例行报告。例行报告是指企业内部各部门每周、每月、每季、半年和年度根据工作指标完成情况和未完成部分的原因分析，提交的本部门工作总结和下一阶段的工作计划。

2. 实时报告。实时报告是指对于企业经济活动中发生的重大或紧急事项需要及时更新报送的内容，例如安全生产事故处理、新产品试制等。

3. 专项业务报告。专项业务报告主要是根据部门职责划分，以满足企业经营管理需求的各种分析报表，主要包括销售报表、费用报表、成本报表、采购报表、资金报表（资金收支结构日报、借款明细表、贷款担保抵押表、贷款情况表、投资报表、银行账户及印鉴管理表、银行对账单、资金盘点表、银行存款余额调节表、资金需求状况表）、资产报表、人事报表（包括人事变动分析表、薪资变动分析表和绩效考核表）和其他分析报表。

4. 综合报告。综合报告一般是指由归口部门牵头，会同其他相关部门共同根据管理层的要求，对管理政策执行过程中的事项进行综合分析评价，给出专业意见等内容的报告，或委托专业机构出具的各种专业报告。它主要包括各种项目可行性研究报告、调查报告、企业价值评估报告、内部审计报告等。

四、内部报告控制的主要管控措施

（一）建立内部报告指标体系

内部报告指标体系是否科学直接关系到内部报告反映的信息是否完整和有用，这就要求企业应当根据自身的战略规划、风险控制和业绩考核特点，系统、科学地规范不同级次内部报告的指标体系，合理设置关键信息指标和辅助信息指标，并与全面预算管理等相结合，同时应随着环境和业务的变化不断进行修订和完善。在设计内部报告指标体系时，企业应当根据内部各“信息用户”的需求选择信息指标，以满足其经营决策、业绩考核、企业价值与风险评估的需要。

（二）收集内外部信息

为了实时掌握有关外部环境的变化，如国家政局变化、行业政策变化、市场状况、竞争情况，保证企业战略规划和经营目标的实现，企业应当建立和完善内外部重要信息的收集和共享机制，使信息能够快速及时获得并传递。各部门可以通过行业协会组织、合作单位、政府部门、专业咨询机构、市场调查、来信来访、新媒体以及有关监管部门等渠道，获取外部信息；通过财务会计资料、经营管理资料、调研报告、专项信息、内部刊物、办公网络等渠道，获取内部信息。

（三）编制及审核内部报告

企业各部门应根据各管理层级对内部报告的信息需求和先前制定的内部报告指标，将收集的相关资料进行整理、筛选，建立各种分析模型，从中提取有效数据并进行反馈汇总。在此基础上，对分析模型进一步改造，进行资料分析，据此起草内部报告，形成总结性结论，并提出相应的建议。生成的内部报告必须严格按照规定的授权审批程序进行审核批准，以此保证内部报告对企业发展趋势、策略规划、前景预测等提供准确的分析指导，为企业的效益分析、业务拓展提供有力的保障。

（四）构建内部报告流转体系及渠道

企业应当制定严密的内部报告传递流程，充分利用信息技术，强化内部报告信息集成和共享，将内部报告纳入企业统一信息平台，构建科学的内部报告网络体系。企业内部各管理层级均应当指定专人负责内部报告工作。正常而言，内部报告应当按照职责分工和权限指引中规定的报告关系传递信息。但为保证信息传递的及时性，重要信息应当及时传递给董事会、监事会和经理层。企业应当拓宽内部报告渠道，通过落实奖励措施等多种有效方式，广泛收集合理化建议。

（五）内部报告有效使用及保密要求

企业各级管理人员应当充分利用内部报告进行有效决策，管理和指导企业的日常生产经营活动，及时反映全面预算执行情况，协调企业内部相关部门和各单位的运营进度，严格绩效考核和责任追究，确保企业实现发展战略和经营目标。企业应当有效利用内部报告进行风险评估，准确识别和系统分析企业生产经营活动中的内外部风险，确定风险应对策略，实现对风险的有效控制。企业对于内部报告反映出的问题应当及时解决。企业应当制定严格的内部报告保密制度，明确保密内容、保密措施、密级程度和传递范围，防止泄露商业秘密。

（六）内部报告的保管

在企业经营管理活动中会产生大量的数据信息，管理好这些资料，对于分析和解决企业管理中的问题至关重要。但是，有些企业对这些管理中产生的大量数据记录采取粗放经营的态度，甚至使一些重要数据丢失，造成不可挽回的损失。

例如，在原材料采购和商品销售过程中，市场价格的调查资料、对供应商和销售商作出选择的依据、对方企业的资金信用状况等数据资料，不仅是企业以后购销工作的重要参考依据，同时也是实行财务监督的重要依据，但是许多企业对以上资料不做长期保留，致使发生了原材料质量问题或者是应收账款变成坏账等问题以后，都找不到企业内部的责任者，分析不出失误的原因，更找不到解决问题的方法。

（七）内部报告评估

企业应当对内部报告是否全面、完整，内部信息传递是否及时、有效，对内部报告的利用是否符合预期做到心中有数，这就要求企业建立内部报告评估制度。通过对一段时间内部报告的编制和利用情况进行全面的回顾和评价，掌握内部信息的真实状况。企业对内部报告的评估应当定期进行，具体由企业根据自身管理要求做出规定，至少每年度对内部报告进行一次评估。企业应当重点关注内部报告的及时性，内部信息传递的有效性和安全性。经过评估发现内部报告存在缺陷的，企业应当及时进行修订和完善，确保内部报告提供的信息及时、有效。

第十节 信息系统控制

一、信息系统控制的概念

一般的企业信息系统是一个以企业需求为导向，利用计算机硬件、软件、网络通信设备以及其他办公设备来收集企业的生产、财务、采购、销售、人力等方面的信息，通过一定编程指令进行信息处理、传输、储存、更新和维护，为企业生产经营管理提供决策支持、加强中层控制、辅助基层运作的信息交流平台。《企业内部控制应用指引》中“信息系统”的定义是：信息系统是指企业利用计算机和通信技术，对内部控制进行集成、转化和提升所形成的信息化管理平台。

信息系统控制是指企业根据自身实际情况（包括组织结构、业务范围、地域分布、技术能力等）和计算机信息技术应用程度，充分考虑本企业的业务与信息的集成性，将生产经营管理业务流程、关键控制点和处理规则嵌入系统程序的一种信息化管理控制方式。

信息技术是把“双刃剑”。一方面，信息系统的应用可以提高企业业务处理效率，减少人为因素的误差，从而提高企业经营管理信息的及时性、准确性和有效性，提升管理层决策的科学化水平，增强企业经营管控效果。另一方面，病毒入侵系统、非法更改应用程序等恶意侵犯行为会带来信息安全故障、网络犯罪等风险，从而导致企业商业机密泄露，遭受经济损失等。

因此，企业要采取一定的措施进行系统控制，保证系统的稳定与安全。例如，通过合理统筹信息系统规划，建立与本企业经营管理业务相适应的信息化管控程序等措施保证信息系统的开发建设、运行维护的合法合理和稳定。

二、信息系统控制的目标

（一）提高信息系统的可靠性、稳定性与安全性

随着信息技术的发展，企业对信息系统的依赖性越来越强，利用计算机控制经营管理的内容越来越多，企业必须重视信息系统的建设。加上一些关于信息系统的网络犯罪等负面影响，企业必须加强对信息系统本身的控制，提高信息系统的稳定与安全，以保证企业内部信息的安全可靠。

（二）保证经营管理信息的完整、准确和及时

企业内部经营决策依赖于日常经济活动和重大特殊情况的关键信息支持，信息技术的发展可以实现一系列信息的分析需求，因此，加强信息系统管理，可以降低企业经营管理信息的缺失，减少人为操纵的影响，保证数据信息的准确、及时、完整性，从而有助于增强企业管理决策的科学化。

（三）提高经营业务处理效率与效果

企业对信息系统的依赖性决定了信息系统建设成功的基础，即企业必须依据自身的实际状况和需求，建立适应本企业发展的信息控制系统。适当的经营管理手段信息化或“云管理”，有助于减少和消除内部人为因素干扰，提高企业经营管理的效率和效果。

三、信息系统控制的内容

基于信息系统基本理论，信息系统内部控制的主要对象是信息系统，信息系统内部控制包括一般控制和应用控制。

信息系统的一般控制是指从总体层面上实现企业对其信息系统控制的有效性，确保信息系统的正确使用和安全。控制措施主要包括对系统软件的取得控制、硬件的物理环境控制、人员操作控制、逻辑访问控制以及业务持续性控制等。信息系统的应用控制是指企业对具体的应用模块的控制，主要的控制措施是将企业的管理政策与应用系统相结合，从输入、过程处理和输出环节控制，其目的在于控制应用过程的管理风险、确保交易处理的完整性和准确性、授权的合理性。

信息系统的两类控制相辅相成，应用控制需要一般控制支持其运行，一般控制需要应用控制来增强其管理功能，两者结合才能确保其完整和准确的信息处理。

（一）信息系统的一般控制

1. 信息系统的控制环境。信息系统的控制环境包括企业信息技术的战略规划、信息系统管理人员的素质、用户的培训教育等。其中，企业信息系统的战略规划需符合企业的发展战略，信息系统管理人员需能胜任相应的岗位，同时，企业需要适时为员工提供相关的信息系统实操培训，高效工作，从而提高信息系统的运行效率。

2. 信息系统的建设。关于信息系统的选择和取得方式，企业可以根据自身实际需求做选择，主要考虑以下内容：（1）企业对信息系统项目进行统筹规划，明确定义项目的目标、范围、计划、人员需求、组织架构及项目参与各方的职责；（2）建立完善的审批程序，用于管理系统的购买、开发和实施；（3）加强对外部购买和自行开发的信息系统的质量控制；（4）做好数据转化及上线工作；（5）做好文档记录及培训工作。

3. 系统的安全管理。由于企业信息系统中存储的数据很多都关乎企业的重要信息，所以企业必须重视系统的安全管理并采取相应措施，包括：（1）企业应设置逻辑访问权限，以保证信息的安全；（2）企业应制订完整、全面的灾难性恢复计划，加强业务持续性控制；（3）设置人员操作权限，加强数据接触性控制；（4）加强操作系统安全管理；（5）加强网络安全管理；（6）加强对服务器等关键电子设备的物理环境安全管理。

4. 系统的维护与变更。为了确保企业信息系统正常高效运行，信息技术管理部门需做好以下维护工作（包括但不限于）：（1）系统的日常维护；（2）系统变更与升级；（3）系统测试实施质量控制；（4）做好文档记录及培训。

（二）信息系统的应用控制

1. 职务分离。按照《企业内部控制应用指引第 18 号——信息系统》的要求，企业应当根据不同控制类活动的特点，对具体的应用模块进行特定的职务分离设置，规定具体的操作权限，实现数据输入控制。

2. 人工控制。企业应当指定专门机构对信息系统控制实施归口管理，明确相关单位的职责权限，建立有效的工作机制。企业可委托专业机构从事信息系统的开发、运行和维护工作。企业负责人对信息系统建设工作负责。

3. 自动控制。企业开发应用系统，充分考虑生产经营管理业务流程、关键控制点和处理规则嵌入系统程序，实现手工环境下难以实现的控制功能，且在信息系统中设置日志功能，确保操作的可审计性。对异常的或者违背内部控制要求的交易和数据，设计由系统自动报告并设置跟踪处理机制。

4. 数据保密。企业应当根据业务性质、重要性程度、涉密情况等确定信息系统的安全等级，建立不同等级信息的授权使用制度，采用相应技术手段保证信息系统运行安全有序。企业应当建立信息系统安全保密和泄密责任追究制度。企业应当采取安装安全软件等措施防范信息系统受到病毒等恶意软件的感染和破坏。

对于通过网络传输的涉密或关键数据，企业应当采取加密措施，确保信息传递的保密性、准确性和完整性。

5. 数据备份。企业应当建立系统数据定期备份制度，明确备份范围、频率、责任人、存放地点、有效性检查等内容。对于应当销毁的数据档案，须按照规定的审批程序办理执行。

【复习与思考】

1. 如何理解内部控制的控制活动？
2. 控制活动主要包括哪些内容？它们之间存在什么关系？
3. 为什么要进行不相容职务分离控制？它包括哪些内容？
4. 授权审批控制的基本原则有哪些？如何掌握授权控制的“度”？
5. 会计系统控制包括哪些具体措施？
6. 财产保护控制包括哪些主要措施？
7. 预算控制具有哪些特点？全面预算控制的流程有哪几个基本环节？各环节具体包括哪些内容？
8. 运营分析控制包括哪些主要方法？
9. 绩效考评控制中主要有哪些考评模式？
10. 何为内部报告控制？它的主要控制措施包括哪些？
11. 信息系统一般控制和应用控制分别包括哪些主要内容？

【案例分析】

寺庙会计：问过菩萨，可以拿①

沙县法院审理了一起挪用资金案，被告人邓某“雷语”连连：“我不知道挪用寺庙里面的钱犯法。”“我先拿出来用，等我有钱了我就还进去。”

邓某在法庭上陈述：“挪用这钱的时候我问过菩萨了，菩萨说能拿。”

被告人邓某，沙县青州镇人。因一心向佛，经常到寺庙内上香拜佛，机缘巧合之下，在沙县水南玉皇阁庙内担任了会计一职。

怎知这会计一当，就当出了大事。

2009 年 12 月 11 日 ~2011 年 4 月 14 日期间，邓某为偿还利滚利的高额民间借贷，便利用其担任沙县水南玉皇阁会计的便利，多次通过填写其保管的现金支票、加盖其保管的沙县水南玉皇阁公章及法定代表人私章，将沙县水南玉皇阁存在沙县信用社账户内的 80 余万元挪归个人使用。后邓某于 2011 年 7 月 18 日归还 12 000 元，余款 801 000 元至今未归还。

---

① 资料来源：卫佳铭，《福建沙县一寺庙会计挪用 80 万受审：问过了菩萨，可以拿》，载于《海峡都市报》，2018 年 7 月 19 日。

资金亏空被发现后，邓某出逃。2017 年 11 月 9 日，外逃的邓某在江西省南昌市经济开发区黄家湖社区附近民房被沙县公安局民警抓获归案，到案后如实供述了自己的犯罪事实。

经沙县法院审理认为，被告人邓某利用担任沙县水南玉皇阁会计职务上的便利，挪用沙县水南玉皇阁的资金 813 000 元归其个人使用，数额较大，超过三个月未还，其行为已构成挪用资金罪。综合考虑被告人邓某犯罪的性质、情节、危害结果及悔罪表现，决定判处：第一，被告人邓某犯挪用资金罪，判处有期徒刑一年三个月；第二，继续追缴被告人邓某违法所得人民币 801 000 元，发还被害人沙县水南玉皇阁。

思考：请根据内部控制的相关控制内容对上述案例做出分析。

第五章 信息与沟通

【知识与技能要求】

通过本章的学习，使学生能够：

1. 掌握信息与内部信息传递的内涵；
2. 熟悉内部信息传递的基本流程和基本传递原则；
3. 熟悉内部信息传递各环节的主要风险点及其控制措施；
4. 掌握信息系统的内涵；
5. 熟悉信息系统开发方式；
6. 熟悉信息系统开发方式的主要风险点及其相应的控制措施；
7. 了解信息系统运营与维护的主要风险点及其相应的控制措施；
8. 掌握沟通的内涵；
9. 熟悉沟通的渠道和方式；
10. 掌握内部沟通的要点；
11. 掌握外部沟通的要点。

【关键术语】

信息　沟通　信息系统

【案例5－1】 **西安市出租车调价政策的风险沟通活动①**

城市出租汽车管理一直是地方政府社会治理工作中的重点。近年来，随着出租车车型档次的提高和燃油价格上涨，出租车行业的投资运营成本不断增加。在此背景下，由于出租车运价设置欠合理、“份子钱”（驾驶员上缴给出租车公司的车辆承包费）过高等原因，部分城市出租车驾驶员运营收入偏低的问题日益凸显，不仅造成了广大市民的“打车难”“出行难”问题，还由此引发了出租车停运罢工等社会冲突事件，严重影响着城市交通的有序运行和社会的和谐稳定。为了缓解营运成本上升给城市出租车行业造成的压力，改善运价结构和市场供求关系，进而提高驾驶员收入水平、方便公众打车出行，近年来包括西安在内的多个城市都相继出台了出

① 朱正威、刘莹莹等：《政策过程中风险沟通有效性的影响因素研究——基于西安市出租车调价政策的实证分析》，载于《西安交通大学学报（社会科学版）》，2019年第39期。

租车调价政策。尽管在具体的计费标准与计费方式上存在差异，但各地的出租车调价政策整体上呈现出“调涨”的态势。因此，作为政策风险（如出行成本增加）的直接承担者，具有打车需求的社会公众就对此类政策的制定出台给予了高度关注。政府能否在广泛吸纳民意的基础上提高公众的政策接受度，成为决定政策成败的关键。

在西安市区，出租车是公众日常出行的重要方式之一。2014 年 12 月，西安市针对出租车运价调整议题公布了两套备选方案：方案一为起步价 3 公里 9 元，运价 2.0 元/公里；方案二为起步价 2 公里 8 元，运价 1.9 元/公里。上述方案一经推出，就得到了《西安晚报》、腾讯网、华商网等媒体的转发和评论，进而引发了社会各界的广泛关注。从 2014 年 12 月中旬起，华商论坛、天涯社区等网络平台上出现了围绕调价方案合理性的大规模讨论，焦点主要集中在方案是否划算、调整运价能否缓解“打车难”、出租车“份子钱”何时取消以及规范出租车行业运营的配套政策能否跟上等一系列问题。为了有效回应社会关切、降低舆论风险，提高公众对于调价政策的认知水平与接受程度，2015 年 1 月 9 日，西安市政府针对出租车运价调整问题召开听证会，进一步阐明了政府的政策初衷和方案设计思路，听取和收集了包括消费者、经营者、专家学者、政府工作人员等利益相关方的意见和建议，进一步明确了各利益相关方的关切焦点和政策诉求，并通过大秦网、华商网等媒体平台对公众关心的焦点问题进行了及时回应。在多轮意见征集与反馈之后，经西安市政府第 104 次常务会研究同意，西安市决定对市区出租车运价进行结构性调整，新标准于 2015 年 4 月 1 日起正式实行。

第一节　信息与沟通概述

一、信息与沟通的概念及意义

信息与沟通是企业及时、准确地收集和传递与内部控制相关的信息，并使这些信息以适当的方式在企业有关层级之间及时进行传递、有效沟通和正确应用的过程。要准确理解信息沟通的含义，需要注意以下四点。

（1）信息沟通是信息的传递，如果信息没有被传递，信息沟通就没有发生。

（2）成功的信息沟通，不仅需要信息被传递，还要被理解。

（3）信息沟通的主体是人，即信息沟通主要发生在人与人之间。

（4）由于管理过程中各种信息沟通相互关联、交错，所以管理者应把各种信息沟通过程看成一个整体，即管理信息系统。

建立一个健全的企业内部控制系统的充分且必要条件是拥有一套完善的有关信息传递、沟通与反馈的信息系统。《企业内部控制基本规范》第三十八条规定，企业应当建立信息与沟通制度，明确内部控制相关信息的收集、处理和传递程序，确保信息及时沟通，促进内部控制有效运行。这里的信息主要指影响企业内部环境、风险评估、控制活动、内部监督等方面的信息。沟通是指组织中的信息交流。

信息与沟通是整个内部控制系统的生命线。内部控制是一个动态的过程，依据环境来制定措施，从不断的信息反馈中进行纠错，如此不断改进。有效的信息沟通有助于优化内部控制环境、辅助风险控制，有利于保证控制活动的实施，并且对内部监督工作的实施也有帮助。同时，信息与沟通也是保障内部控制效率和效果的重要手段。信息与沟通是正确决策的前提。有效的信息沟通是内部控制目标实现的重要保证。

二、信息系统

信息系统是指企业利用计算机和通信技术，对内部控制进行集成、转化和提升所形成的信息化管理平台。信息通过信息系统进行识别、获取、处理和报告。

《企业内部控制基本规范》第四十一条规定，企业应当加强对信息系统的开发与维护、访问与变更、数据输入与输出、文件储存与保管、网络安全等方面的控制，保证信息系统安全稳定运行。

一般而言，企业信息系统应该具有完整性、及时性和准确性。优良的信息系统既要包括财务信息系统也要包括管理信息系统。财务信息系统以会计系统为主，负责提供有关企业财务方面的信息；管理信息系统则负责提供与企业经营管理活动有关的非财务信息。

由于网络的快速发展，企业大都建立一套信息系统对外部和内部信息流进行处理。有效的信息系统可以及时地处理大量的信息流，并提供各方所需要的信息，提供企业各部门管理控制生产考核工作成果以及提供企业高层决策人员制定经营方针、制定规划、进行决策所需的各种信息。

目前，许多大型企业集团都采用企业资源计划（ERP）系统。ERP 的核心思想是实现对企业整个供应链的有效管理，借助现代网络通信技术，可以实现对整个企业集团资源的整合，实现集成化应用，建立企业决策完善的数据体系和信息共享机制，可提高内部效率，更快、更好地应对市场的变化。信息逐渐被人们当作一种战略资源，企业内部各部门之间以及企业之间都会发生大规模的信息交换，不同部门或不同企业间的信息需要协同，信息系统的重要性日益增加。随着整个社会信息化进程的加快，企业的日常经营管理活动越来越离不开信息系统的支持。完善的信息系统是企业建立有效内部控制体系的前提。

三、沟通

沟通是信息系统所固有的功能，如上所述，信息系统必须将其信息提供给相关人员，以使其能够合理地履行与经营、财务报告相关的职责。《企业内部控制基本规范》第四十条规定，企业应当将内部控制相关信息在企业内部各管理级次、责任单位、业务环节之间，以及企业与外部投资者、债权人、客户、供应商、中介机构和监管部门等有关方面之间，进行沟通和反馈。信息沟通过程中发现的问题，应当及时报告并加以解决。重要信息应当及时传递给董事会、监事会和经理层。

信息沟通，按沟通的对象可以分为内部信息沟通和外部信息沟通。

内部信息沟通是指企业经营管理所需的内部信息和外部信息在企业内部的传递与共享。充分的内部沟通对于企业控制环境、控制作业、风险评估等各方面都起着至关重要的作用，企业所采取的沟通方式要能够达到顺畅沟通的目的，便于员工们了解自己应承担的责任、应实现的目标以及这些目标对企业的影响。企业常用的内部沟通方式有电子沟通、书面沟通、口头沟通等。

外部信息沟通是指企业与利益相关者之间信息的沟通。企业有责任建立良好的外部沟通渠道，对外部有关方面的建议、投诉和收到的其他信息进行记录，并及时予以处理、反馈。有效的外部信息沟通，既可以扩大企业的影响力，又可以使企业获得很多有效内部控制的重要信息。外部信息沟通包括与投资者和债权人的沟通、与客户的沟通、与供应商的沟通、与中介机构的沟通、与监管机构的沟通等。

第二节 信　　息

一、内部信息传递的定义

按照《企业内部控制应用指引第 17 号——内部信息传递》的规定，内部信息传递是企业内部管理层级之间以报告为载体和形式传递生产经营管理信息的过程。信息在企业内部进行有目的的、及时的、准确的、安全的传递，对贯彻企业发展战略、正确识别生产经营中的风险、及时纠正操作错误、提高决策质量具有重要作用。

二、信息的内涵

要了解内部信息传递的流程，应该知道信息是什么、信息具有哪些特征。只有这样，才能很好地理解和把握信息搜集、组织和传递活动。

信息是对人有用的、能够影响人们行为的数据。信息是数据的含义，是人们对数据的理解，是数据加工后的结果。数据是信息的载体，没有数据便没有信息，因此，信息不能单独存在。要想获得信息就要先获得载荷信息的数据，再对其进行加工。将数据加工成信息有时很简单，有时很复杂，有时需要很多数据经过复杂的加工过程才能得到信息。在一家企业内，一般来说，地位越高的管理者所需要的信息越需要加工和处理。

信息还有下面一些特征。

（1）共享性。一方面，同一内容的信息可以在同一时间为多人所用；另一方面，同一内容的信息可以被多次使用，通过传递可实现信息共享。

（2）可传递性。信息是事物存在方式的直接或间接显示。它依附于一定的载荷媒体（声、光、电、磁、语言、表情、文字、数字、符号、图形、图像等）进行呈现、传递和扩散。这些载荷媒体就是我们所说的广义的数据。信息技术极大地扩展了信息的扩散范围，提高了信息的传递速度和共享程度。

（3）可编码性。信息可以用标准符号（如数字、字母等）来表示。在信息社会中将有更多的信息以数字形式表示。它的采集、存储、处理、传输都是数字化的，因此，极易识别、转换、传递和接收，也更易于处理。

（4）具有价值。信息是一种资源，同样有其效用和成本。信息的效用表现在：可能为使用者提供新的知识或创造新的价值，可能为使用者的特定决策减少不正确性。信息成本包括收集、输入、处理、存储以及信息形成与传递过程中的全部耗费。

显然，信息的价值取决于效用与成本的关系：

$$\text{信息价值} = \text{信息效用} - \text{信息成本}$$

可见，信息效用越大，信息的价值就越大，而成本越高，信息的价值就越小。另外，信息价值也受信息质量的影响。所谓信息质量，是指有用的信息所必须具备的基本品质特性，如相关性、准确性、时效性、简明性、清晰性、可定量性、一致性等。人们总是希望所用信息能够同时达到各项质量特性的最大化，但在现实生活中，这种理想化的境界很难达到。因此，常常需要对上述各项质量特性作出权衡与取舍，必须针对面临的具体问题决定侧重点，以便最佳地满足对信息的各方面要求。

三、内部信息传递的基本流程

企业的内部控制活动离不开信息的沟通与传递。企业在生产、经营和管理过程中需要不断地、反复地识别、采集、存储、加工和传递各种信息，以使企业各个层级和各个岗位的人员能够履行企业担负的职责。信息传递是一种方式或几种方式的组合，可以自上而下传递，可以自下而上传递，也可以平行传递。传递的信息以不同形式或载体呈现。其中，对企业最为重要的、最普遍的信息传递形式就是内部报告，也称内部管理报告。内部报告是指企业在管理控制系统中为企业内部各级管理层以定期或者非定期的形式记录和反映企业内部管理信息的各种图表和文字资料的总称。内部报告在企业内部控制中起着非常重要的作用：一方面，内部报告可以为管理层提供更多的企业生产、经营和管理信息，为管理层合理有效地制定各种决策提供支持和服务；另一方面，内部报告还可以检查和反馈管理层决策的执行情况，帮助管理层监控和纠正在政策执行中出现的错误和偏差。因此，企业需要加强包括内部报告在内的企业内部信息传递，全面评估内部信息传递过程中的风险，建立科学的内部信息传递机制，确保信息的相关性和可靠性，提高内部报告的质量，安全、及时、准确地传递信息，充分、高效地利用内部报告。

内部信息传递流程是根据企业生产经营管理的特点来确定的，其形式千差万别，没有一个最优的方案。一般来说，内部信息传递至少包括两个阶段：一是信息形成阶段；二是信息使用阶段。

以内部报告为例，内部报告形成阶段的起点是报告中指标的建立；根据所确定的报告指标，确定所要搜集和存储的相关信息；对搜集的信息进行加工，以一种美观的和可理解的表现形式组织这些信息，形成内部报告；审核形成的内部报告，如果不符合决策要求，就要重新修订或补充有关信息，直到达到标准为止。

内部报告使用阶段的起点是内部报告向指定位置和使用者的传递。使用者获得内部报告后，要充分地理解和有效地利用其中的信息，以评价业务活动和制定相关决策。与此同时，要定期对企业内部报告的全面性、真实性、及时性、安全性等进行评估，一旦发现不妥之处，要及时地进行调整。

四、内部信息传递的基本原则

根据有效信息的要求，结合信息的特性，企业内部信息传递应该遵循以下基本原则。

（一）及时有效性原则

及时有效性原则是指在信息传递过程中，必须做到在经济业务发生时及时进行数据搜集，尽快进行信息加工，形成有效形式，并尽快传输到指定地点和信息使用者。如果信息未能及时提供，或者及时提供的信息不具有相关性，或者提供的相关信息未被有效利用，就可能导致企业决策延误，经营风险增加，甚至可能使企业较高层次的管理陷入困境，不利于对实际情况进行及时有效的控制和矫正，同时也将大大降低内部报告的决策相关性。

及时有效性原则有两重含义：一是收集信息要及时，对企业发生的经济活动应及时在规定期间内进行记录和存储，而不延至下期；二是报送及时，信息资料（如管理报告）应在决策确定时点之前及时报送到指定的信息使用者。如果信息未能及时提供，则可能导致企业决策延误，甚至发生错误决策，增加经营风险，进而导致企业管理陷入困境。例如，如果各种预算执行信息在企业内不能做到及时传递，那么，企业不能及时有效地对实际生产经营进行控制，产生的偏差也就无法得到及时纠正，这将给企业带来巨大的经营和财务风险。

（二）反馈性原则

反馈性原则是指在信息传递过程中，相同口径的信息能够频繁地往返于信息使用者和信息提供者之间，把决策执行情况的信息及时反馈给信息使用者，帮助信息使用者证实或者修正先前的期望，以便其进一步决策。反馈性原则有两重含义：一是要建立多种渠道，及时获得决策执行情况的反馈信息；二是用户要科学地分析和评价所获得的反馈信息，恰当地调整决策。

（三）预测性原则

预测性原则是指企业传递和使用的经营决策信息需要具备预测性的功能。信息预测性的功能在于提供提高决策水平所需的那种发现差别、分析和解释差别，从而在差别中减少不确定的信息。预测性原则有两重含义：一是提供给使用者的信息不一定就是真实的未来信息，因为未来往往是不确定的；二是预测信息与未来信息必须有着密切的关联，必须具有符合未来变化趋势的可预测的特征，即具有相关性。要使企业内部传递的信息具备相关性，还要注意排除过多低相关的冗余信息；否则，信息过载不仅会增加信息传递成本，还会耗费管理当局的精力，降低决策效率，影响决策效果。

（四）真实准确性原则

内部传递的信息能否满足使用者的需要，取决于信息是否真实准确。真实准确性原则是指企业内部传递的信息符合事件或事物的客观实际，包括范围的真实准确性、内容的真实准确性和标准的真实准确性。虚假或不准确的信息将严重误导信息使用者，甚至导致决策失误，造成巨大的经济损失。内部报告的信息应当与所要表达的现象和状况保持一致，若不能真实反映所计量的经济事项，就不具有可靠性。

真实准确性是信息的生命，也是对整个内部信息传递工作的基本要求。提供真实准确的信息是企业投资者及其他利益相关者做出经济决策的重要依据。如果信息不能真实反映企业的实际情况，不但信息使用者的需求不能满足，甚至还会误导信息使用者，使其做出错误的决策，直接导致其经济利益受到损失。

（五）安全保密性原则

安全保密性原则，又称内部性原则，是指内部信息传递的服务对象仅限于内部利益相关者，即企业管理当局，因而具有一定的商业机密特征。企业内部的运营情况、技术水平、财务状况以及有关重大事项等通常涉及商业秘密，内幕信息知情者（包括董事会成员、监事、高级管理人员及其他涉及信息披露有关部门的涉密人员）都负有保密义务。这些内部信息一旦泄露，极有可能导致企业的商业秘密被竞争对手获知，使企业处于被动境地，甚至造成重大损失。这与财务会计信息尤其是公众公司的财务会计信息不同。公众公司的财务会计信息必须公开和透明，而专供管理当局使用的管理信息则不一定要公开。

（六）成本效益原则

成本效益原则是经济管理活动中广泛适应性的要求，因为任何一项活动，只有当收益大于成本时才是可行的。某项信息值得传递，必须先满足这个约束条件。具体来说，提供信息发生的成本主要包括：搜集、处理、审计、传输信息的成本，对已传递信息的质询进行处理和答复的成本，诉讼成本，因传递过多信息而导致的竞争劣势成本等。提供信息带来的可计量收益包括增加营业收入、降低人工成本、降低物料成本、改善产品质量、提高生产能力、降低管理费用、提高资金周转率等。提供信息带来的不可计量收益包括企业流程与系统作业整合性的提高、生产自动化与透明化的提高、需求反应速度的提高、管理决策质量的改善、企业监控力度的加强等。目前，实务操作中的主要问题是，信息传递的成本和收益中有许多项目是难以确切计量的，而且成本也不一定落到享受收益的那些使用者头上。除了专门为其提供信息的使用者之外，其他使用者也可能享受收益。这一问题的存在决定了成本效益原则至今只能是一种模糊的价值判断。它的真正落实也许只有等到实现有偿使用信息或者实现信息内部转移定价的未来时代了。

五、内部信息传递各环节的主要风险点及控制措施

（一）建立内部报告和指标体系

内部报告仅仅是信息传递的一种形式或载体，决定企业内部信息传递有效性最关键的问题在于报告中承载的信息。企业应先理清究竟应该编制哪些内部报告，进而确定各个报告中的指标如何设置。内部报告信息的采集和加工都是由报告中的指标来决定的。因此，内部报告指标的选择，既是内部报告传递的起点，也是决定内部报告质量的基础。内部报告指标体系的科学性直接关系到内部报告信息的价值。企业要根据自身的发展战略、生产经营、风险管理的特点，建立系统的、规范的、多层级的内部报告指标体系。内部报告指标体系中应该包含关键信息指标和辅助信息指标，还要根据企业内部和外部的环境政策，建立指标的调整和完善机制，使指标体系具有动态性和权变性。

内部报告指标体系设计最重要的依据是企业内部报告使用者的需求，要为具有不同信息使用目的的用户提供诸如生产管理、经营决策、财务管理、业绩评价、风险评估、资源配置等相关决策信息。在建立内部报告指标环节，主要风险点又可以具体细分为以下方面。

1. 未以企业战略和管理模式为指导设计内部报告及指标体系。任何企业决策都要以企业总体战略目标为指导和依据，因此，在设计用于决策的内部报告指标时，也必须围绕企业战略。当内部报告指标远离了企业战略或者企业自身没有明确的战略时，内部信息传递就无法实现为企业战略实施提供服务，企业战略目标也就难以实现了。同时，内部报告的组成和内容还需配合企业内部管理控制的程序和方法，使内部报告更好地为企业管理控制服务。例如，如果企业管理采用的预算管理模式没有预算报告和考核报告，预算管理就不能实施。

2. 内部报告体系或指标体系不完整或者过于复杂。在构建内部报告体系及其指标体系时，可能出现报告或指标体系不完整，即遗漏重要信息的情况。因此，指标不能够全面反映决策需要的信息，导致内部报告对决策的有用性降低。相反，另一种情形就是内部报告数量过多，各个报告中设立的指标过于复杂，使报告使用者难以理解和驾驭，这样也会干扰决策的制定，降低决策质量。

3. 指标体系缺乏调整机制。社会经济发展日新月异，企业的内部和外部环境瞬息万变。如果内部报告指标体系确定后始终一成不变，就很难与生产经营快速变化的环境相适应。当内部报告指标不适应企业决策信息的要求时，其价值也就丧失了。

4. 指标信息难以获得或者成本过高。有些企业内部报告指标只能在理论上讲得通，但是，在实际操作中，其指标所需信息的辨认和采集工作难度很大，成本很高。那么，根据内部信息传递的可用性和成本效益原则，这样的指标就不应该设置，否则将降低内部信息传递的效率和效果。

（二）搜集整理内外部信息

企业各种决策的制定离不开各种来源的信息的支持。企业需要根据内部报告指标，搜集和整理各种信息，以便企业随时掌握有关市场状况、竞争情况、政策变化及环境变化，保证企业发展战略和经营目标的实现。在搜集和整理内外部信息的过程中，主要风险点又可以具体细分为以下三方面。

1. 搜集的内外部信息不足或者过多。在收集信息的过程中，由于某些原因，未能搜集或者未能及时搜集到反映经济活动的信息，就会造成无法决策或者决策拖延；有些时候，由于企业信息的来源过多，如行业协会组织、社会中介机构、业务往来单位、市场调查、来信来访、网络媒体、政府监管部门、会计账簿、经营管理资料、调研报告、专项信息、内部刊物、办公网络等渠道都会获得成千上万的各种信息，这就可能导致信息冗余。信息过多不但增加了信息处理的成本，也降低了总体信息的相关性，同样会干扰决策。

2. 信息内容不准确。目前，企业内外部各种信息的来源复杂，有些信息的准确性无法保证。此外，信息在搜集和录入过程中可能由于人为破坏或者操纵疏忽而产生错误信息。决策者如果根据不准确的信息进行决策，很可能导致决策错误。

3. 信息搜集和整理成本过高。成本效益原则是信息搜集的约束条件。某一信息的搜集成本过高时，超过了其带来的收益，就会使企业“得不偿失”。生产和传输该信息就失去了意义。

（三）编制及审核内部报告

企业各职能部门应将收集的有关资料进行筛选、抽取，然后根据各管理层级对内部报告的需求和先前制定的内部报告指标建立各种分析模型，提取有效数据，进行汇总、分析，形成结论，并提出相应的建议，从而对生产经营活动、资源配置效率、战略执行情况等提供信息反馈，对企业的发展规划、前景预测等提供重要的分析和指导，为企业的效益分析、业务拓展提供有力的决策支持。因报告类型不同、反映的信息特点不同，企业内部报告的格式不尽一致。但是，编制内部报告的总体原则就是信息要完整，内容要与决策相关，表述要能够便于使用者理解。一般情况下，企业内部报告应当包括报告名、编号、执行范围、内容、起草或制定部门、报送和抄送部门、时效要求等。此外，编制完成的内部报告要经过有关部门和人员的审核。只有通过审核的内部报告，才能进行传递。审核不合格的报告，要发回编制单位，分析原因，进行修订。在编制及审核内部报告的过程中，主要风险点又可以具体细分为以下三方面。

1. 内部报告内容不完整或难以理解。内部报告的内容要根据事先设置的指标来编制。但是，由于指标计量的信息未能取得或者信息不符合分析模型的要求而无法得出结论，则会导致内部报告的内容缺失。内部报告内容不完整，将降低信息的相关性和可靠性，直接影响对决策的支持程度。另外，由于内部报告制作者的经验和水平的局限，形成的内部报告还可能由于内容表述含糊不清、抽象晦涩，或者与使用者的知识背景不符，导致报告使用者对报告内容难以理解。这样也会降低内部报告的使用价值。

2. 内部报告编制不及时。根据编制的时间不同，内部报告分为定期报告和非定期报告两大类。非定期报告包括异常事件报告、临时查询报告和按照使用者的某种特定要求提供的非常规报告等。定期报告应在每个报告周期结束后、在指定的时点前编制完成。非定期报告中的异常事件报告应在事件发生后最短的时间内完成，临时查询报告和非常规报告应在相关的决策需要制定的时间之前完成。缺乏及时性的内部报告，不能及时反馈信息，无法支持决策，也就失去了其存在的价值。

3. 未经审核即向有关部门传递。内部报告编制完成后，要经过一个独立于报告编制岗位的审核。如果没有对内部报告进行审核，就不能及时发现内部报告中由于人为故意或者疏忽造成的错误，也就无法保证内部报告的质量。

（四）内部报告传递

内部报告中的信息多为企业内部生产经营管理信息，涉及企业的商业秘密。因此，内部报告在传递过程中需要有严密的流程和安全的渠道。一方面，为了提高信息的共享性和利用程度，企业应当充分利用信息技术，强化内部报告信息的集成和共享，拓宽内部报告的传递渠道；另一方面，信息技术广泛和深入的应用也增加了信息非法传递、使用和披露的风险。在内部报告传递的过程中，主要风险点可以具体细分为以下三方面。

1. 缺乏内部报告传递规范流程。内部报告涉及企业的重要信息，对企业内部控制和管理决策具有重大影响。由于企业信息技术系统的快速发展，企业需要编制和传递越来越多的内部报告，同时，也有越来越多的企业利益相关者使用内部报告。如果企业缺乏规范和完善的内部报告传递制度，或者内部报告传递具有较大的随意性，则内部报告在传递过程中就会面临较大风险，其完整性、真实性、及时性和可靠性均无法得到保证。

2. 内部报告误传递或丢失。内部报告在传递过程中，由于人为故意或者疏忽，可能出现内部报告错误传递，包括传递时间错误、传递地点错误、接收人错误等，甚至可能出现内部报告在传递中丢失的情况。这样会给企业的信息安全带来巨大威胁。

3. 内部报告传递系统中断。信息技术在企业信息技术系统广泛应用，从而使 IT 技术在信息传递中具有举足轻重的作用。企业在得益于计算机、数据库和网络带来的信息快速传递的好处的同时，也往往会遭受因为系统的各种故障而导致的信息技术系统中断，进而无法及时使用和传递系统中的重要信息，影响相关决策的制定。

（五）内部报告的使用和保管

对于内部报告的使用，要做到有效使用和安全使用。内部报告有效使用是要求企业各级管理人员应当充分利用内部报告进行有效决策，管理和指导企业的日常生产经营活动，及时反映全面预算的执行情况，协调企业内部相关部门和各单位的运营进度，严格地进行绩效考核和责任追究，以确保企业实现发展战略和经营目标。企业应当有效利用内部报告进行风险评估，准确识别和系统分析企业生产经营活动中的内外部风险，确定风险应对策略，以实现对风险的有效控制。在内部报告使用的过程中，主要风险点又可以具体细分为以下两方面。

1. 企业管理层在决策时没有使用内部报告提供的信息。良好的内部报告设计会给企业管理层的决策予以信息方面的支持。然而，如果内部报告在设计上没有体现决策者的需求，或者内部报告的表述不能够为决策者所理解，那么决策者就会放弃对内部报告的利用。

2. 商业秘密通过企业内部报告被泄露。如果企业没有建立和实施内部报告的保密制度，内部报告的使用者在使用过程中没有对内部报告进行妥善保管，就可能导致企业的重要信息和机密信息在这一过程中被泄露，严重时可能导致企业面临巨大的经济损失，甚至要为此承担法律责任。

（六）内部报告的评估

随着企业内外部环境的不断变化，企业的内部报告体系和内部报告传递机制的适用性可能改变。企业应当对内部报告体系是否合理、完整，内部信息传递是否及时、有效，进行定期的评估。经过评估发现内部报告及其传递存在缺陷的，企业应当及时进行修订和完善，确保内部报告提供的信息及时、有效。在内部报告评估的过程中，主要风险点又可以具体细分为以下两方面。

1. 企业缺乏完善的内部报告评估机制。内部报告及其指标体系和传递机制的构建，需要与相应的环境相适应。如果企业内外部环境发生变化，而内部报告的内容和传递方式没有随之调整的话，内部报告的作用就会大打折扣，甚至丧失。如果企业缺乏完善的内部报告评估机制，就不能定期且有效地对内部报告进行全面评估，这将大大影响企业内部报告的有效性和经济价值。

2. 未能根据评估结果对内部报告体系及其传递机制进行及时调整。企业定期对其内部报告系统及传递机制进行评估后，如果没有及时地调整那些在评估中被认为已经不合时宜的内部报告、控制指标和传递制度，那么内部报告就无法保持其有效性和经济价值。

第三节 沟　　通

一、沟通的内涵

沟通，即信息交流，是指将某一信息传递给客体或对象，以期客体做出相应反应的过程。按沟通的渠道划分，沟通可以分为正式沟通和非正式沟通。正式沟通是指在企业正式结构、层次系统进行沟通。非正式沟通是指通过正式系统以外的途径进行沟通。按沟通的对象划分，沟通可以分为内部信息沟通和外部信息沟通。内部信息沟通是指企业经营、管理所需的内部信息和外部信息在企业内部的传递与共享。外部信息沟通是指企业与利益相关者之间信息的沟通。

沟通是把信息提供给适当的人员，以便他们能够履行与经营、财务报告和合规相关的职责。但是，沟通还必须在更广泛的意义上进行，以便处理个人和团体的职责以及其他重要问题。没有沟通就不可能实现控制。沟通是技术性的，已经在管理工作中得到广泛应用，但比技术更有意义的是企业组织内外部的有效交流。

【案例 5-2】　**福建××大桥项目筹融资管理中的成功沟通**[①]

福建××大桥项目建设中的施工投入最重要阶段，从 2010 年 10 月直至 2012 年 6 月，恰逢信贷市场重大波动，信贷紧张的格局对主要依赖国内

① 肖洪光：《工程项目融资如何克服信贷市场波动影响——基于福建××大桥项目的筹融资管理案例分析》，载于《交通财会》，2020 年第 7 期。

信贷资金来源的大型工程项目影响巨大，××大桥项目也不例外。然而项目公司积极高效的融资工作克服了市场波动的影响，保障了工程付款进度，且资金成本明显低于省内同期同类项目。合理的筹资规划、执行过程中与金融机构的积极沟通是筹资工作成功的关键。

第一，充分重视与银行的沟通。开工后，公司每年年末召开项目银企座谈会，公司董事长亲自参加，向贷款银行详细介绍项目年度进度、建设管理相关信息，通报公司与银行间的合作情况、下年度提款安排等。在2011年度贷款规模紧张的情况下，鉴于二级分行可以调控支配的规模极其有限，公司主动突破沟通层级，拜访其中两家二级分行的省分行，获得了规模支持。第二，提升能力、主动介入和推动银行业务环节的工作。例如，根据银监会2009年10月出台的《固定资产贷款管理暂行办法》，各银行内部相继制定了固定资产贷款管理的有关规定，不同银行之间略有不同，由于三大行基层经办人员对新的规定如何执行并不熟悉，项目公司经过与各行的市行及基层行多次沟通，明确了执行办法；在银行票据承兑业务中，选择一家经办人员业务素质较高的银行进行探讨沟通，成功使用后再在其他银行推广使用，降低重复沟通成本等。

二、内部沟通的方式

充分的内部沟通对企业控制环境、控制作业、风险评估等各方面都起着至关重要的作用。企业所采取的沟通方式要能够达到顺畅沟通的目的，使员工了解自己应承担的责任、应实现的目标以及这些目标对企业的影响。有效的信息沟通需要合理考虑来自不同部门和岗位、不同渠道的相关信息，并进行合理筛选和相互核对。

除了接收相关数据以便管理他们的活动以外，所有人员，尤其是那些有着重要的经营或财务管理职责的人员，需要从最高管理层那里获得一条明确的信息，即必须严格履行内部控制的职责。这条信息的明晰性及其沟通的有效性都很重要。此外，具体的责任也必须界定清楚，每个人都需要了解内部控制体系的相关部分、它们如何运行以及它们各自在系统中的作用与职责。

企业员工应当采取电子沟通、书面沟通、口头沟通等多种方式，实现所需的内部信息和外部信息在企业内部准确、及时地传递与分享，确保董事会、管理层和企业员工之间有效沟通。

（1）电子沟通包括互联网、电子邮件、电话传真等方式。这种沟通方式在现代企业中已经开始扮演越来越重要的角色，但是，由于网络的开放性及技术上的要求，信息的安全性是值得考虑的问题。

（2）书面沟通包括例行或专题报告、调查研究报告、员工手册、内部刊物、教育培训数据等方式。书面沟通以文字为媒体，其优点是比较规范、信息传递准确度高、信息传递范围广、有据可查、便于保护。但是，书面沟通也存在缺点，如为了形式规范而耗用较长的时间，导致成本效益不对等，并且缺少反馈或反馈机制不灵敏等。

（3）口头沟通包括例行会议、专题会议、座谈会、讲座等形式。在这种形式下，沟通迅速、灵活且反馈及时，但是往往由于信息的汇总及传递机制不到位导致信息失真的可能性较大。

内部沟通应当重点关注以下方面。

（1）明确的职责和有效的控制。各部门定期组织对本部门员工进行相关岗位培训，使员工明确其行为要达到的目标以及自己的职责与他人的职责如何相互影响。

人事部门根据公司制定的各种绩效考核办法对各级人员进行绩效考核，并及时将考核结果反馈给被考核人，以有效检查各级人员对其职责的理解和有效控制。

（2）内部沟通与交流。管理层定期向董事会就最新的业绩、发展、风险、重要事件或事故等问题进行汇报。

公司管理层定期或不定期召开各种会议，及时与相关职能部门领导、下属单位负责人就生产、运营等情况进行沟通、交流。

财务部门应该定期向各部门交流和通报财务状况、经营成果、预算执行情况等，还定期将应收账款情况反馈给销售（信用）部门和清欠办公室。

生产部门应该与销售部门定期沟通，以确保生产出的产品不至于积压或者生产不至于满足不了市场的需求。

采购部门、下属单位采购部门应该定期组织与其他业务部门就采购需求、价格信息、采购经验等方面进行沟通与交流。

员工除了正常向其直属上级汇报工作这一沟通渠道之外，还可以通过各种方式与本单位主要领导进行直接沟通。将公司各职能部门负责人的联系方式公布在通讯录上，员工可以通过电话、邮件、面谈等方式与其直接进行沟通、交流。

公司员工需要有在组织中向上传递重要信息的渠道，可以通过书信（可匿名）、电话、电子邮件等形式，向审计部门或内部控制与企业风险管理部门反映违规违纪问题及有关意见、建议和要求。在问题发生时，每天处理重要经营事项的一线员工常常处在认识问题的最佳位置。销售代表或客户主管可能了解重要客户的产品设计需求。生产人员可能发现高成本的流程缺陷。采购人员可能面临来自供应商的不当刺激。会计部门的员工可能知悉销售额或库存的虚报，或发觉出于私人利益使用主体资源的情形。要想使这些信息得以向上汇报是必须既有开放的沟通渠道，又有明确的倾听意愿。员工必须相信他们的上级确实想了解问题，并且将会有效地解决问题。同时，公司应规定对举报的处理时限及查报结果的要求。对举报属实、查处后为公司挽回或减少重大损失的，应酌情奖励举报人。

公司组织开展合理化建议活动，鼓励员工对公司管理、生产、研发等各方面提出合理化建议，并对有突出贡献的单位和个人给予适当的奖励。

管理层与董事会及其委员会之间的沟通至关重要。管理层必须让董事会了解最新的业绩、发展、风险、主要行动以及其他任何相关的事项或情形。与董事会沟通越好，董事会就能越有效地行使监督职责，在重大事项上起到尽责的董事会的作用，并提供建议和忠告。反过来也一样，董事会也应该与管理层沟通所需的信息，并进行指导和反馈。以管理层与审计委员会的沟通为例，审计委员会可能关注的问题包括：公司主要的经营风险是什么？这些风险是否在财务报表中适当地反映出来了？对于未能在财务报表中反映出来的重大风险，管理层对此是如何处理的？向公司董事会提供的关于公司业绩的相关信息，与通过财务报告和信息披露向投资者提供的业绩信息是否一致？管理层应就上述问题尽量与审计委员会成员沟通。

三、外部沟通的方式

若要实现良好的内部控制，不但要有适当的内部沟通，外部沟通也是必不可少的。企业有责任建立良好的外部沟通渠道，对外部有关方面的建议、投诉和收到的其他信息进行记录，并及时予以处理、反馈。通过开放的沟通渠道，客户和供应商就能够对产品或服务的设计或质量提供非常重要的信息，从而使公司能够应对不断变化的客户需求和偏好。有效的外部沟通，既可以扩大企业的影响力，又可以使企业获得很多有效内部控制的重要信息。

来自外部各方的沟通通常会提供有关内部控制体系运作的重要信息。外部审计师对主体经营和相关业务活动以及控制体系的了解，可以为管理层和董事会提供重要的控制信息。

外部沟通应当重点关注以下五个方面。

1. 与投资者和债权人的沟通。投资者和债权人是企业资本的提供者，也是企业风险的主要承担者。因此，企业有必要向他们及时报告企业的战略规划、经营方针、投融资计划、年度预算、经营成果、财务状况、利润分配方案以及重大担保、合并分立、资产重组等方面的信息。

在过去的20年中，电话会议已经成为管理层与财务分析师进行沟通的一种常见形式。如果公司财务报表数据难以及时反映公司经营的基本面，那么采取电话会议的形式进行沟通更有效。20世纪90年代，美国公司通常与分析师和机构投资者举行非公开的见面会。然而，根据2000年10月在美国开始生效的《公平披露原则》（*Regulation Fair Disclosure*），美国证券交易委员会（SEC）力促企业将这些见面会公开。《公平披露原则》要求，向证券分析师和专业投资者非公开提供的重要信息，必须同时（或者迅速地在提供信息之后）向公众披露。虽然《公平披露原则》减少了管理层在私人会议中披露的信息量，然而最近的研究显示，该原则通过减少选择性披露，使得电话会议提高了分析师预测的准确性和一致性。

我国企业应当根据《中华人民共和国公司法》《中华人民共和国证券法》等法律、法规以及企业章程的规定，通过股东（大）会、投资者会议、定期报告等方式，向投资者和债权人提供企业信息，听取他们的意见和要求，妥善处理企业与投资者和债权人之间的关系。

证监会颁布的《上市公司与投资者关系工作指引》规定，上市公司与投资者关系工作的基本原则包括充分披露、合规披露、投资者机会均等、诚实守信、高效低耗、互动沟通，以此来促使公司管理层高度重视与投资者之间的沟通。企业应当多渠道、多层次地与投资者和债权人进行沟通，增强他们以及潜在投资者对企业的了解和信心。

财务报告是管理层与外部投资者沟通的重要媒介。财务报告向投资者解释了他们的钱是如何用于投资的，这些投资的业绩如何，以及公司当前的业绩是如何与公司整体文化和战略保持一致的。

财务报告不仅提供了公司已发生交易的记录，还反映了公司管理层对于公司未来的估计和预测。例如，财务报告中包括对于坏账的估计、对于有形资产使用寿命的预测，此外，财务报告中还隐含了一种预测，即公司的支出在未来将会产生超过成本的现金流量收益。与外部投资者相比，公司管理层更容易对公司的未来做出准确的预测，因此，财务报告是一种潜在的与投资者进行沟通的有效方式。然而，如同我们已经讨论过的那样，投资者也很容易对管理层提供的财务报告产生怀疑。美国的《萨班斯—奥克斯利法案》要求 CEO 和 CFO 必须保证公司的财务报告公允地反映了公司的财务业绩，同时保证公司的内部控制足以支持财务报告。该项要求增加了公司管理层的责任和义务，同时也减轻了外部投资者的怀疑。

2. 与客户的沟通。客户是企业产品和服务的接受者或消费者。企业经营目标的实现依赖于客户的配合。企业可以通过客户座谈会、走访客户等多种形式，定期听取客户对消费偏好、销售政策、产品质量、售后服务、货款结算等方面的意见和建议，收集客户需求和客户的意见，妥善解决可能存在的控制不当问题。

3. 与供应商的沟通。供应商处于供应链的上游，对企业的经营活动有很强的制约能力。企业可以通过供需见面会、订货会、业务洽谈会等多种形式与供应商就供货渠道、产品质量、技术性能、交易价格、信用政策、结算方式等问题进行沟通，及时发现可能存在的控制不当问题。

4. 与中介机构的沟通。这里的中介机构主要包括外部审计师和律师。外部审计师对企业的财务报告进行审计，通过一系列完善的审计程序通常能够发现企业日常经营以及财务报告中存在的问题。外部审计师会关心如下问题：公司主要的经营风险是什么？这些风险是否在公司的财务报表中被适当地反映出来了？我们的审计测试应侧重于哪些方面？我们对公司业绩的评估是否与外部投资者以及分析师的评估相一致？如果不一致，我们是否忽略了某些方面或者管理层在披露时是否误报了公司的真实业绩？企业应当定期与外部审计师进行会晤，听取外部审计师关于财务报表审计、内部控制等方面的建议，以保证内部控制的有效运行以及双方工作的协调。企业在组织经济活动时，不可避免地要与其他企业发生经济纠纷，因此需要聘请律师来帮助处理纠纷，以保障企业的利益。同时，由于我国的经济法规逐渐健全和细化，企业需要熟悉经济法规的专业人员参与经济项目的制定与实施过程。企业可以根据法定要求和实际需要，聘请律师参与有关重大业务、项目和法律纠纷的处理，并保持与律师的有效沟通。

5. 与监管机构的沟通。监管机构对企业的经营方针和战略有重要的影响。企业应当及时向监管机构了解监管政策和监管要求及其变化，并相应地完善自身管理制度。同时，企业应认真了解自身存在的问题，积极反映诉求和建议，努力加强与监管机构的协调。

沟通是双向的。在传递信息后，信息传递者的任务并没有结束，还应积极从信息接收者那里获取反馈信息，以促进信息获取质量的改进和信息传递程序的优化。通过沟通，企业员工能够明确他人的信息需求，并对自己的职责有更清晰的认识，从而有助于工作的顺利完成和效率的提高。

第四节 信息系统

一、信息系统的定义

信息系统是指企业利用计算机和通信技术，对内部控制进行集成、转化和提升所形成的信息化管理平台。

信息系统是由计算机硬件、软件、人员、信息流和运行规程等要素组成的。信息系统在改变企业传统运营模式的同时，也对传统的内部控制观点和控制方法产生了深远的影响。企业原有的内部控制越来越不适应企业的业务发展和管理的提升。信息系统的实施触发了企业管理模式、生产方式、交易方式、作业流程的变革，为管理工作的重心从经营成果的反映向经营过程的控制转移创造了技术条件。

【案例5-3】 **阿里巴巴的企业ERP系统**①

阿里巴巴企业ERP系统在信息流方面主要是对运营中积累的海量营销交易和客户信息实施数据挖掘，通过对卖家、供应商和买家逐一信用评级画像，在掌控风险的同时构建三维客户服务矩阵；资金流方面主要涉及围绕核心企业的中小企业集群互联网供应链金融和产融结合围绕消费目的的互联网消费金融领域，方便供应商和消费者进行小额融资和分期付款；物流整合则主要致力于菜鸟物流体系的构建，并与第三方物流互利双赢合作。

---

① 满春：《电子发票系统与企业ERP系统协同对接研究——以阿里巴巴为例》，载于《财会通讯》，2019年第34期。

二、信息系统的生命周期

信息系统的生命周期一般要经过信息系统规划期、信息系统开发期和信息系统运行与维护期三个主要阶段。

结构化系统分析与设计方法是迄今为止应用最普遍、最成熟的一种信息系统建构方法。这种方法的基本思想是：采用系统工程的思想和工程化的做法，按用户需求至上的原则，结构化、模块化、自顶向下地对系统进行分析与设计。具体来讲，结构化系统分析与设计方法就是将整个信息系统开发过程按照时间顺序划分出若干个相对独立的阶段。

信息系统建构各个阶段的主要工作如下。

（一）信息系统规划期

在信息系统规划期，主要应该考虑实现企业发展战略向信息化流程的转变。因此，需要将信息系统战略规划的管理控制作为出发点，分析企业流程，研究信息技术的发展趋势，实现信息系统战略规划与企业发展战略的匹配，并由此制定信息系统管理、业务和技术三个方面的规范。同时，信息系统管理部门与企业各个层面的管理者、业务部门和最终用户要进行充分的沟通，以实现业务需求向信息化流程的转移。在此基础上，根据信息系统规划进行项目立项和可行性研究，以确定信息系统建设方案。

信息系统规划时期包括战略规划和项目计划。

战略规划通常将完整的信息系统分成若干子系统，并分阶段建设不同的子系统。比如制造企业可以将信息系统划分为财务管理系统、人力资源管理系统、MRP（销售、采购、库存、生产）系统、计算机辅助设计和制造系统、客户关系系统、电子商务系统等若干子系统。项目就是指本阶段需要建设的相对独立的一个或多个子系统。

项目计划通常包括项目范围说明、项目进度计划、项目质量计划、项目资源计划、项目沟通计划、风险对策计划、项目采购计划、需求变更控制、配置管理计划等内容。项目计划不是完全静止、一成不变的。在项目启动阶段，可以先制订一个项目计划，确定项目主要内容和重大事项，然后根据项目的大小和性质以及项目进展情况进行调整、充实和完善。

（二）信息系统开发期

信息系统开发期的任务是完成软件的设计和实现，具体包括系统分析阶段、系统设计阶段、系统实施阶段三个阶段。

1. 系统分析阶段。系统分析又称为用户需求分析。需求分析的目的是明确信息系统需要实现哪些功能。该项工作是系统分析人员和用户单位的管理人员、业务人员在深入调查的基础上，详细描述业务活动涉及的各项工作以及用户的各种需求，从而建立未来目标系统的逻辑模型。

2. 系统设计阶段。系统设计是根据系统分析阶段所确定的目标系统逻辑模型，设计出一个能在企业特定的计算机和网络环境中实现的方案，即建立信息系统的物理模型。系统设计包括总体设计和详细设计。总体设计的主要任务是：第一，设计系统的模块结构，合理划分子系统边界和接口。第二，选择系统实现的技术路线，确定系统的技术架构，明确系统重要组件的内容和行为特征，以及组件之间、组件与环境之间的接口关系。第三，数据库设计，包括主要的数据库表结构设计、存储设计、数据权限和加密设计等。第四，设计系统的网络拓扑结构、系统部署方式等。详细设计的主要任务包括程序说明书编制、数据编码规范设计、输入输出界面设计等内容。

3. 系统实施阶段。系统实施阶段是编程和测试阶段。这个阶段的任务包括计算机等设备的购置、安装和调试、程序的编写与调试、人员培训、数据文件转换、系统调试与转换等。编程阶段是将详细设计方案转换成某种计算机编程语言的过程。编程阶段完成之后，要进行测试。测试主要有以下目的：一是发现软件开发过程中的错误，分析错误的性质，确定错误的位置并予以纠正。二是通过某些系统测试，了解系统的响应时间、事务处理吞吐量、载荷能力、失效恢复能力以及系统实用性等指标，以便对整个系统作出综合评价。测试环节在系统开发中具有举足轻重的地位。在系统测试中，往往只能测试有限的程序，无法发现“潜伏”其中的危险程序。曾有程序设计员在设计系统程序时加了一条“当他工资为0或工资单上他的名字被注销时，就删除所有的系统数据”的语段。几年后，当该程序员被解雇时，系统遭到了致命性的破坏。

（三）信息系统运行与维护期

系统投入运行后，需要经常进行维护和评价，记录系统的运行情况，根据一定的标准对系统进行必要的修改，评价系统的工作质量和经济效益。信息系统的运行与维护主要包含三方面的内容：日常运行维护、系统变更和安全管理。

在信息系统开发的过程中，每一阶段有其独立的任务和成果，每一阶段使用规定的方法和工具，编制出阶段文档（阶段文档是阶段之间的管理控制点，需要经过正式的管理检验才能进入下一阶段工作；各阶段形成的文档资料共同构成了关于系统开发生命周期整体质量的审计证据）。前一阶段是后一阶段的基础和指导。只有完成了前一阶段的任务，才能进入下一阶段，不能跨越阶段。每个阶段完成后，都要进行复查。如果发现问题，要停止前行，沿着所经历的阶段返回。在实践中，上述开发阶段会被分解成若干子阶段，每个子阶段还能够往下被分解为特定开发工程更为详细的活动。

三、信息系统的开发方式

信息系统的开发建设是信息系统生命周期中技术难度最大的环节。在开发建设环节，要将企业的业务流程、内控措施、权限配置、预警指标、核算方法等固化到信息系统中，因此，开发建设的好坏直接影响信息系统的成败。

开发建设主要有自行开发、外购调试、业务外包等方式。各种开发方式有其各自的优缺点和适用条件，企业应根据自身实际情况合理选择。

（一）自行开发

自行开发就是企业依托自身力量完成整个开发过程。其优点是，开发人员熟悉企业情况，可以较好地满足本企业的需求，尤其是具有特殊性的业务需求；通过自行开发，还可以培养、锻炼自己的开发队伍，便于后期的运行和维护。其缺点是，开发周期较长、技术水平和规范程度较难保证，成功率相对较低。因此，自行开发方式的适用条件通常是企业自身技术力量雄厚，而且市场上没有能够满足企业需求的成熟的商品化软件和解决方案。百度的搜索引擎系统就偏重于自行开发。

【案例5-4】

中国计量大学图书馆自行开发的人脸识别应用系统①

百度AI开发平台针对中小企业和开发者开放了免费的人脸识别接口。百度人脸识别接口采用QPS（每秒查询率）包月收费模式，从2017年11月23日起，每月向开发者和认证企业分别赠送2QPS和5QPS的免费配置量，超过这一配置量才需要额外付费。这意味着，对QPS要求不高的企事业单位人脸门禁前期建设的技术成本大大降低，同时后期的接口使用成本几乎可以忽略不计。正是由于该平台针对认证企业和开发者永久免费及非常高的准确率，使得企事业单位在此基础上自行开发相关应用系统成为可能。

自2017年起，中国计量大学图书馆开始尝试利用百度AI开放平台提供的人脸识别云接口，结合校园一卡通、现有门禁后台管理系统及RFID自助借还机，自行开发了一套适合本馆实际情况的人脸识别应用系统，包括人脸注册子系统、人脸门禁子系统、人脸借书子系统、信息共享空间预约子系统等。所有子系统共用一个人脸库，系统开发选用C#语言。除用到百度人脸识别的SDK技术外，在人脸采集、图像压缩和尺寸调整中还用到了图像处理的函数库EmguCV。

（二）外购调试

外购调试的基本做法是企业购买成熟的商品化软件，通过参数配置和二次开

---

① 周东、施芒：《图书馆自行开发人脸识别应用系统的实践与思考——以中国计量大学图书馆为例》，载于《图书馆工作与研究》，2020年第1期。

发满足企业需求。其优点是：开发建设周期短；成功率较高；成熟的商品化软件质量稳定，可靠性高；专业的软件提供商具有丰富的实施经验。其缺点是：难以满足企业的特殊需求；系统的后期升级进度受制于商品化软件供应商产品更新换代的速度，企业自主权不强，较为被动。外购调试方式的适用条件是企业的特殊需求较少，市场上已有成熟的商品化软件和系统实施方案。大部分企业的财务管理系统、ERP 系统、人力资源管理系统等多采用外购调试方式。

（三）业务外包

由于信息系统更新换代的周期短，信息系统工作人员的流动性高，人工费用与设备维修费用十分昂贵，因此，近年来在发达国家出现了利用外包信息系统资源的方法，简称“外包”。外包指组织只专注于自己的特定业务，而将相关的信息系统业务承包给外部的信息服务机构。通过外包，企业可以提高对信息技术、信息人才的利用效率，显著降低信息系统的运营成本，使企业可以将自己的力量集中于其核心竞争优势方面，更加集中于实现企业的战略目标。

信息系统的业务外包是指委托其他单位开发信息系统，其基本做法是：企业将信息系统开发项目外包出去，由专业公司或科研机构负责开发、安装实施，企业直接使用。其优点是：企业可以充分利用专业公司的专业优势，量体裁衣，构建全面、高效满足企业需求的个性化系统；企业不必培养、维持庞大的开发队伍，相应节约了人力资源成本。其缺点是：沟通成本高，系统开发方难以深刻理解企业需求，可能导致开发出的信息系统与企业的期望有较大偏差；同时，由于外包信息系统与系统开发方的专业技能、职业道德和敬业精神存在密切关系，也要求企业必须加大对外包项目的监督力度。但是外包信息系统也可能泄露企业机密信息。业务外包方式的适用条件通常是市场上没有能够满足企业需求的成熟的商品化软件和解决方案，企业自身技术力量薄弱，或出于成本效益原则考虑不愿意维持庞大的开发队伍。

四、信息技术过程控制体系

由于企业的运营过程与信息技术（information technology，IT）是分不开的，实务界越来越认识到保持 IT 严谨的独立性、由 IT 创造价值及传递其价值的重要性，所以产生了法规遵从的需要及有效控制风险从而获益的需要。为了帮助企业成功地把自己的企业和 IT 目标结合起来，以应对今日的企业挑战，国际信息技术系统审计与控制协会（Information Systems Audit and Control Association，ISACA）提出《信息和相关技术的控制目标》（*Control Objectives for Information and Related Technology*，COBIT）。COBIT 是一个基于 IT 治理概念的、面向 IT 建设过程中的 IT 治理实现指南和审计标准，被认为是 COSO 框架的补充框架。COBIT 的目标是为信息技术系统设计提供具有高度可靠性和可操作性的、公认的信息安全和控制评价标准。

COBIT 5 控制架构把 IT 业务的主动权与商业需要联结起来，把 IT 业内的活动组织起来，成为普遍接受的流程模式，还可以确定主要的受影响的 IT 资源，对需考虑的管理控制目标进行详细说明。COBIT 鼓励以业务流程为中心，实行业务流程负责制。COBIT 提出了促成企业 IT 的治理和管理的五大关键原则。

第一，满足利益相关者需求，企业存在的目的是为利益相关者创造价值，这些价值的创造通过保持效益实现与风险和资源使用优化之间的平衡来实现。COBIT 通过应用 IT 提供所有的必要的程序和促成因素来支持价值创造，因为不同企业有不同的目标，企业可以自定义 COBIT 以适合其自身的情况，将高级别企业目标转化成易管理、特定的、IT 相关的目标并将它们映射到具体的流程和实践。

第二，端到端覆盖企业，COBIT 将企业 IT 治理融入企业治理，包含企业内的所有职能部门与流程，并考虑到所有端到端的和企业范围的 IT 相关的治理和管理的促成因素，也就是说，它包括企业内部和外部的与企业的信息和涉及 IT 的治理与管理相关的每种东西和每个人。

第三，采用单一集成框架，目前存在许多 IT 相关标准和最佳实践，每一个均提供一部分 IT 活动的指导，COBIT 与其他相关标准与框架保持高度一致，并因此能够成为企业 IT 治理和管理的总体框架。

第四，启用一种整体的方法，COBIT 5 定义了七类促成因素来支持企业综合的治理和管理系统的实施，它们分别为：原则、政策和框架；流程；组织结构；文化、伦理道德和行为；信息；服务、基础设施和应用程序；人才、技能和竞争力。

第五，区分管理和治理，COBIT 中这两个概念包括不同种类的活动，需要不同的组织结构以及为不同的目的服务。COBIT 流程参考模型详细地定义和描述若干治理和管理流程，它代表在企业 IT 相关活动中经常发生的所有流程。这个推荐的流程模型是一个完整的、综合的模型，但它并不是唯一可能的过程模型。该模型将企业 IT 治理和管理流程分为两个主要流程领域：治理方面，包括五个治理流程，在每个流程内，定义了评估、指导和监控（EDM）实践；管理方面，包含四个领域，根据责任区域的规划、构建、运行和监控（PBRM），并提供 IT 端到端的覆盖。

建立信息系统的内部控制程序和政策应以 COBIT 框架的 37 项作业步骤作为控制流程主线，针对各步骤的作业内容、控制目标和固有风险，选择 COSO 报告中的相应控制要素及控制要点，共同构成本环节的相应控制政策。COBIT 将过程、IT 资源及信息与企业的决策和目标联系起来，形成一个三维的体系结构。

COBIT 最初被管理者看作由 IT 控制的最佳实践组成的一个基准工具，因为用它可以弥合控制要求、技术问题和企业风险三者间的缺口。由于 COBIT 对控制的强有力关注，内外部审计师均将其应用于财务报告审计、经营和合规审计之中。因此，在“信息系统主要风险点分析”和“信息系统关键控制措施设计”中，主要应参考 COBIT 框架提供的基于风险的 IT 控制基准工具和最佳实践。

【案例 5-5】

基于 COBIT 5 建立 B 企业财务共享服务中心风险管理机制①

COBIT 5 是企业进行 IT 风险管理的框架，是国际上公认的最先进、最权威的安全与信息技术管理和控制标准。COBIT 5 将 IT 管理领域分为四个层面：协调、计划与组织（APO），建立、获取与实施（BAI），交付、服务与支持（DSS），监督、评估与评价（MEA）。

B 公司是国内一家大型汽车制造企业，下属控股子公司 30 余家，拥有员工 54000 余人。公司的信息系统配置为 SAP 系统，包含三大模块：配销模块、制造模块及财务模块。配销模块包括库存管理、采购管理、订单出货管理等功能；制造模块包括产品结构管理、工单管理、物料需求规划、产能需求规划、生产规划以及成本管理等功能；财务模块包括总账、应收账款、应付账款、现金管理、固定资产等功能。B 公司将财务共享服务中心的运行分为导入与维护两个阶段。在导入阶段，采用单独项目实施的方式进行，项目主管明确项目的时间、成本、目标与范围；在维护阶段，公司进行正常维护，年底确定需要进行后续调整的部分。

根据 COBIT 5 中 IT 管理领域的几个层面，公司的副总经理与 IT 管理部负责人认为，B 公司财务共享服务中心可能发生的风险如下所述。

第一，在协调、计划与组织（APO）层面。在规划阶段风险发生的可能性是最大的，因为财务共享服务中心是全公司人员都在使用的系统，所以跨部门整合的难度是最高的；当初规划时只考虑了功能方面的问题，未考虑专利等无形资产，但是规划阶段不能只考虑功能方面的问题；除了规划整合外，高管层的需求也要考虑，若没有理清高管需求，后续维护就有可能会发生问题；财务共享服务中心系统的导入只有作业单位的关键人员才会参与，这位关键人员能不能代表单位需要予以考虑，这也可能成为风险的来源；在导入财务共享服务中心系统时，咨询的顾问若只具备软件知识而不具备公司行业背景知识，就有可能产生问题；项目经理负责管理导入的所有事项；在财务共享服务中心系统导入和实施过程中，公司职员虽然受到相关教育培训，但在实际运行中，仍有可能存在一些未被界定的行为导致异常情况的发生，如产生异常的资料或造成资料错乱的风险。

第二，在建立、获取与实施（BAI）层面，使用者与咨询顾问对财务共享服务中心系统的理解存在差异，系统导入期顾问团队和使用者沟通需

---

① 刘霞、任驿佳：《基于 COBIT 5 建立财务共享服务中心风险管理机制》，载于《财会月刊》，2018 年第 19 期。

求，上线初期使用者会认可顾问的意见，但随着系统的逐渐实施，使用者与顾问的理念可能会产生差异。该问题在财务共享服务中心导入开始时很难发现，只有在财务共享服务中心系统运行一段时间后才会发现。

第三，在监督、评估与评价（MEA）层面，最大的风险在于界定相关监督标准，因为这些标准会随着公司的发展而变化。

B公司应对财务共享服务中心风险的控制措施主要包括导入前的规范与导入后的管理。在导入阶段，针对缺乏充分的训练计划风险，公司会有相关的规范和宣传，以防止在实际运作时发生风险，并根据过去的经验进行培训；开始导入时，制定操作手册，并对作业面的操作进行教育培训及严格的规范。

B公司在财务共享服务中心系统导入后，采用以下四个步骤进行风险管理：风险发现、比较、追踪和监管。首先，由财务共享服务中心项目小组提出财务共享服务中心面临的风险，并提出解决方案；其次，将财务共享服务中心小组提出的风险与风险项目表进行比较，将与风险项目表不对应的风险项目直接列入表内或修改原有风险项目表，扩大其涵盖范围；再次，由财务共享服务中心项目小组追踪识别出风险；最后，将风险管理结果与进度向管理层报告。风险管理结果通常包括移除非风险项目、改变风险管控模式以及增加新项目。

五、信息系统开发的主要风险点及其控制措施

信息系统内部控制的目标是促进企业有效实施内部控制，提高企业现代化管理水平，减少人为操纵因素；同时，增强信息系统的安全性、可靠性和合理性以及相关信息的保密性、完整性和可用性，为建立有效的信息与沟通机制提供支持和保障。

企业信息系统内部控制以及利用信息系统实施内部控制也面临诸多风险。为了达到信息系统的内部控制目标，至少应当关注下列主要风险：第一，信息系统缺乏或规划不合理，可能造成信息孤岛或重复建设，导致企业经营管理效率低下；第二，系统开发不符合内部控制要求，授权管理不当，可能导致无法利用信息技术实施有效控制；第三，系统运行维护和安全措施不到位，可能导致信息泄露或毁损，系统无法正常运行。这三种主要风险分别针对信息系统生命周期的信息系统规划期、信息系统开发期和信息系统运行与维护期三个主要阶段。

（一）信息系统开发的主要风险点

1. 信息系统规划期的主要风险点。信息系统战略规划是信息化建设的起点。战略规划是以企业发展战略为依据制定的企业信息化建设的全局性、长期性规划。制定信息系统战略规划的主要风险是：第一，信息系统规划风险，即缺乏战

略规划或规划不合理，可能造成信息孤岛或重复建设，导致企业经营管理效率低下。第二，信息技术无法有效满足业务需求的风险，即没有将信息化与企业业务需求结合，降低了信息系统的应用价值。

（1）信息系统规划风险。企业的信息系统规划应该服从于企业总体战略规划，为企业总体战略规划服务。只有满足“战略、组织、技术”三项特征，把信息系统规划作为常规工作循环开始建立，才能把企业的信息化建设推进到一个更高的“战略、组织、技术”层次和水平。

在信息化初始阶段，企业通常借助计算机去满足手工状态下的内部控制和信息处理的要求，很少顾及甚至基本没有顾及信息技术本身的特性，由此产生诸多“信息孤岛”，而某一项控制所需要的信息可能部分来自会计信息系统，也可能部分来自其他不同的信息系统，这使得很多企业在管理现代化后并没有赢得任何控制的优势。根据统计，信息系统应用中存在的最大问题就是“信息孤岛”问题。由于现有的信息系统（如 ERP）多是分功能模块进行设计的。企业信息化的过程通常是先上几个功能模块，再接着慢慢补充其他模块。同一数据多次重复录入，部门间相互分割，各自为政；“数出多门”，加大了业务部门的工作量与出错率。同时，信息传递设备大部分是很多用户一起使用的，因此也就存在着传递的信息被窃取、篡改的风险。这些都容易导致员工无法及时获取信息，或获取的是不一致信息，从而不能实现整个企业的有效沟通。

信息孤岛现象是不少企业信息系统建设中存在的普遍问题。其根源在于，这些企业往往忽视战略规划的重要性，缺乏整体观念和整合意识，常常陷于头痛医头、脚痛医脚的状态。这就导致有的企业财务管理信息系统、销售管理信息系统、生产管理信息系统、人力资源管理系统、办公自动化系统等各自为政、孤立存在的现象，削弱了信息系统的协同效用，甚至引发系统冲突。在实践中，对项目定义不充分是信息系统失败的最重要的原因之一。在任何一个信息系统或者遗留系统（legacy system）的开发和实施过程中，对项目计划的明确定义是信息系统成功的一个关键要素。由于遗留系统是一个松散耦合的信息系统，因此，对项目的拙劣定义只会影响一些功能性领域。但是，在一个集成的信息系统中，对项目的定义不充分不明确也会影响整个企业。很多企业没有考虑商业目标、实施战略、系统架构（landscaping）、技术需求、成本等就盲目采纳信息技术（IT）。由于缺乏把信息系统与商业战略集成起来的、内在一致的实施战略而导致信息系统失败。

【案例5-6】

辽宁省国储库粮食仓储信息孤岛问题[①]

粮食仓储信息化可以促进储粮企业技术升级、提高工作效率、减少储粮损失、信息获取与传输更加快捷便利、决策依据更充分科学、降低储粮

① 刘长生、李专等：《辽宁省国储库粮食仓储信息化建设情况调查分析》，载于《粮油食品科技》，2020 年第 1 期。

费用、降低人员费用、提升储粮质量。国家从2014年开始在中央储备粮库开展大规模的智能化粮库建设。

国内粮食行业信息化的整体发展水平低下，发展水平不均衡，由于标准化程度偏低导致大量存在信息孤岛等问题。课题组在以沈阳为中心的几条主要铁路线上，分别选取1~3个规模较大且具有地区代表性的国储库，开展问卷调查并结合实地调查。

调查的13个国储库中有5个粮库存在信息孤岛问题，占比38.5%。表现为粮情检测系统检测数据采用模拟信号，导致系统之间的信息传递困难。要在这些系统基础上开展粮食仓储信息化建设，难度非常大，甚至几乎不可能。其主要原因是：2014年以前地方粮库无统一的信息化建设标准，各个企业只是根据生产需要和系统的功能、价格进行选择，对快速发展的信息化要求没有考虑或考虑不足，导致出现大量的信息孤岛。

孤立存在的信息化实际意义不大，只有与粮食仓房、附属设施及设备、粮堆状态及特定储粮作业相结合的信息化才具有实际意义，才能产生经济效益和社会效益，才具有研究价值和推广应用市场。因此，粮食仓储信息化建设要与粮食仓储硬件设施、设备建设相结合进行，以信息化建设带动粮食仓储传统技术升级换代。完善已有设施设备，使其能够满足信息化建设要求；配备粮库急需的粮食仓储信息化技术新设备，如数字粮情检测系统、智能通风系统、空调控温系统、环流通风系统等。

由于粮食仓储信息化建设主要是针对国储库开展的，主要为国家投资或国有企业投资，因此，应由粮食行政管理部门对粮食仓储信息化建设进行必要的管理、引导和推进。要真正实现信息化，首先要克服信息传输、共享的壁垒，逐步消除“信息孤岛”现象。要建立统一的信息化建设标准，所有新建设项目都严格按照标准建设，采用统一的标准通信协议，形成一个安全、有限开放共享信息系统。要统筹规划全省粮食信息化建设，重点突破，兼顾全局。逐步对已有的“信息孤岛”系统进行更新换代，将其纳入新的标准体系中，逐步减少并最后消灭“信息孤岛”。由于信息化建设是粮食企业储粮相关技术升级换代的复杂的系统工程，投资大、涉及面广，而且企业的现有情况不尽相同，需求也不相同，因此，推进信息化建设时，不能急于求成，应该根据项目的轻重缓急，分层次、有步骤实施。

（2）IT系统架构风险和信息无法有效满足业务需求的风险。信息系统的架构非常重要。已故的绿湾包装工队（Green Bay Packers）的传奇教练文斯·隆巴迪（Vince Lombardi）曾说过“架构不是所有的事情，但是它是唯一的事情”。IT部门也曾有这样的体会：“电脑程序潮起潮落，不好的架构永远存在。”虽说上述说法不甚精准，但却说明了一个简单的事实，即IT系统架构不能迅速改变，或者不能被有效地管理，会导致无法支持快速变化的商业模式。

当前IT系统越来越多地对业务经营活动进行自动化处理，这就需要IT提供必要数量的控制程序。如果内部控制呈现的是独立于业务活动、事后反映和检查性特征，而不能与业务活动融为一体，呈现过程监督和预防性特征，则会导致信息技术无法有效满足业务需求的风险。

2. 信息系统自行开发方式的主要风险点。虽然信息系统的开发方式有自行开发、外购调试、业务外包等多种方式，但基本流程大体相似，通常包含项目计划、系统分析、系统设计、编程和测试、上线等环节。

（1）项目计划环节。项目计划环节的主要风险是：信息系统建设缺乏项目计划或者计划不当，导致项目进度滞后、费用超支、质量低下。

（2）系统分析环节。系统分析环节主要存在可行性研究的风险和需求分析的风险。可行性研究要考虑新的系统对企业原来的管理模式的影响及员工素质的差异。系统分析主要应考虑企业的内部控制节点。如考虑不当将会带来巨大的损失。

系统分析环节的主要风险是：第一，需求本身不合理，对信息系统提出的功能、性能、安全性等方面的要求不符合业务处理和控制的需要。第二，技术上不可行、经济上成本效益倒挂，或与国家有关法规制度存在冲突。第三，需求文档表述不准确、不完整，未能真实、全面地表达企业需求，存在表述缺失、表述不一致甚至表述错误等问题。

（3）系统设计环节。系统在设计环节要保证其规范性和适应性。系统设计环节的主要风险是：第一，设计方案不能完全满足用户需求，不能实现需求文档规定的目标。第二，设计方案未能有效控制建设开发成本，不能保证建设质量和进度。第三，设计方案不全面，导致后续变更频繁。第四，设计方案没有考虑信息系统建成后对企业内部控制的影响，导致系统运行后衍生新的风险。

（4）编程和测试环节。这一环节的主要风险是：第一，编程结果与设计不符。第二，各程序员编程风格差异大，程序可读性差，导致后期维护困难，维护成本高。第三，缺乏有效的程序版本控制，导致重复修改或修改不一致等问题。第四，测试不充分。单个模块运行正常但多个模块集成运行时出错，开发环境下测试正常而生产环境下运行出错，开发人员自测正常而业务部门的用户使用时出错，导致系统上线后可能出现严重问题。

（5）上线环节。系统上线是将开发出的系统（可执行的程序和关联的数据）部署到实际运行的计算机环境中，使信息系统按照既定的用户需求来运转，切实发挥信息系统的作用。这一环节的主要风险是：第一，缺乏完整可行的上线计划，导致系统上线混乱无序。第二，人员培训不足，不能正确使用系统，导致业务处理错误，或者未能充分利用系统功能，导致开发成本浪费。第三，初始数据准备设置不合格，导致新旧系统数据不一致、业务处理错误。

3. 其他开发方式的主要风险点。

（1）业务外包方式的主要风险点。在实践中，由于缺乏IT外包管理经验，许多信息系统外包项目由于对风险控制的不善而导致外包失败。一般来说，风险是指损失发生的不确定性。它是不利事件或损失发生的概率及其后果的关联函数。信息系统外包风险是由许多不确定因素造成的。那么，信息系统外包风险系数究竟有多大呢？国内暂时还没有详尽的数据。不过，关于信息系统外包服务的成功率可以作为参考。高德纳（Gartner）曾指出，中国的信息系统外包服务市场仍不够成熟，大约50%的信息系统外包服务合同是以不能让用户满意的方式提交的。如此高比率的信息系统外包服务合同不能让用户满意，信息系统外包服务风险也不容乐观。因此，信息系统外包不仅仅是一个成本决策，也是有效管理风险的战略决策。企业在进行信息系统外包时，必须正确评估并努力控制信息系统外包风险。

要实施业务外包，要先考虑的是外包策略问题。只有制定了合理的外包策略，才能判断外包工作是否有效、是否实现了外包的预期目标。通常有三个策略可供选择：降低成本、高质量的服务、变革与创新。企图在一个外包合同中同时实现多个指标的大幅改善是不可能的。根据企业实际情况制定合理的外包策略，是信息化战略或信息化规划的重要内容。

信息系统外包具有提升核心竞争力、降低管理成本等有利的一面，但也造成了对承包方的事实依赖性使企业在制定新的经营管理决策时受制于承包方的IT配合程度及IT完成能力。此外，随着合作时间的延长，企业对承包方提供服务的依赖程度不断加大，受其IT服务质量的影响也逐渐增强，会降低企业信息系统管理的自主性和灵活性。

因此，对于企业和CIO而言，必须划清核心业务及可以外包的信息系统范围，避免核心信息系统竞争力随外包流失。企业在制定信息系统外包战略时要确定合适的外包业务，如将附加值较低、成本较高的非核心信息系统业务外包，从而既能获得信息系统外包带来的好处，但又能降低对承包方的依赖性风险。因此，确定合适的信息系统外包业务范围是规避风险的第一步。信息系统外包必须首先保证企业的核心技术和信息足够安全，其次才是通过外包能降低内部信息系统成本。假如不能达到这些目标，则企业在当前阶段就不宜采用外包策略，否则外包带来的风险大于成功的概率，不能盲目追求“为外包而外包”。

在业务外包方式中，也存在不少风险，其中最大的风险就是失控。执行降低成本策略，但在实际运行过程中成本可能没下降；执行服务质量提高策略，但实际上质量不仅没有提高，反而还下降了。这就是失控的风险。业务外包各个环节中的主要风险如下。

一是选择外包服务商。这一环节的主要风险是：由于企业与外包服务商之间本质上是一种委托—代理关系，合作双方的信息不对称容易诱发道德风险，外包服务商可能实施损害企业利益的自利行为，如偷工减料、放松管理、信息泄密等。

怎么找到好的外包商？对于甲方来说，在预算范围内，当然成本越低越好。这是一个比较模糊的说法。更为重要的是，企业一定要知道软件开发这个行业的特点。软件开发采购的是人力资源，而不是一个现成的产品（比如杯子、笔记本等产品），采购的是一个要经过人力劳动才能形成的成果。从这个角度来看，软件外包商的规范程度是考核的一个重要标准。如果一家企业做得比较规范，则可以认为他们更可信。另外，要看这个团队的经验怎么样。即使开发商的名气很大，但对一个具体的客户来说，也可能不能配备专业的开发队伍。至于价格，当然是越低越好，但这不是要考虑的第一要素。如果把价格作为第一要素来看待，那么对企业来说是有风险的。如果项目失败的话，会损失很多的机会成本。

二是签订外包合同。这一环节的主要风险是：由于合同条款不准确、不完善，可能导致企业的正当权益无法得到有效保障。

三是持续跟踪评价外包服务商的服务过程。这一环节的主要风险是：企业缺乏外包服务跟踪评价机制或跟踪评价不到位，可能导致外包服务质量水平不能满足企业信息系统开发需求。

（2）外购调试方式的主要风险点。

一是软件产品选型和供应商选择。在外购调试方式下，软件供应商的选择和软件产品的选型是密切相关的。这一环节的主要风险是：第一，软件产品选型不当，产品在功能、性能、易用性等方面无法满足企业需求；第二，软件供应商选择不当，产品的支持服务能力不足，产品的后续升级缺乏保障。

二是服务提供商选择。大型企业管理信息系统（例如 ERP 系统）的外购实施不仅需要选择合适的软件供应商和软件产品，也需要选择合适的咨询公司等服务提供商，以指导企业将通用软件产品与本企业的实际情况有机结合。这一环节的主要风险是：服务提供商选择不当，削弱了外购软件产品功能的发挥，导致无法有效地满足用户需求。

（二）信息系统开发的关键控制措施

1. 系统规划。为了规避信息系统面临的重要风险，企业利用信息系统实施内部控制时应当从以下三个方面入手：第一，企业必须制订信息系统开发的战略规划和中长期发展计划，并在每年制订经营计划的同时制订年度信息系统建设计划，促进经营管理活动与信息系统的协调统一。第二，企业在制订信息化战略过程中，要充分调动和发挥信息系统归口管理部门与业务部门的积极性，使各部门广泛参与、充分沟通，提高战略规划的科学性、前瞻性和适应性。第三，信息系统战略规划要与企业的组织架构、业务范围、地域分布、技术能力等相匹配，避免相互脱节。

为了确保信息系统的商业价值和投资回报，满足最终用户期望，进而提高业务盈利能力，须通过信息系统投资预算管理，持续地改进信息系统的成本有效性。信息系统投资预算管理的内容包括：预测并分配预算；根据预测，测量并评价业务价值。

2. 自行开发。随着企业信息化的不断深入，信息系统已经成为企业提供有竞争力的产品和服务的基础设施。因此，在自行开发时，为保证信息系统的有效运行，必须全力做好信息系统的管理控制工作。CIO 应通过下列手段对信息系统进行管理控制：一是规划，建立一个组织的信息系统的目标；二是组织，筹集、分配实现目标所需的人、财、物等资源；三是控制，对信息系统实施总体控制，如确定系统所需费用、分析系统可创造价值、控制系统人员的业务活动。

（1）项目计划环节。针对项目计划环节的主要风险，应该采取以下措施：第一，企业应当根据信息系统建设整体规划提出分阶段项目的建设方案，明确建设目标、人员配备、职责分工、经费保障和进度安排等相关内容，按照规定的权限和程序审批后实施。第二，企业可以采用标准的项目管理软件（比如 Office Project）制订项目计划，并加以跟踪。在关键环节进行阶段性评审，以保证过程可控。第三，项目关键环节编制的文档应参照《计算机软件产品开发文件编制指南（GB8567—88）》等相关国家标准和行业标准进行，以提高项目计划编制水平。

（2）系统分析环节。针对系统分析环节的主要风险，应该采取如下控制措施：第一，信息系统归口管理部门应当组织企业内部各有关部门提出开发需求，加强系统分析人员和有关部门的管理人员、业务人员的交流，经综合分析提炼后形成合理的需求。第二，编制表述清晰、表达准确的系统建设的目标、功能和要求。企业应当采用标准建模语言（例如 UML），综合运用多种标准，提高系统需求说明书的编写质量。第三，企业应当建立健全需求评审和需求变更控制流程。依据需求文档进行设计（含需求变更设计）前，应当评审其可行性，由需求提出人和编制人签字确认，并经业务部门与信息系统归口管理部门负责人审批。

（3）系统设计环节。针对系统设计环节的主要风险，应该采取的控制措施有：第一，系统设计负责部门应当就总体设计方案与业务部门进行沟通和讨论，说明方案对用户需求的覆盖情况，存在备选方案的，应当详细说明各方案在成本、建设时间和用户需求响应上的差异；信息系统归口管理部门和业务部门应当对选定的设计方案予以书面确认。第二，企业应参照《计算机软件产品开发文件编制指南（GB8567—88）》等相关国家标准和行业标准，提高系统设计说明书的编写质量。第三，企业应建立设计评审制度和设计变更控制流程。第四，在系统设计时应当充分考虑信息系统建成后的控制环境，将生产经营管理业务流程、关键控制点和处理规程嵌入系统程序，实现手工环境下难以实现的控制功能。例如，对于某一财务软件，当输入支出凭证时，可以让计算机自动检查银行存款余额，防止透支。第五，应充分考虑信息系统环境下的新的控制风险。比如，要通过信息系统中的权限管理功能控制用户的操作权限，避免将不相容职务的处理权限授予同一用户。第六，应当针对不同的数据输入方式，强化对进入系统数据的检查和校验功能，比如凭证的自动平衡校对。第七，系统设计时，应当考虑在信息系统中设置操作日志功能，确保操作的可审计性，对异常的或者违背内部控制要求的交易和数据，应当设计由系统自动报告并设置跟踪处理机制。第八，预留必要的后台操作通道，对于必需的后台操作，应当加强管理，建立规范的操作流程，确保足够的日志记录，以保证对后台操作的可监控性。

（4）编程和测试环节。针对编程和测试阶段的主要风险，应该采取的控制措施有：第一，项目组应建立并执行严格的代码复查评审制度。第二，项目组应建立并执行统一的编程规范，在标识符命名、程序注释等方面统一风格。第三，应使用版本控制软件系统（例如 CVS），保证所有开发人员基于相同的组件环境开展项目工作，协调开发人员对程序的修改。第四，应区分单元测试、组装测试（集成测试）、系统测试、验收测试等不同测试类型，建立严格的测试工作流程，提高最终用户在测试工作中的参与程度，改进测试用例的编写质量，加强测试分析，尽量采用自动测试工具以提高测试工作的质量和效率。具备条件的企业，应当组织独立于开发建设项目组的专业机构对开发完成的信息系统进行验收测试，确保在功能、性能、控制要求和安全性等方面符合开发需求。

（5）上线环节。针对系统上线环节的主要风险，应该采取的控制措施有：第一，企业应当制订信息系统上线计划，并经归口管理部门和用户部门审核批准。上线计划一般包括人员培训、数据准备、进度安排、应急预案等内容。第二，系统上线涉及新旧系统切换的，企业应当在上线计划中明确应急预案，保证新系统失效时能够顺利切换回旧系统。第三，系统上线涉及数据迁移的，企业应当制订详细的数据迁移计划，并对迁移结果进行测试。用户部门应当参与数据迁移过程，对迁移前后的数据予以书面确认。

3. 其他开发方式。在业务外包、外购调试方式下，企业对系统设计、编程、测试环节的参与程度明显低于自行开发方式，因此，可以适当简化相应的风险控制措施，但同时也会因开发方式的差异产生一些新的风险，需要采取有针对性的控制措施。

（1）业务外包方式的关键控制点和主要控制措施。经济学告诉人们一个道理：术业有专攻，让专业人才专注于做擅长的事情将会收获更大。信息系统项目外包让企业看到了专攻的切实好处，因为这可以让企业集中精力专注于其核心业务。然而，随着信息系统外包项目数量的逐渐增多，风险也会越来越高。任何一个环节出现问题，不但会使整个信息系统项目的进程、质量受到影响，企业的核心业务也因此会被拖累。因此，目前信息系统外包关注的焦点转向了怎样有效地管理和控制信息系统外包项目的实施。在此过程中，如何降低信息系统外包风险，提高外包成功率，成为企业进行信息系统外包的重中之重。作为一种对信息技术有效管理的最新理念和系统框架，信息系统治理在信息系统外包的应用正引起业界的广泛关注，特别是新发布的信息技术系统治理最佳实践方法 ITIL v3.0 版本增加了对信息系统外包风险管理的内容。

外包必须由特定的人员负责监督控制，其关键控制点和主要控制措施如下所述。

①选择外包服务商。针对这一环节的主要风险应该采取的主要控制措施是：第一，企业在选择外包服务商时要充分考虑服务商的市场信誉、资质条件、财务状况、服务能力、对本企业业务的熟悉程度以及既往承包服务成功案例等因素，对外包服务商进行严格筛选。第二，企业可以借助外包业界基准来判断外包服务商的综合实力。第三，企业要严格外包服务审批及管控流程，对信息系统外包业

务，原则上应采用公开招标等形式选择外包服务商，并实行集体决策审批。

②签订外包合同。针对这一环节的主要风险应该采取的主要控制措施是：第一，企业在与外包服务商签约之前，应针对外包可能出现的各种风险损失，恰当拟订合同条款，对涉及的工作目标、合作范畴、责任划分、所有权归属、付款方式、违约赔偿及合同期限等问题做出详细说明，并由法律部门或法律顾问审查把关。第二，开发过程中涉及商业秘密、敏感数据的，企业应当与外包服务商签订详细的“保密协议”，以保证资料安全。第三，在合同中约定付款事宜时，应当选择分期付款方式，尾款应当在系统运行一段时间并经评估验收后再支付。第四，应在合同条款中明确要求外包服务商保持专业技术服务团队的稳定性。

③持续跟踪评价外包服务商的服务过程。企业必须有效地管理好开发过程，持续跟踪评价外包服务商的服务过程。对企业来说，开发的源头是企业的需求，是企业的业务。也就是说，企业到底要把什么东西做成企业的信息系统。很多企业认为，既然找到了开发商，就应该由开发商来做需求分析。这是一种错误的理念，因为对开发人员来说，其主要职责是把客户的需求变成代码，而他们对客户的需求并不熟悉。最熟悉业务的还是企业自己，而对于需求是否合理、是否是最优的，开发人员是很难判断的。对企业来说，一定要控制住企业的需求，要明确哪些业务是要信息化的，哪些业务是不要信息化的。另外，开发是一项智力活动。对这个活动的控制不能仅靠一个简单的合同，而是要用过程来控制活动的质量。这个过程是由一系列的子过程组成的。在这个过程中，要设一些检测标准来控制。这里有一个鞭子效应。拿一个鞭子一抖，在抖的过程中总的方向是没有错的，但每一截的方向和最终的方向都是不一致的。项目管理流程控制也是这个道理——可能每个阶段都会有些误差，但只要你用流程来控制了，最终的效果和你最终的方向就不会有太大的误差。

针对这一环节的主要风险应采取的主要控制措施是：第一，企业应当规范外包服务评价工作流程，明确相关部门的职责权限，建立外包服务质量考核评价指针体系，定期对外包服务商进行考评，并公布服务周期的评估结果，实现外包服务水平的跟踪评价。第二，必要时，可以引入监理机制，降低外包服务风险——不断评价外包商的财务能力；监督外包合同条款的执行；通过要求外包供应商定期提供一个第三方的审计报告或由内部审计人员和外部审计人员定期审计其控制，对外包商控制的可靠性进行监督，确保外包商提供安全、可靠的信息系统资源；建立外包灾难恢复控制，并定期评价这些控制。如果外包商发生灾难事项，企业也应设计自己的灾难恢复程序。

（2）外购调试方式的主要控制措施。在外购调试方式下，一方面，企业面临与委托开发方式类似的问题，企业要选择软件产品的供应商和服务供应商、签订合约、跟踪服务质量，因此，企业可采用与委托开发方式类似的控制措施；另一方面，外购调试方式也有其特殊之处，企业需要有针对性地强化某些控制措施。

①软件产品选型和供应商选择。针对这一环节的主要风险应该采取的主要控

制措施是：第一，企业应明确自身需求，对比分析市场上的成熟软件产品，合理选择软件产品的模块组合和版本。第二，企业在软件产品选型时应广泛听取行业专家的意见。第三，企业在选择软件产品和服务供应商时，不仅要评价其现有产品的功能、性能，还要考察其服务支持能力和后续产品的升级能力。

【案例5-7】

A企业系统开发合同争议仲裁案例①

A企业经招投标程序委托某信息系统开发商为其“基于IP+IT的全业务管理系统”项目进行外包编码开发和测试、集成测试及上线工作。2016年7月初，开发商组建团队开始开发。10月，项目团队进驻招标人现场开发。11月29日，招标人制订了单元验收计划，但未进行验收。招标人实际认可系统是合格的，直接进入集成测试阶段。2017年3月31日，招标人单方组织“集成测试验收”，结论为“不通过”，开发商不认可。2017年4月7日，招标人通知解除合同，并将开发商团队清离出场。开发商向合同争议解决条款约定的北京仲裁委员会申请仲裁，请求支付费用、违约金并赔偿损失。

②服务提供商选择。针对这一环节的主要风险应该采取的主要控制措施是：在选择服务提供商时，不仅要考核其对软件产品的熟悉、理解程度，还要考核其是否深刻理解企业所处行业特点、是否理解企业的个性化需求、是否有过相同或相近的成功案例。

六、信息系统运营与维护的主要风险点及其控制措施

（一）信息系统运营与维护的主要风险点

运行阶段是系统发挥作用的阶段，也是系统存续时期最长的阶段，因而容易产生风险，是内部控制的重点。在系统运行阶段存在数据可能不完整、不真实的风险，以及信息的储存及提供的及时性、合理性的风险。在维护阶段可能产生职权分离、授权方式、维护人员不能胜任的风险。

信息系统的运行与维护主要包含三个方面的内容：日常运行维护、系统变更和安全管理。

1. 日常运行维护的主要风险点。日常运行维护的目标是保证系统正常运转，其主要工作内容包括系统的日常操作、系统的日常巡检和维修、系统运行状态监控、异常事件的报告和处理等。这一环节的主要风险是：第一，没有建立规范的信息系统日常运行管理规范，计算机软硬件的内在隐患易于爆发，可能导致企业

① 黄瑞：《信息系统开发招标项目合同法律风险及争议解决——某企业系统开发合同争议仲裁案例述评》，载于《招标采购管理》，2018年第9期。

信息系统出错。第二，没有执行例行检查，导致一些人为恶意攻击会长期隐藏在系统中，可能造成严重损失。第三，企业信息系统数据未能定期备份，可能导致损坏后无法恢复，从而造成重大损失。

2. 系统变更的主要风险点。系统变更主要包括硬件的升级扩容、软件的修改与升级等。系统变更往往会“牵一发而动全身”。硬件升级、软件的任何修改都是非同小可的事情，所以必须得到授权与批准。

系统变更是为了更好地满足企业需求，但同时应加强对变更申请、变更成本与进度的控制。这一环节的主要风险是：第一，企业没有建立严格的变更申请、审批、执行、测试流程，导致系统随意变更。第二，系统变更后的效果达不到预期目标。

3. 安全管理的主要风险点。安全管理问题，应该像每家每户的防火防盗问题一样，做到防患于未然。

安全管理的目标是保障信息系统安全。信息系统安全是指信息系统包含的所有硬件、软件和数据受到保护，不因偶然和恶意的原因而遭受破坏、更改和泄露，信息系统能够连续正常运行。这一环节的主要风险是：第一，硬件设备分布物理范围广，设备种类繁多，安全管理难度大，可能导致设备生命周期短。第二，业务部门信息安全意识薄弱，对系统和信息安全缺乏有效的监管手段。少数员工可能恶意或非恶意滥用系统资源，造成系统运行效率降低。第三，对系统程序的缺陷或漏洞安全防护不够，导致遭受黑客攻击，造成信息泄露。第四，对各种计算机病毒防范清理不力，导致系统运行不稳定甚至瘫痪。第五，缺乏对信息系统操作人员的严密监控，可能导致舞弊和利用计算机犯罪。

4. 系统终结的主要风险点。系统终结是信息系统生命周期的最后一个阶段。在该阶段，信息系统将停止运行。停止运行的原因通常有企业破产或被兼并、原有信息系统被新的信息系统代替。这一环节的主要风险是：第一，因经营条件发生剧变，数据可能泄密；第二，信息档案的保管期限不够长。

（二）信息系统运营与维护的主要控制措施

1. 日常运行维护的主要控制措施。针对日常运行维护的关键风险点应该采取如下控制措施：第一，企业应制定信息系统使用操作程序、信息管理制度以及各模块子系统的具体操作规范，及时跟踪、发现和解决系统运行中存在的问题，确保信息系统按照规定的程序、制度和操作规范持续稳定运行。第二，切实做好系统运行记录，尤其注意系统运行不正常或无法运行的情况，应将异常现象、发生时间和可能的原因作出详细记录。第三，企业要重视系统运行的日常维护。在硬件方面，日常维护主要包括各种设备的保养与安全管理、故障的诊断与排除、易耗品的更换与安装等。这些工作应由专人负责。第四，配备专业人员负责处理信息系统运行中的突发事件，必要时应会同系统开发人员或软硬件供应商共同解决。

2. 系统变更的主要控制措施。针对系统变更的关键风险点应该采取如下控制措施：第一，企业应当建立标准流程来实施和记录系统变更，保证变更过程得到适当的授权与管理层的批准，并对变更进行测试。信息系统变更应当严格遵守管理流程进行操作。信息系统操作人员不得擅自进行软件的删除、修改等操作，不得擅自升级、改变软件版本，不得擅自改变软件系统的环境配置。第二，系统变更程序（如软件升级）需要遵循与新系统开发项目同样的验证和测试程序，必要时还应当进行额外测试。第三，企业应加强紧急变更的控制管理。第四，企业应加强对将变更移植到生产环境中的控制管理，包括系统访问授权控制、数据转换控制、用户培训等。

3. 安全管理的主要控制措施。针对信息系统安全的关键风险点，应该采取以下控制措施。

（1）建立信息系统相关资产的管理制度，保证电子设备的安全。硬件和网络设备不仅是信息系统运行的基础载体，也是价值昂贵的固定资产。企业应在健全设备管理制度的基础上，建立专门的电子设备管控制度。关键信息设备（例如银行的核心数据库服务器），未经授权，不得接触。

（2）企业应成立专门的信息系统安全管理机构，由企业主要领导负总责，对企业的信息安全作出总体规划和全方位的严格管理。具体实施工作可由企业的信息主管部门负责。企业应强化全体员工的安全保密意识，特别要对重要岗位员工进行信息系统安全保密培训，并签署安全保密协议。企业应当建立信息系统安全保密制度和泄密责任追究制度。

（3）企业应当按照国家相关法律、法规以及信息安全技术标准，制定信息系统安全实施细则。根据业务性质、重要程度、涉密情况等确定信息系统的安全等级，建立不同等级信息的授权使用制度，采用相应技术手段保证信息系统运行安全有序。对于信息系统的用户和不同安全等级信息之间的授权关系，应在系统开发建设阶段就形成方案并加以设计，在软件系统中预留这种对应关系的设置功能，以便根据使用者岗位、职务的变迁进行调整。

（4）企业应当有效利用信息系统的技术手段，对硬件配置调整、软件参数修改严加控制。例如，企业可利用操作系统、数据库系统、应用系统提供的安全机制，设置安全参数，保证系统访问安全。对于重要的计算机设备，企业应当利用技术手段防止员工擅自安装、卸载软件或者改变软件系统配置，并定期对上述情况进行检查。

（5）企业委托专业机构进行系统运行与维护管理的，应当严格审查其资质条件、市场声誉和信用状况等，并与其签订正式的服务合同和保密协议。

（6）企业应当采取安装安全软件等措施防范信息系统受到病毒等恶意软件的感染和破坏。企业应当特别注重加强对服务器等关键部位的防护；存在网络应用的企业，应当综合利用防火墙、路由器等网络设备，采用内容过滤、漏洞扫描、入侵检测等软件技术加强网络安全，严密防范来自互联网的黑客攻击和非法侵入。对于通过互联网传输的涉密或者关键业务数据，企业应当采取必要的技术手段，以确保信息传递的保密性、准确性、完整性。

(7)企业应当建立系统数据定期备份制度，明确备份范围、频度、方法、责任人、存放地点、有效性检查等内容。系统首次上线运行时应当完全备份，然后根据业务频率和数据重要性程度，定期做好增量备份。数据正本与备份应分别存放于不同地点，防止因火灾、水灾、地震等事故产生不利影响。企业可综合采用磁盘、磁带、光盘等备份存储介质。

(8)企业应当建立信息系统开发、运行与维护等环节的岗位责任制度和不相容职务分离制度，防范利用计算机舞弊和犯罪。一般而言，信息系统不相容职务涉及的人员可以分为三类，即系统开发建设人员、系统管理和维护人员、系统操作使用人员。开发人员在运行阶段不能使用信息系统，否则就可能掌握其中的涉密数据，进行非法利用。系统管理和维护人员担任密码保管、授权、系统变更等关键任务。如果允许其使用信息系统，就可能较为容易地篡改数据，从而达到侵吞财产或滥用计算机信息的目的。此外，信息系统使用人员也需要区分不同岗位，包括业务数据录入、数据检查、业务批准等，在他们之间也进行必要的相互牵制。企业应建立用户管理制度，加强对重要业务系统的访问权限管理，避免将不相容职责授予同一用户。企业应当采用密码控制等技术手段进行用户身份识别。重要的业务系统应当采用数字证书、生物识别等可靠性强的技术手段来识别用户身份。对于发生岗位变化或离岗的用户，用户部门应当及时通知系统管理人员调整其在系统中的访问权限或者关闭账号。企业应当定期对系统中的账号进行审阅，避免存在授权不当或非授权账号。对于超级用户，企业应当严格规定其使用条件和操作程序，并对其在系统中的操作全程进行监控或审计。

(9)企业应积极开展信息系统风险评估工作，定期对信息系统进行安全评估，及时发现系统安全问题并加以整改。

4. 系统终结的主要措施。针对系统终结环节的关键控制点应采取如下主要控制措施：第一，要做好善后工作。不论因何种情况导致系统停止运行，都应将废弃系统中有价值或涉密的信息进行销毁、转移。第二，严格按照国家有关法规制度和对电子档案的管理规定（比如审计准则对审计证据保管年限的要求）妥善保管相关信息档案。

【复习与思考】

1. 内部信息传递的基本流程和传递原则是什么？
2. 内部信息传递各环节的主要风险点及其控制措施有哪些？
3. 信息系统开发方式有哪几种？
4. 信息系统开发的主要风险点有哪些？相应的控制措施是什么？
5. 信息系统运营与维护的主要风险点有哪些？相应的控制措施是什么？
6. 沟通有哪些渠道和哪些方式？
7. 内部沟通的要点有哪些？
8. 外部沟通的要点有哪些？

【案例分析】

A 公司财务共享服务中心模式下的信息与沟通[①]

A 公司成立于 19 世纪 80 年代，是一家信息与通信技术解决方案的供应商，为电信运营商和企业提供 ICT 解决方案、产品和服务。目前公司内部有超 10 万名职工，业务遍及 100 多个国家，服务超 20 亿人口。随着 A 公司不断发展，业务形态也不断丰富，组织结构更加复杂，子公司采集信息和归纳信息能力薄弱，导致财务信息的处理反馈耗时长、效率低。建立财务共享服务中心，是 A 公司的必要举措。A 公司于 2016 年成立了财务共享服务中心，并且直接向首席财务官汇报，管控公司财务经营情况，实施全方位的财务管理，提供公司经营决策方面的参考，提供可持续发展的保障。自 A 公司成立财务共享服务中心之后，会计业务的处理效率得到了明显提高，业务质量也大幅提升，由于中心内部多为计算机操作，减少了部分人员操作失误带来的风险损失。

财务共享服务中心的发展离不开信息系统的支持，可以说是高度依赖于信息系统，所以信息与沟通在财务共享服务中心模式下至关重要，主要分为内部沟通和外部沟通。A 公司建立了多种信息与沟通的渠道，能够及时采集来自客户、供应商等的外部信息，并建立公司内部信息的传递渠道，确保业务可以顺利进行，并且在沟通过程中若发现问题可以及时上报解决。

A 公司由于跨国业务的因素，工作人员面临着时差、民族文化不同等情况，在日常工作中会出现很多问题。就时差而言，一套合理的工作时间表对企业员工来说是至关重要的，财务共享服务中心的财务人员可以按照工时表进行排班，共享服务中心也可以保持每个时间段都有人在岗，实现沟通二十四小时顺畅；与此同时，聘请具备语言专业的人才，成立专业的翻译小组，以实现不同国家客户对财务共享服务中心的需求，或者统一相关术语，可减少翻译工作以及文化差异带来的资源浪费；鼓励员工自我学习，对于通过如 ACCA 等考试的员工予以报销书本费、考试费用等，也可与培训机构合作，定期对员工进行在线课程培训。

由于 A 公司对于信息传递主要依赖通信软件，具有泄露商业机密的风险，并且有一定的时效性，因此内部沟通系统应当得到完善，建立全体交流平台，信息传递可直接面对面，也可以直接点对点，即个人到个人，也能增强财务人员和业务前端人员的互动，提高信息传递的准确与及时。另外，A 公司应该定期召开部门会议，例如销售部应该定期和生产部以及财务部沟通并反馈相关信息，针对本部门在经营活动中产生的问题，应及时召开部门内部会议进行报告反馈。

思考：A 公司财务共享服务中心模式下的信息与沟通有哪些可借鉴的经验？这些经验适用于哪些企业？

---

① 张玮、王紫微：《A 公司财务共享服务中心内部控制案例研究》，载于《科技经济导刊》，2020 年第 30 期。

第六章　内部监督

【知识与技能要求】

通过本章的学习，使学生能够：

1. 掌握内部监督的内涵；
2. 了解内部监督与内部控制其他要素的关系；
3. 掌握内部监督的基本方法；
4. 了解内部监督体系的构成；
5. 了解公司董事会审计委员会的职责；
6. 了解公司监事会的基本职责；
7. 熟悉什么是内部控制缺陷和内部控制缺陷的类型与认定标准；
8. 掌握内部控制评价的定义和内容；
9. 熟悉内部控制评价的程序与方法；
10. 熟悉内部控制审计的程序与内容。

【关键术语】

内部监督　日常监督　专项监督　内部监督体系　审计委员会　监事会　内部控制缺陷　内部控制评价　内部控制审计

【案例6-1】

财政部、证监会点名批评14家上市公司内控报告①

财政部会同证监会对沪深两市3 485家上市公司公开披露的2017年度内部控制报告进行了系统分析，并发布《我国上市公司2017年执行企业内部控制规范体系情况分析报告》（以下简称《分析报告》）。

报告发现，部分上市公司因为内部控制评价报告存在不同的问题，而被两部委点名批评。

《分析报告》指出，我国上市公司内部控制评价报告内容存在多方面问题。部分上市公司披露内部控制评价报告后又进行了修订。例如，富控互动（600634）、日出东方（603366）均发布了修订版的内部控制评价报告。

---

① 资料来源：第一财经，《财政部证监会点名批评14家上市公司内控报告，长生生物在列》，http://finance.eastmoney.com/a/20181109981625389.html，2018年11月9日。

部分上市公司披露的内部控制报告前后矛盾或者同年报冲突。尤夫股份（002427）在内部控制评价报告的第五部分“内部控制缺陷认定及其整改情况”中指出，其6个缺陷均属于非财务报告重大缺陷；但是第七部分“内部控制评价结论”却指出，上述6个缺陷有4个属于财务报告重大缺陷，2个属于非财务报告重大缺陷。

山东地矿（000409）、盛运环保（300090）、*ST大控（600747）内部控制评价报告也存在前后矛盾的内容。鸿达兴业（002002）、*ST墨龙（002490）、东富龙（300171）的年报和内部控制评价报告中披露的评价范围占比不一致。

《分析报告》称，部分上市公司披露的内部控制报告不真实，未能充分披露存在的缺陷。例如，长生生物（002680）的内部控制评价报告披露其财务报告内部控制和非财务报告内部控制均有效，但是实际却发现其存在生产记录造假等严重违反《药品生产质量管理规范》的行为。

此外，一些上市公司内部控制缺陷认定标准不够详细，内部控制缺陷认定标准详细程度存在差异。重大及重要缺陷的整改不力，部分上市公司的缺陷没有得到有效整改。例如，ST生化（000403）连续三年披露其存在使用个人账户管理公司现金的缺陷；海南海药（000566）连续三年披露其存在个别客户销售授信控制制度及到期催收制度执行不严格的缺陷；亚星化学（600319）连续两年披露其因环保问题被处罚；山东金泰（600385）连续四年披露其存在未能及时给员工发放工资和缴纳社保的缺陷。

《分析报告》建议，对于内部控制的执行情况，相关部门要加大检查力度。在检查时要针对不同的行业选择不同的切入点，对于内控不健全、有内控制度但执行不力的公司，要加大处罚力度。

内部控制评价是指企业董事会或类似权力机构对内部控制的有效性进行全面评价，形成评价结论。

财政部数据显示，总体来看，在3 485家上市公司中，共有3 245家上市公司公开披露了内部控制评价报告，占比93.11%。其中，3 177家内部控制自我评价结论为整体有效，2 602家聘请会计师事务所进行了内部控制审计，并有2 596家被出具无保留意见。企业内部控制规范体系在上市公司得到有效运行。

第一节 内部监督概述

一、内部监督的定义

根据《企业内部控制基本规范》的规定，内部监督是企业对内部控制建立与实施情况进行监督检查，评价内部控制的有效性，发现内部控制缺陷，及时加以改进。

内部监督作为企业内部控制的重要组成部分，是企业的利益相关者对企业代理人的经营行为、过程或决策等经营活动实施客观、及时的监控所涉及的一系列监督制度的总称，它是内部控制发挥有效作用的保证。内部监督是保证内部控制体系有效运行和逐步完善的重要措施，是一个完善的内部控制体系必不可少的环节①。

企业由于认识的局限或者考虑不周等原因，设计出的内部控制制度不可能完美无缺。由于实际情况发生变化，或由于员工对内部控制制度理解上的差异，内部控制制度也可能不能很好地发挥应有的作用，导致内部控制实际运行中或多或少存在这样或那样的问题。为此，需要对内部控制运行情况实施必要的监督检查，发现其不足和问题乃至缺陷，从而完善内部控制，提高内部控制的有效性。因此，内部监督是保证内部控制体系有效运行和逐步完善的重要措施。

二、内部监督与内部控制其他要素的联系

内部监督与内部控制其他要素相互联系、互为补充，具体表现为以下三点。

（一）内部监督以内部环境为基础

一方面，内部环境要素通过组织结构设计及权责分配、企业文化建设、内部审计工作和人力资源政策制定与实施等，为监督的有效运行营造良好的监督环境。另一方面，加大内部监督的力度，也有助于进一步优化内部环境，为实现控制目标提供保障。

（二）内部监督与风险评估、控制活动形成闭环控制系统

风险评估结果可以帮助监督者明确关注重点和有限控制风险，并以此为依据将控制点区分为关键控制点、次关键控制点，从而确定监督重点。企业根据风险评估和风险应对策略制定并实施控制活动，再通过事前、事中和事后的内部监督，对风险评估的适当性和控制活动的有效性进行检查评价和优化调整，进而形

① 池国华、朱荣：《内部控制与风险管理》，中国人民大学出版社 2015 年版，第 267 页。

成一套严密、高效的闭环控制系统。

（三）内部监督离不开信息和沟通的支持

信息和沟通为监督者提供评价内部控制有效性所需的相关信息，监督者通过实施监督程序分析这些信息得出内部控制有效性结论，对于发现的内部控制缺陷，应分析其原因，并将监督的结果通过信息与沟通系统反馈给管理层，及时对原有内部控制体系加以改进。同时，通过实施监督检查不断提高信息与沟通的质量和效率。

第二节　内部监督的机构及职责

一、内部监督体系的构成

按照监督主体的职责和性质，内部监督机构可分为专职的内部监督机构和其他机构两类。

（一）专职的内部监督机构

为保证内部监督的客观性，应由独立于内部控制执行的机构进行内部监督。一般情况下，企业可以授权内部审计机构具体承担内部控制监督检查的职能。当企业内部审计机构因人手不足、力量薄弱等原因无法有效对内部控制履行监督职责时，企业可以成立专门的内部监督机构，或授权其他监督机构（如监察部门）履行相应的职责。

在企业中常见的专职的内部监督机构有审计委员会、监事会、内部审计、内部控制机构等。专职的内部监督机构根据需要开展日常监督和专项监督，对内部控制有效性作出整体评价，提出整改计划，督促其他有关机构整改。

我国现行的企业内部监督体系规范主要体现在《公司法》《上市公司治理准则》《企业内部控制基本规范》中。通过上述法律法规的有关规定可以发现，我国企业内部控制监督体系是由审计委员会、监事会和内部审计共同组成的。

（二）其他机构

内部监督不仅是内部审计机构（或经授权的其他监督机构）的职责，企业内部任何一个机构甚至个人都应在内部控制建立与实施过程中承担起相应的监督职责。例如，财会部门对销售部门的赊销行为负有财务方面的监督职能；财会部门负责人对本部门的资产、业务、财务和人事具有监督职责；财会部门内部的会计岗位和出纳岗位也具有相互监督的职责。

二、审计委员会

目前，已颁布的《上市公司治理准则》和《企业内部控制基本规范》都对审计委员会进行了相关的规定，明确了审计委员会在企业内部监督体系中的重要地位。

《上市公司治理准则》第五十四条规定：“审计委员会的主要职责是：(1) 提议聘请或更换外部审计机构；(2) 监督公司的内部审计制度及其实施；(3) 负责内部审计与外部审计之间的沟通；(4) 审核公司的财务信息及其披露；(5) 审查公司的内控制度。”

《企业内部控制基本规范》第十三条规定：“企业应当在董事会下设立审计委员会。审计委员会负责审查企业内部控制，监督内部控制的有效实施和内部控制自我评价情况，协调内部控制审计及其他相关事宜等。审计委员会负责人应当具备相应的独立性、良好的职业操守和专业胜任能力。”

三、监事会

目前，已颁布的《上市公司治理准则》和《企业内部控制基本规范》都对监事会进行了相关的规定，明确了监事会在企业内部监督体系中的重要地位。

《上市公司治理准则》第五十九条规定：“上市公司监事会应向全体股东负责，对公司财务以及公司董事、经理和其他高级管理人员履行职责的合法合规性进行监督，维护公司及股东的合法权益。”第六十二条规定：“监事会的监督记录以及进行财务或专项检查的结果应成为对董事、经理和其他高级管理人员绩效评价的重要依据。”第六十三条规定：“监事会发现董事、经理和其他高级管理人员存在违反法律、法规或公司章程的行为，可以向董事会、股东大会反映，也可以直接向证券监管机构及其他有关部门报告。”《企业内部控制基本规范》规定，监事会对股东（大）会负责，监督企业董事、经理和其他高级管理人员依法履行职责；董事会负责内部控制的建立健全和有效实施，监事会对董事会建立与实施内部控制进行监督。上述规定已经对监事会的职能进行了非常明确的界定。

监事会的主要职能就是监督权，主要包括公司财务监督和违法行为监督。为了使监事会更好地发挥作用和履行职能，监管部门和企业应做好以下三个方面[①]。

(1) 加强监事会成员的培训。监事会成员一般通过自身素质的提高，掌握监督中需要的经营管理经验、法律、财务等基本知识。

(2) 建立和完善企业内部的信息制度。有效的信息制度的建立，可以使监事会得到足够的信息，以便充分行驶其监督的权利，进而减少监事会和经营管理

---

① 池国华、樊子君：《内部控制学》（第二版），北京大学出版社 2013 年版，第 267～268 页。

者的信息不对称。

（3）加强监事会的独立性。监事会行使监督权力时，要尽量与董事会、股东大会保持独立。这样监事会就可以通过行使纠正权、代表诉讼权利，实现对董事、经理违法行为的监督。

四、内部审计机构

2013 年由中国内部审计协会颁布的《内部审计基本准则》规定，内部审计是一种独立、客观的确认和咨询活动，它通过运用系统、规范的方法，审查和评价组织的业务活动、内部控制和风险管理的适当性和有效性，以促进组织完善治理、增加价值和实现目标。

《内部审计基本准则》对内部审计机构的职能进行了相应的规定，例如，内部审计机构应当接受组织董事会或者最高管理层的领导和监督，并保持与董事会或者最高管理层及时、高效的沟通；内部审计机构应当建立合理、有效的组织结构，多层级组织的内部审计机构可以实行集中管理或者分级管理；内部审计机构应当根据内部审计准则及相关规定，结合本组织的实际情况制定内部审计工作手册，指导内部审计人员的工作；内部审计机构应当对内部审计质量实施有效控制，建立指导、监督、分级复核和内部审计质量评估制度，并接受内部审计质量外部评估；内部审计机构应当在董事会或者最高管理层的支持和监督下，做好与外部审计的协调工作；内部审计机构负责人应当对内部审计机构管理的适当性和有效性负主要责任。

《企业内部控制基本规范》第十五条规定：“内部审计机构应当结合内部审计监督，对内部控制的有效性进行监督检查。内部审计机构对监督检查中发现的内部控制缺陷，应当按照企业内部审计工作程序进行报告；对监督检查中发现的内部控制重大缺陷，有权直接向董事会及其审计委员会、监事会报告。”《企业内部控制基本规范》第四十四条规定：“企业应当根据本规范及其配套办法，制定内部控制监督制度，明确内部审计机构（或经授权的其他监督机构）和其他内部机构在内部监督中的职责权限，规范内部监督的程序、方法和要求。”

第三节　内部监督程序

内部监督程序主要包括建立健全内部监督制度、制定内部控制缺陷标准、实施监督、记录和报告内部控制缺陷以及内部控制缺陷整改五个步骤[①]。

① 池国华、朱荣：《内部控制与风险管理》，中国人民大学出版社 2015 年版，第 269 ~ 271 页。

一、建立健全内部监督制度

随着企业的不断壮大，其主体结构或发展方向、员工人数及素质、生产技术或流程等会相应地发生变化，企业的内部控制活动可能不再有效甚至内部控制制度可能得不到执行。面对这些变化，企业管理层需要实施必要的监督检查来确保内部控制的持续和有效运行。为此，企业需要建立健全内部监督制度。内部监督制度的主要内容包括但不限于：明确监督的组织架构、岗位设置、岗位职责、相关权限、工作方法、信息沟通的方式以及各种表格和报告样本等。

二、制定内部控制缺陷标准

具有内部控制监督职能的部门在执行监督和检查工作之前，要明确监督的目的和要求。监督的直接目的是检验内部控制制度的执行效果，最终目的是服务于内部控制目标。内部监督的基本要求是查找内部控制缺陷，因此，明确内部控制缺陷的认定标准是内部监督工作的关键步骤，它直接影响内部监督工作的效率和效果。关于内部控制缺陷的相关内容，将在本章第五节介绍。

三、实施监督

对内部控制建立情况与实施情况进行监督检查，最直接的动机是找出企业内部控制存在的问题和薄弱环节。一方面，针对已经存在的内部控制缺陷，及时采取应对措施，减少控制缺陷可能给企业带来的损害。例如，在监督检查中发现销售人员直接收取货款的控制缺陷，应采取对客户进行核查和对应收账款进行分析等方法加以补救。另一方面，针对潜在的内部控制缺陷，采取相应的预防性控制措施，尽可能避免缺陷的产生，或者在缺陷发生时尽可能降低风险和损失。例如，在监督检查中发现企业对汇率风险缺少控制，经理层及时设立外汇交易止损系统，防止风险扩大。

四、记录和报告内部控制缺陷

《企业内部控制基本规范》第四十七条规定，企业应当以书面或者其他适当的形式，妥善保存内部控制建立与实施过程中的相关记录或者资料，确保内部控制建立与实施过程的可验证性。也就是说，内部控制建立与实施过程应当“留有痕迹”。按照内部控制要素分类，相关文档记录包括：（1）内部环境文档，一般包括组织结构图、权限体系表、岗位职责说明、员工守则等；（2）风险评估文档，一般包括风险评估流程、风险评估过程记录、风险评估报告等；（3）控制活动文档，一般包括系列应用指引中的各项流程控制文档；（4）信息和沟通文档，一般包括客户调查问卷、财务报告、经营分析报告、董事会和经理办公会等主要会议纪要；（5）内部监督文档，一般包括往来函证、资产盘点报告、审计计划、审计项目计划、审计意见书、整改情况说明书、员工合理化建议记录、专项监督实施方案和过程记录、专项监督报告等。

企业应制定相关的管理规定，明确缺陷报告的职责、报告的内容，对缺陷报告程序及跟进措施等方面加以规范。例如，企业下属业务部门和其他控制人员在工作中发现内部控制的缺陷，应及时以书面形式向其上级主管部门和内部控制主管部门报告；内部控制主管部门向管理层随时或定期汇报新出现的风险，或业务活动中存在的风险控制缺陷，涉及重要风险的控制方案及重大整改事项由内部控制委员会审查；内部控制主管部门在对企业内部控制体系进行评价的基础上，编制企业内部控制综合评价报告，经内部控制委员会审核确认后报董事会审议。

内部控制缺陷的报告对象至少应包括与该缺陷直接相关的责任单位、负责执行整改措施的人员、责任单位的上级单位。针对重大缺陷，内部监督机构有权直接上报董事会及其审计委员会和监事会。

五、内部控制缺陷整改

通过内部监督，可以发现内部控制在建立与实施中存在的问题和缺陷，进而采取相应的整改计划和措施，切实落实整改，促进内部控制系统的改进。

第四节　内部监督的方法

《企业内部控制基本规范》第四十四条将内部监督分为日常监督和专项监督。

一、日常监督

日常监督是指企业对建立与实施内部控制的情况进行常规、持续的监督检查。

（一）日常监督的主体

按照监督的主体，一般分为管理层监督、单位（机构）监督、内部控制机构监督、内部审计监督等。

1. 管理层监督。董事会和经理层充分利用内部信息与沟通机制，获取适当的、足够的相关信息来验证内部控制是否有效地设计和运行，并对日常经营管理活动进行持续监督。

2. 单位（机构）监督。企业所属单位及各机构定期对职权范围内的经济活动实施自我监督，向经理层直接负责并报告。

3. 内部控制机构监督。企业设置专门的内部控制机构，结合单位（机构）监督、内外部审计、政府监管部门的意见等情况，根据风险评估结果，对企业认定的重大风险的管控情况及成效开展持续性的监督。

4. 内部审计监督。内部审计机构接受董事会或经理层的委托，对日常生产经营活动实施审计检查。例如，制订内部审计计划，定期组织生产经营审计、内部控制专项审计和专项调查等；对审计中发现的违反国家法律、法规和企业章程规定的事项提出审计建议，作出审计决定，并对审计建议和审计决定的落实情况进行跟踪监督。

（二）日常监督的内容

实际工作中，日常监督的内容一般包括：在日常业务和管理活动中获得内部控制执行的证据；收集外部对企业内部控制的信息反馈；定期进行对账和盘点；与员工的交流；对审计意见和建议作出响应。

（三）日常监督的措施

为了能有效地做好日常监督，企业应采取以下措施。

1. 维护、变更、监督和考评控制活动。企业应对内部控制的体系进行维护，规范标准变更、监督及考评等控制活动，以保证内部控制体系有效运行。

2. 获得内部控制执行的证据。获得内部控制执行的证据，是指企业员工在实施日常生产经营活动时，取得必要的、相关的证据证明内部控制系统发挥功能的程度。主要包括以下内容：企业管理层搜集汇总各部门的信息、出现的问题，监督各方面的工作进展；相关职能部门进行自我检查、监督，确保内部控制体系的有效运行，对发现的问题进行记录并提出解决方案，通过修改管理文件，完善内部控制系统；内部控制部门监督、检查相关单位内部控制体系的运行情况。

3. 内外信息印证。内外信息印证，是指来自外部相关方的信息支持内部产生的结果或反映出组织内部的问题，主要包括以下两个方面：来自监管部门的信息，企业接收监管部门的监督，汇总、分析监管反馈信息，制订整改措施；来自客户的信息，企业通过各种方式与客户沟通，搜集客户信息，制订整改措施并监督该措施的执行。

4. 会计记录与实物资产的核对。企业应定期将会计记录的数据与实物资产进行比较，做到账实相符。

5. 内外部审计建议的反馈。内外部审计建议的反馈，是指企业对内外部审计师定期提供加强风险管理建议所做出的反馈。审计师把注意力集中在关键的风险和相对应的控制活动设计上，确定其潜在的缺陷，提出建议。企业应对这些建议做出积极的响应，并根据实际情况做出整改方案且监督该方案的执行情况。

6. 管理层对内部控制执行的监督。管理层应通过各种方式了解内部控制的执行情况及控制缺陷的反馈情况，主要有以下渠道：审计委员会接收、保留及处理各种投诉及举报，并保证其保密性；管理层在培训、会议上了解内部控制的执行情况；管理层认真审核员工提出的各项合理建议，并不断完善建议机制；监督管理部门定期组织专项检查和调研，对出现的问题提出整改建议。

7. 内部审计活动的有效性。企业应制定内部审计规范，明确审计的范围、责任和计划，并以此为基础合理配置审计人员，并且要求他们遵守企业职业道德规范及内部审计规范；审计部门应具有适当的地位并有足够的资源履行其职责；审计部门根据授权可以参加有关经营及财务管理的决策会议，对管理中存在的薄弱环节、违反国家法律法规的行为、内部控制管理漏洞，向管理层及时提出整改意见。

二、专项监督

专项监督是指在企业发展战略、组织结构、经营活动、业务流程、关键岗位员工等发生较大调整或变化的情况下，对内部控制的某一方面或者某些方面进行有针对性的监督检查。

（一）专项监督的主体

企业内部控制（审计）机构、财务机构和其他机构都有权参与专项监督工作，也可以聘请外部中介机构参与其中，但参与专项监督的人员必须具备相关专业知识和一定的工作经验，而且不得参与对自身负责的业务活动的评价监督。

（二）专项监督的范围和频率

专项监督的范围和频率应当根据风险评估结果以及日常监督的有效性等予以确定。一般来说，风险水平较高并且重要的控制，企业对其进行专项监督的频率应较高。

专项监督的范围和频率取决于三个因素：（1）风险评估的结果。重要业务事项和高风险事项领域所需的专项监督频率较高；对于风险发生的可能性较低但影响程度大的业务事项（突发事件），进行日常监督的成本很高，为此应更多地依赖专项监督。（2）变化发生的性质和程度。当内部控制各要素发生变化，可能对内部控制的有效性产生较大影响的情形下，企业应当组织实施独立的专项监督，专门就该变化的影响程度进行分析研究。（3）日常监督的有效性。日常监督根植于企业日常、反复发生的经营活动，如果日常监督扎实有效，可以迅速应对环境的变化，对专项监督的需要程度就越低。反之，对专项监督的需要程度就越高①。

（三）专项监督的关注点

根据上述专项监督的范围和频率，专项监督应关注两个方面：（1）高风险

① 方红星、池国华：《内部控制》（第二版），东北财经大学出版社 2014 年版，第 229 页。

且重要的项目。审计部门依据日常监督的结果，对风险较高且重要的项目要进行专项监督。考虑成本效益问题，对风险很高但不重要的项目或很重要但风险很低的项目可以减少个别评估的次数。应该将高风险且重要的项目作为个别评估对象。（2）内部控制环境变化。当内部控制环境发生变化时，要进行专项监督，以确定内部控制是否还能适应新的内控环境。例如，业务流程的改编和关键员工发生变化时，就要进行个别评估，以确保内部控制体系能正常运行。

三、日常监督和专项监督的联系

日常监督和专项监督应当有机结合，前者是后者的基础，后者是前者的有效补充。如果发现某些专项监督需要经常性地进行，那么企业有必要将其纳入日常监督，进行日常持续的监控。通常，两者的某种组合会确保企业内部控制在一定时期内保持其有效性①。

第五节 内部控制缺陷

一、内部控制缺陷的定义和类型

（一）内部控制缺陷的定义

COSO 发布的《内部控制——整合框架》（1992）认为，内部控制缺陷，是指“察觉到的潜在的或实际的内部控制不足，或加强内部控制体系以提高实现主体目标的可能性的机会”。在之后新发布的《内部控制——整合框架》（2013）中，COSO 认为，“内部控制缺陷，是指与一个或多个要素和原则相关，可能会导致主体偏离控制目标的缺点”，是“一个与特定的控制或控制活动相关的缺陷”。

内部控制缺陷是指公司内部控制的设计或运行无法合理保证内部控制目标的实现。内部控制缺陷是内部控制过程中存在的缺点或不足，这种缺点或不足使得内部控制无法为控制目标的实现提供合理保证。

（二）内部控制缺陷的类型

1. 按照内部控制缺陷的成因分类。

（1）设计缺陷。设计缺陷是指企业缺少为实现控制目标的必需控制，或现存的控制并不合理及未能满足控制目标。

（2）运行缺陷。运行缺陷是指设计合理及有效的内部控制，但在运作上没有被正确地执行。包括不恰当的人员执行，未按设计的方式运行，如频率不当

① 池国华、樊子君：《内部控制学》（第二版），北京大学出版社 2013 年版，第 272 页。

等。例如：“物资采购申请金额已超其采购权限，却未向上级公司申请安排大宗物品采购”（这存在权限管理规定，却未在实际操作中妥善执行）。

2. 按照内部控制缺陷的影响程度分类。

（1）重大缺陷。重大缺陷是指一个或多个控制缺陷的组合，可能严重影响内部整体控制的有效性，进而导致企业无法及时防范或发现严重偏离整体控制目标的情形。

（2）重要缺陷。重要缺陷是指一个或多个一般缺陷的组合，其严重程度低于重大缺陷，但导致企业无法及时防范或发现严重偏离整体控制目标的严重程度依然重大，需引起管理层关注。例如，有关缺陷造成的负面影响在部分区域流传，为公司声誉带来损害。

（3）一般缺陷。一般缺陷是指除重要缺陷、重大缺陷外的其他缺陷。

重大缺陷、重要缺陷和一般缺陷的具体认定标准，由企业根据要求自行确定。

3. 按照内部控制缺陷的形式分类。

（1）财务报告内部控制缺陷。财务报告内部控制缺陷是指在会计确认、计量、记录和报告过程中出现的对财务报告的真实性和完整性产生直接影响的控制缺陷，一般可分为财务（会计）报表缺陷、会计基础工作缺陷和与财务报告密切关联的信息系统控制缺陷等。

（2）非财务报告内部控制缺陷。非财务报告内部控制缺陷，是指虽不直接影响财务报告的真实性和完整性，但对企业经营管理的合法合规、资产安全、营运的效率和效果等控制目标的实现存在不利影响的其他控制缺陷。

二、内部控制缺陷的认定标准

（一）财务报告内部控制缺陷的认定标准

财务报告内部控制缺陷的认定标准由该缺陷可能导致财务报表错报的重要程度来确定，这种重要程度主要取决于两方面因素：第一，该缺陷是否具备合理可能性导致内部控制不能及时防止、发现并纠正财务报表错报；第二，该缺陷单独或连同其他缺陷可能导致的潜在错报金额的大小。

1. 重大缺陷。如果一项内部控制缺陷单独或连同其他缺陷具备合理可能性导致不能及时防止、发现并纠正财务报表中的重大错报，就应将该缺陷认定为重大缺陷。合理可能性是指大于微小可能性（几乎不可能发生）的可能性，对合理可能性的理解涉及评价人员的职业判断，且这种判断在不同评价期间应保持一致。重大错报中的“重大”，涉及企业确定的财务报表的重要性水平。一般而言，企业可以采用绝对金额法（如规定金额超过 10 000 元的错报应当认定为重大错报）或相对比例法（如规定超过净利润 5% 的错报应当认定为重大错报）来确定重要性水平。如果企业的财务报告内部控制存在一项或多项重大缺陷，就不能得出该企业财务报告内部控制有效的结论。

表明企业财务报告内部控制可能存在重大缺陷的迹象主要包括：(1) 注册会计师发现董事、监事和高级管理人员舞弊；(2) 企业更正已经公布的财务报表；(3) 注册会计师发现当期财务报表存在重大错报，而在内部控制运行过程中未能发现该错报；(4) 企业审计委员会和内部审计机构对内部控制的监督无效。

2. 重要缺陷。如果一项内部控制缺陷单独或连同其他缺陷具备合理可能性导致不能及时防止、发现并纠正财务报表中虽然未达到和超过重要性水平但仍应引起董事会和经理层重视的错报，就应将该缺陷认定为重要缺陷。重要缺陷并不影响企业财务报告内部控制的整体有效性，但是应当引起董事会和经理层的重视。对于这类缺陷，应当及时向董事会和经理层报告，因而也称为"应报告情形"。

3. 一般缺陷。不构成重大缺陷和重要缺陷的财务报告内部控制缺陷，应认定为一般缺陷。

【案例6-2】

万科企业股份有限公司财务报告内部控制缺陷认定标准①

万科企业股份有限公司在《2016年度内部控制评价报告》中指出，公司确定的财务报告内部控制缺陷评价的定量标准如下（不同量化指标采用孰低原则确认缺陷）。

表6-1　万科的财务报告内部控制缺陷评价的定量标准

定量标准	一般缺陷	重要缺陷	重大缺陷
经营收入潜在错报金额	潜在错报金额≤合并会计报表经营收入的0.5%	合并会计报表经营收入的0.5%<潜在错报金额≤合并会计报表经营收入的1%	潜在错报金额>合并会计报表经营收入的1%
利润总额潜在错报金额	潜在错报金额≤合并会计报表利润总额的1.5%	合并会计报表利润总额的1.5%<潜在错报金额≤合并会计报表利润总额的3%	潜在错报金额>合并会计报表利润总额的3%
资产总额潜在错报金额	潜在错报金额≤合并会计报表资产总额的0.5%	合并会计报表资产总额的0.5%<潜在错报金额≤合并会计报表资产总额的1%	潜在错报金额>合并会计报表资产总额的1%

万科企业股份有限公司确定的财务报告内部控制缺陷评价的定性标准如下。

重大缺陷：公司会计报表、财务报告及信息披露等方面发生重大违规事件；公司审计委员会和内部审计机构未能有效发挥监督职能；注册会计

① 资料来源：深圳证券交易所网站，http://www.szse.cn/disclosure/listed/bulletail/index.html?4d0e5752-6637-42ab-8ea5-12c06e651fda。

师对公司财务报表出具无保留意见之外的其他三种意见审计报告。

重要缺陷：公司会计报表、财务报告编制不完全符合企业会计准则和披露要求，导致财务报表出现重要错报；公司以前年度公告的财务报告出现重要错报需要进行追溯调整。

一般缺陷：未构成重大缺陷、重要缺陷标准的其他内部控制缺陷。

（二）非财务报告内部控制缺陷的认定标准

企业可以根据自身的实际情况，参照财务报告内部控制缺陷的认定标准，合理确定非财务报告内部控制缺陷的定量和定性认定标准。定量标准，即是对事物进行数量测定和量化处理。既可以根据缺陷造成直接财产损失的绝对金额制定，也可以根据缺陷的直接损失占本企业资产、销售收入或利润等的比率确定。定性标准，可以根据缺陷潜在负面影响的性质、范围等因素确定。非财务报告内部控制缺陷认定标准一经确定，必须在不同评价期间保持一致，不得随意变更。

表明企业非财务报告内部控制可能存在重大缺陷的迹象主要包括：（1）违反法律、法规较严重；（2）除政策性亏损原因外，企业连年亏损，持续经营受到挑战；（3）重要业务缺乏制度控制或制度系统性失效，如企业财务部、销售部控制点全部不能执行；（4）并购重组失败，或新扩充下属单位经营难以为继；（5）子公司缺乏内部控制建设，管理混乱；（6）企业管理层人员纷纷离开或关键岗位人员流失严重；（7）被媒体频频曝光负面新闻；（8）内部控制评价的结果特别是重大或重要缺陷未得到整改。

（三）常见的内部控制重大缺陷情形

当有确凿证据表明企业在评价期末存在下列情形之一时，通常应认定为内部控制重大缺陷：（1）企业财务报表已经或者很可能被注册会计师出具否定意见或者拒绝表示意见；（2）企业审计委员会和内部审计机构未能有效发挥监督职能；（3）企业董事、监事和高级管理人员已经或者涉嫌舞弊，或者企业员工存在串谋舞弊情形并给企业造成重要损失和不利影响；（4）企业在财务会计、资产管理、资本运营、信息披露、产品质量、安全生产、环境保护等方面发生重大违法违规事件和责任事故，给企业造成重要损失和不利影响，或者遭受重大行政监管处罚。

上述控制缺陷如果对企业财务报表的真实可靠性产生影响，则为财务报告内部控制重大缺陷；如果不影响财务报表的真实可靠，则为非财务报告内部控制重大缺陷。

【案例6-3】

2016年度南宁糖业股份有限公司的内部控制缺陷认定标准①

南宁糖业股份有限公司依据企业内部控制规范体系组织开展内部控制评价工作。公司董事会根据企业内部控制规范体系对重大缺陷、重要缺陷和一般缺陷的认定要求，结合公司规模、行业特征、风险偏好和风险承受度等因素，区分财务报告内部控制和非财务报告内部控制，研究确定了适用于本公司的内部控制缺陷具体认定标准，并与以前年度保持一致。公司确定的内部控制缺陷认定标准如下。

1. 财务报告内部控制缺陷认定标准。

（1）公司确定的财务报告内部控制缺陷评价的定量标准如下。

内部控制缺陷可能导致或导致的损失与经营成果相关的，以营业收入为基数进行定量判断，如果该缺陷单独或连同其他缺陷可能导致的财务报告错报金额小于营业收入的0.5%，则认定为一般缺陷；如果超过营业收入的0.5%但小于1%，则为重要缺陷；如果超过营业收入的1%，则认定为重大缺陷。

内部控制缺陷可能导致或导致的损失与财务状况相关的，以资产总额为基数进行定量判断，如果该缺陷单独或连同其他缺陷可能导致的财务报告错报金额小于资产总额的0.5%，则认定为一般缺陷；如果超过资产总额的0.5%但小于1%，认定为重要缺陷；如果超过资产总额的1%，则认定为重大缺陷。

（2）公司确定的财务报告内部控制缺陷评价的定性标准如下。

财务报告重大缺陷的迹象包括：公司董事、监事和高级管理人员的舞弊行为；公司更正已公布的财务报告；注册会计师发现的却未被公司内部控制识别的当期财务报告中的重大错报；审计委员会和审计部门对公司的对外财务报告和财务报告内部控制监督无效。

财务报告重要缺陷的迹象包括：未依照公认会计准则选择和应用会计政策；未建立反舞弊程序和控制措施；对于非常规或特殊交易的账务处理没有建立相应的控制机制或没有实施且没有相应的补偿性控制；对于期末财务报告过程的控制存在一项或多项缺陷且不能合理保证编制的财务报表达到真实、完整的目标。

一般缺陷是指除上述重大缺陷、重要缺陷之外的其他控制缺陷。

2. 非财务报告内部控制缺陷认定标准。根据对内部控制目标实现影响程度，非财务报告内部控制缺陷分为一般缺陷、重要缺陷和重大缺陷。

非财务报告内部控制缺陷评价的定量标准参照财务报告内部控制缺陷的认定标准。

① 资料来源：深圳证券交易所网站，http：//www.szse.cn/disclosure/listed/bulletinDetail/index.html?5a625361-a5f4-4b0b-a910-37f0a47c6063。

非财务报告内部控制缺陷评价的定性标准如下。

非财务报告缺陷认定主要以缺陷对业务流程有效性的影响程度、发生的可能性作判定。如果缺陷发生的可能性较小，会降低工作效率或效果，或加大效果的不确定性，或使之偏离预期目标，则为一般缺陷；如果缺陷发生的可能性较高，会显著降低工作效率或效果，或显著加大效果的不确定性，或使之显著偏离预期目标，则为重要缺陷；如果缺陷发生的可能性高，会严重降低工作效率或效果，或严重加大效果的不确定性，或使之严重偏离预期目标，则为重大缺陷。

三、内部控制缺陷的认定步骤

（一）财务报告缺陷的认定步骤

1. 结合财务报告内部控制缺陷的迹象，判断是否存在财务报告内部控制缺陷。

2. 确定重要性水平和一般水平，以此作为判断缺陷类型的临界值。可采用绝对金额法或者相对比例法进行确定。

3. 抽样。按照业务发生频率的高低和账户的重要性确定抽样数量。

4. 计算潜在错报金额。根据控制点错报样本数量和样本量，在潜在错报率对照表中查找对应的潜在错报率，之后统计出相应账户的同向累计发生额，计算控制点潜在错报金额。其计算公式为：

潜在错报金额 = 潜在错报率 × 相应账户的同向累计发生额

5. 如果重要性水平和一般水平是绝对金额，那么可直接将潜在错报金额合计数与其进行比较，判断缺陷类型；如果重要性水平和一般水平是相对数，需进一步计算错报指标再进行比较判断。错报指标的计算公式为：

错报指标 = 潜在错报金额合计数 ÷ 当期主营业务收入（或期末资产）

（二）非财务报告缺陷的认定步骤

1. 结合相关迹象，判断是否存在非财务报告内部控制缺陷。

2. 采用定性或者定量的方法确定认定标准。例如，厦门某上市公司制定的非财务报告缺陷认定标准如表 6 - 2 所示。

表 6 - 2　　厦门某上市公司的非财务报告缺陷认定标准

缺陷认定等级	直接财产损失金额	定性标准
一般缺陷	直接损失金额 < 利润总额的 3%	不构成重大缺陷和重要缺陷的内部控制缺陷，认定为一般缺陷
重要缺陷	利润总额的 3% ≤ 直接损失金额 < 利润总额的 5%	单独缺陷或连同其他缺陷组合，其严重程度低于重大缺陷，但仍有可能导致公司偏离控制目标

续表

缺陷认定等级	直接财产损失金额	定性标准
重大缺陷	直接损失金额≥利润总额的5%	出现以下迹象的，认定为非财务报告内部控制可能存在重大缺陷： ①公司缺乏民主决策程序，如缺乏“三重一大”决策程序； ②公司决策程序不科学，如决策失误，导致并购不成功； ③严重违反国家法律、法规； ④核心管理人员或核心技术人员纷纷流失； ⑤媒体负面新闻频现； ⑥重要业务缺乏制度控制或制度系统性失效

第六节 内部控制评价

一、内部控制评价的定义

根据《企业内部控制基本规范》的规定，内部控制评价是指企业董事会或类似权力机构对内部控制的有效性进行全面评价、形成评价结论、出具评价报告的过程。对内部控制评价的定义，可以从三个方面理解。

（一）内部控制评价的主体是董事会或类似的权力机构

内部控制评价的主体是董事会或类似的权力机构。董事会可以指定审计委员会来承担对内部控制评价的组织、领导和监督职责，并通过授权内部审计部门或独立的内部控制评价机构执行内部控制评价的具体工作，但董事会仍对内部控制评价承担最终的责任，对内部控制评价报告的真实性负责。聘请中介机构进行内部控制评价，并不会减轻或消除董事会对内部控制评价的责任。

（二）内部控制评价的对象是内部控制的有效性

内部控制评价的对象是内部控制的有效性。内部控制的有效性，是指企业的内部控制政策和措施应符合国家法律、法规的相关规定，同时内部控制制度也要设计完整、合理，在企业生产过程中能够得到有效的贯彻执行，并实现内部控制的目标。对于为实现单个或整体控制目标而设计与运行的控制不存在重大缺陷的情形的，企业应当认定针对这些整体控制目标的内部控制是有效的。对于为实现某一整体控制目标而设计与运行的控制存在一个或多个重大缺陷的情形，企业应当认定针对该项整体控制目标的内部控制是无效的。

内部控制的有效性包括内部控制设计的有效性和内部控制运行的有效性。

内部控制设计的有效性是指为实现控制目标所必需的内部控制要素都存在并

且设计恰当。评价内部控制设计的有效性，应充分考虑：（1）是否为防止、发现并纠正财务报告重大错报而设计了相应的控制；（2）是否为合理保障资产安全而设计了相应的控制；（3）相关控制的设计是否能够保证企业遵循适用的法律法规；（4）相关控制的设计是否有助于企业提高经营效率和效果，实现发展战略。

内部控制运行的有效性是指现有内部控制按照规定程序得到了正确执行。评价内部控制运行的有效性，应充分考虑：（1）相关控制在评价期内是如何运行的；（2）相关控制是否得到了持续一致的运行；（3）实施控制的人员是否具备必要的权限和能力；（4）相关控制运行的方式，一般包括人工控制和自动控制、预防性控制和发现性控制。

（三）内部控制评价是一个过程

内部控制评价需要了解内部控制的真实状况。了解内部控制的真实状况的过程，就是获取内部控制状况证据的过程。内部控制评价工作是一个系统性过程，不是一蹴而就的，它是一个涵盖计划、实施、报告等多个阶段和包含多个步骤的动态过程。

二、内部控制评价的原则

企业实施内部控制评价至少应当遵循下列原则。

（一）全面性原则

评价工作应当包括内部控制的设计与运行，涵盖企业及其所属单位的各种业务和事项。

（二）重要性原则

评价工作应当在全面评价的基础上关注重要业务单位、重大业务事项和高风险领域。

（三）客观性原则

评价工作应当准确地揭示经营管理的风险状况，如实反映内部控制设计与运行的有效性。

企业应当根据《企业内部控制评价指引》的规定，结合内部控制设计与运行的实际情况，制定具体的内部控制评价办法，规定评价的原则、内容、程序、方法和报告形式等，明确相关机构或岗位的职责权限，落实责任制，按照规定的办法、程序和要求，有序开展内部控制评价工作。企业董事会应当对内部控制评价报告的真实性负责。

三、内部控制评价的内容

企业应当围绕内部环境、风险评估、控制活动、信息与沟通、内部监督等要素，确定内部控制评价的具体内容，并建立内部控制评价的核心指标体系，对内部控制设计与运行情况进行全面评价。

（一）内部环境的评价

企业组织开展内部环境评价，应当以组织架构、发展战略、人力资源、企业文化、社会责任等应用指引为依据，结合本企业的内部控制制度，对内部环境的设计及实际运行情况进行认定和评价。

（二）风险评估的评价

企业组织开展风险评估机制评价，应当以《企业内部控制基本规范》有关风险评估的要求及各项应用指引中所列主要风险为依据，结合本企业的内部控制制度，对日常经营管理过程中的风险识别、风险分析、应对策略等进行认定和评价。

（三）控制活动的评价

企业组织开展控制活动评价，应当以《企业内部控制基本规范》和各项应用指引中的控制措施为依据，结合本企业的内部控制制度，对相关控制措施的设计和运行情况进行认定和评价。

（四）信息与沟通的评价

企业组织开展信息与沟通评价，应当以内部信息传递、财务报告、信息系统等相关应用指引为依据，结合本企业的内部控制制度，对信息收集、处理和传递的及时性、反舞弊机制的健全性、财务报告的真实性、信息系统的安全性，以及利用信息系统实施内部控制的有效性等进行认定和评价。

（五）内部监督的评价

企业组织开展内部监督评价，应当以《企业内部控制基本规范》有关内部监督的要求，以及各项应用指引中有关日常管控的规定为依据，结合本企业的内部控制制度，对内部监督机制的有效性进行认定和评价，重点关注监事会、审计委员会、内部审计机构等是否在内部控制设计和运行中有效发挥监督作用。

内部控制评价工作应当形成工作底稿，详细记录企业执行评价工作的内容，包括评价要素、主要风险点、采取的控制措施、有关证据资料以及认定结果等。评价工作底稿应当设计合理、证据充分、简便易行、便于操作。

四、内部控制评价的方法

企业在开展内部控制检查评价工作过程中，应当根据评价内容和被评价单位具体情况，综合运用个别访谈、调查问卷、专题讨论、穿行测试、实地查验、抽样和比较分析等方法，广泛收集被评价单位内部控制设计和运行是否有效的证据。

评价方法的选择应当有利于保证证据的充分性和适当性。证据的充分性是指获取的证据能够为形成内部控制评价结论提供合理保证；证据的适当性是指获取的证据与相关控制的设计与运行有关，并能可靠地反映控制的实际状况。

（一）个别访谈法

个别访谈法主要用于了解企业及其所属单位内部控制的基本情况。评价人员在访谈前应根据内部控制评价目标和要求形成访谈提纲，如有必要可先提供给被访谈人员进行准备，被访谈人员主要为单位领导、相关机构负责人或一般岗位员工。评价人员在访谈工作结束后应撰写访谈纪要，如实记录访谈的内容。

（二）调查问卷法

调查问卷法常见于内部环境评价。调查问卷一般包括填列项目、控制描述和支持性文档等内容。其中，“填列项目”基于企业实际情况，明确被评价单位或对象需要填列的内部控制评价内容；“控制描述”是指被评价单位或对象针对评价内容，考虑是否存在相关的控制，并如实填写相关控制的设计与运行情况；“支持性文档”要求被评价单位或对象列示相关控制所涉及的支持性文档，如对领导层是否重视内控工作进行评价，需要列示有关会议纪要、审阅记录等文档；对企业文化进行评价，需要列示企业文化手册、员工行为守则等文档。

（三）专题讨论法

专题讨论法通常用于控制活动评价，是指通过召集与业务流程相关的管理人员就业务流程的特定环节或某类具体问题进行讨论及评估的一种方法。专题讨论法既是一种常见的控制评价方法，也是形成缺陷整改方案的重要途径。对于同时涉及财务、业务、信息技术等方面的控制缺陷，往往需要由内部控制专职机构组织召开专题讨论会议，综合内部各机构、各方面的意见，研究确定缺陷整改方案。

（四）穿行测试法

穿行测试法是指在内部控制系统中任意选取一笔交易作为样本，追踪该交易从最初起源直到最终在财务报表或其他经营管理报告中反映出来的过程，即该流程从起点到终点的全过程，以此来了解整个业务流程状况，识别出其中的关键控制环节，评估相关控制设计与运行的有效性。

（五）实地查验法

实地查验法是指企业对财产进行盘点、清查，以及对存货等实物资产的出入库环节进行现场查验，主要用于对资产安全性目标的实现情况所作的评价。实地查验法通常应与抽样法结合运用。企业对财产进行实地查验，需要制定统一的测试工作表，并从特定的样本库中抽取若干测试样本，与业务记录、财务单证等进行核对验证，以此判断与资产安全目标相关的各项控制的有效性。

（六）抽样法

抽样法是指企业针对具体的业务流程，按照业务发生频率及固有风险的高低，从确定的样本库中抽取一定比例的业务样本，对业务样本的控制水平进行判断，进而对整个业务流程的内部控制有效性作出评价。抽样法是控制测试的常用方法，分为随机抽样和其他抽样。随机抽样是指按随机原则从样本库中抽取一定数量的样本；其他抽样是指人工任意选取或按某一特定标准从样本库中抽取一定数量的样本。应用抽样法时，应注意样本库须包含符合测试要求的所有样本，测试人员首先应对样本库的完整性进行确认。

（七）比较分析法

比较分析法是指通过分析、比较数据间的关系、趋势或比率等来取得评价证据的方法。企业可以将评价过程中取得的数据与历史数据、行业标准数据或最优数据等进行比较，找出其中异常波动的情形，并重点对异常区间的内部控制有效性进行检查评价。

五、内部控制评价的程序

内部控制评价程序一般包括制定评价工作方案、组成评价工作组、实施现场测试、认定控制缺陷、汇总评价结果、编报评价报告等环节。

（一）制订评价工作方案

内部控制评价部门应当根据企业实际情况和管理要求，分析企业经营管理过程中的高风险领域和重要业务事项，制订科学合理的评价工作方案，报经董事会或其授权机构审批后实施。评价工作方案应当明确评价主体范围、工作任务、人员组织、进度安排和费用预算等相关内容。评价工作方案既可以全面评价为主，也可以根据需要采用重点评价的方式，一般而言，内部控制建立与实施初期，实施全面综合评价有利于推动内部控制工作的深入有效开展；内部控制系统趋于成熟后，企业可在全面评价的基础上更多地采用重点评价或专项评价，以提高内部控制评价的效率和效果。

（二）组成评价工作组

企业内部控制评价部门应当根据经批准的评价方案，组成内部控制评价工作组，具体实施内部控制评价工作。评价工作组应当吸收企业内部相关机构熟悉情况的业务骨干参加。评价工作组成员对本部门的内部控制评价工作应当实行回避制度。

企业可以委托中介机构实施内部控制评价。为企业提供内部控制审计服务的会计师事务所，不得同时为同一企业提供内部控制评价服务。

内部控制评价部门必须具备一定的设置条件：（1）能够独立行使对内部控制系统建立与运行过程及结果进行监督的权力；（2）具备与监督和评价内部控制系统相适应的专业胜任能力和职业道德素养；（3）与企业其他职能机构就监督与评价内部控制系统保持沟通协调，在工作中相互配合、相互制约，在效率上满足企业对内部控制系统进行监督与评价所提出的有关要求；（4）能够得到企业董事会和经理层的支持，有足够的权威性来保证内部控制评价工作的顺利开展。

（三）实施现场测试

内部控制评价工作组应当对被评价单位进行现场测试，综合运用个别访谈、调查问卷、专题讨论、穿行测试、实地查验、抽样和比较分析等方法，充分收集被评价单位内部控制设计和运行是否有效的证据，按照评价的具体内容，如实填写评价工作底稿，研究分析内部控制缺陷。

（四）认定控制缺陷

内部控制缺陷包括设计缺陷和运行缺陷。企业对内部控制缺陷的认定，应当以日常监督和专项监督为基础，结合年度内部控制评价，由内部控制评价部门进行综合分析后提出认定意见，按照规定的权限和程序进行审核后予以最终认定。

企业在日常监督、专项监督和年度评价工作中，应当充分发挥内部控制评价工作组的作用。内部控制评价工作组应当根据现场测试获取的证据，对内部控制缺陷进行初步认定，并按其影响程度分为重大缺陷、重要缺陷和一般缺陷。

企业内部控制评价工作组应当建立评价质量交叉复核制度，评价工作组负责人应当对评价工作底稿进行严格审核，并对所认定的评价结果签字确认后，提交企业内部控制评价部门。

（五）汇总评价结果

企业内部控制评价部门应当编制内部控制缺陷认定汇总表，结合日常监督和专项监督发现的内部控制缺陷及其持续改进情况，对内部控制缺陷及其成因、表现形式和影响程度进行综合分析和全面复核，提出认定意见，并以适当的形式向董事会、监事会或者经理层报告。重大缺陷应当由董事会予以最终认定。

企业对于认定的重大缺陷，应当及时采取应对策略，切实将风险控制在可承受度之内，并追究有关部门或相关人员的责任。

（六）编报评价报告

1. 评价报告的内容。企业应当根据《企业内部控制基本规范》《企业内部控制应用指引》和《企业内部控制评价指引》，设计内部控制评价报告的种类、格式和内容，明确内部控制评价报告编制程序和要求，按照规定的权限报经批准后对外报出。

内部控制评价报告应当分别按内部环境、风险评估、控制活动、信息与沟通、内部监督等要素进行设计，对内部控制评价过程、内部控制缺陷认定及整改情况、内部控制有效性的结论等相关内容作出披露。

内部控制评价报告至少应当披露下列内容。

（1）董事会对内部控制报告真实性的声明。声明董事会及全体董事对报告内容的真实性承担个别及连带责任，保证报告内容不存在任何虚假记载、误导性陈述或重大遗漏。

（2）内部控制评价工作的总体情况。明确企业内部控制评价工作的组织形式、领导体制、进度安排和汇报途径等。

（3）内部控制评价的依据。说明企业开展内部控制评价工作所依据的法律法规和规章制度，一般包括《企业内部控制基本规范》《企业内部控制应用指引》《企业内部控制评价指引》以及企业制定的内部控制制度和内部控制评价办法等。

（4）内部控制评价的范围。描述内部控制评价所涵盖的被评价单位，以及纳入评价范围的业务事项。内部控制评价的范围应当包括企业经营管理的主要方面，不存在重大遗漏。

（5）内部控制评价的程序和方法。描述内部控制评价工作遵循的基本流程，以及评价过程中采用的主要方法。

（6）内部控制缺陷及其认定。描述适用于本企业的内部控制缺陷具体认定标准，并声明与以前年度保持一致；根据内部控制缺陷认定标准，确定评价期末存在的重大缺陷、重要缺陷和一般缺陷。

（7）内部控制缺陷的整改情况。针对评价期末存在的内部控制缺陷，阐明企业拟采取的整改措施及预期效果。对于评价期间发现、期末已完成整改的重大缺陷，说明企业有足够的测试样本显示，与该重大缺陷相关的内部控制目前保持了设计与运行有效。

（8）内部控制有效性的结论。对不存在重大缺陷的情形，出具评价期末内部控制有效结论；对存在重大缺陷的情形，不得作出内部控制有效的结论，并需描述该重大缺陷的成因、表现形式及其对实现相关控制目标的影响程度。自内部控制评价报告基准日至内部控制评价报告发出日之间发生重大缺陷的，企业须责成内部控制评价部门予以核实，并根据核查结果对评价结论进行相应调整。

2. 评价报告的编制。企业应当根据年度内部控制评价结果，结合内部控制评价工作底稿和内部控制缺陷汇总表等资料，按照规定的程序和要求，及时编制内部控制评价报告。

内部控制评价报告按照编制时间的不同，分为定期报告和不定期报告。定期报告是指企业至少每年进行一次内部控制评价工作，编制评价报告，并由董事会对外发布或以其他方式加以合理利用。年度内部控制评价报告以 12 月 31 日作为基准日。不定期报告是指企业出于特定目的或针对特定事项而临时开展内部控制评价工作并编制评价报告。不定期报告的编制时间和编制频率由企业根据实际情况确定。

内部控制评价报告的编制主体包括单个企业和企业集团的母公司。单个企业内部控制评价报告是指某一企业以自身经营业务和管理活动为基础编制的内部控制评价报告；企业集团内部控制评价报告是企业集团的母公司以母公司及控股子公司的经营业务和管理活动为基础编制的内部控制评价报告，是对企业集团内部控制设计与运行有效性的总体评价。

3. 评价报告的报送。内部控制评价报告应当报经董事会或类似权力机构批准后对外披露或报送相关部门。

企业内部控制评价部门应当关注自内部控制评价报告基准日至内部控制评价报告发出日之间是否发生影响内部控制有效性的因素，并根据其性质和影响程度对评价结论进行相应调整。

企业内部控制审计报告应当与内部控制评价报告同时对外披露或报送。

企业应当以 12 月 31 日作为年度内部控制评价报告的基准日。内部控制评价报告应于基准日后 4 个月内报出。

企业应当建立内部控制评价工作档案管理制度。内部控制评价的有关文件资料、工作底稿和证明材料等应当妥善保管。

4. 评价报告的使用。内部控制评价报告的使用者包括政府监管部门、投资者及其他利益相关者、中介机构和研究机构等。

（1）政府监管部门根据内部控制评价报告可以了解《企业内部控制基本规范》及其三个配套指引的实施情况，通过不同企业、不同行业内部控制评价报告的分析比较，可以发现内部控制相关法律法规实施中存在的问题，作为进一步健全内部控制法律法规体系、优化内部控制执行机制的重要依据。

（2）投资者及其他利益相关者根据内部控制评价报告可以了解企业内部控制水平，评估企业抗风险能力和持续经营实力，从而为投资决策和正确行使相关权利奠定基础。必要时，投资者及其他利益相关者还可依据内部控制评价报告，有的放矢地进行调查研究和实地考察，促进企业持续完善内部控制系统。

（3）中介机构和研究机构可以通过研究分析内部控制评价报告，知悉企业内部控制发展现状，在综合运用比较分析、趋势分析等方法的基础上形成并发布内部控制研究报告，服务于监管部门、投资者和社会公众。

内部控制评价是企业董事会对本企业内部控制有效性的自我评价，具有一定的主观性，因此，在此基础上形成的内部控制评价报告只能作为有关方面了解企业内部控制设计与运行情况的途径之一。在使用内部控制评价报告时，还应注意与内部控制审计信息、内部控制监管信息、财务报告信息等相关信息结合使用，切实做到全面分析、综合判断、相互验证。

六、内部控制自我评价

企业应当结合内部监督情况，定期对内部控制的有效性进行自我评价，出具内部控制自我评价报告。

内部控制自我评价的方式、范围、程序和频率，由企业根据经营业务调整、经营环境变化、业务发展状况、实际风险水平等自行确定。

七、内部控制评价指数

（一）迪博发布的中国上市公司内部控制指数

迪博发布的中国上市公司内部控制指数，也称为迪博指数。迪博指数，是结合国内上市公司实施内部控制体系的现状，基于内部控制合规、报告、资产安全、经营、战略五大目标的实现程度设计内部控制基本指数，同时将内部控制缺陷作为修正变量对内部控制基本指数进行修正，最终形成综合反映上市公司内控水平和风险管控能力的内部控制指数。

迪博指数是由迪博公司基于财政部批准的全国重点会计科研课题——中国上市公司内部控制指数研究，设计出“迪博·中国上市公司内部控制指数”，并于2011 年 8 月在北京召开首次发布会，公布上市公司内部控制水平的排名。目前，国内内部控制研究大多数采用迪博指数来衡量上市公司的内部控制质量。

（二）厦门大学内控指数课题组发布的中国上市公司内部控制指数

自 2009 年起，厦门大学内控指数课题组建立了一套系统的内部控制评价体系，对我国上市公司内部控制水平进行评价，并连续每年对外发布中国上市公司内部控制指数。该指数确定了内部环境、风险评估、控制活动、信息与沟通、内部监督等 5 个一级评价指标、25 个二级指标、35 个三级指标、158 个四级指标的四级指标体系。我国自 2012 年 1 月 1 日起主板上市公司开始分类分批实施内部控制规范体系；2014 年 1 月，证监会与财政部联合制定了《公开发行证券的公司信息披露编报规则第 21 号——年度内部控制评价报告的一般规定》。该课题组为了进一步加强上市公司内部控制评价信息的披露规范要求，已经对四级指标进行修订，以更好地结合相关政策法规要求，衡量上市公司的内部控制水平。

第七节　内部控制审计

一、内部控制审计概述

（一）内部控制审计的定义

内部控制审计，是指会计师事务所接受委托，对特定基准日（如每年的 12 月 31 日）内部控制设计与运行的有效性进行审计。

建立健全和有效实施内部控制，评价内部控制的有效性，是企业董事会的责任。按照《企业内部控制审计指引》的要求，在实施审计工作的基础上对内部控制的有效性发表审计意见是注册会计师的责任。

注册会计师执行内部控制审计工作，应当获取充分、适当的证据，为发布内部控制审计意见提供合理保证。注册会计师应当对财务报告内部控制的有效性发表审计意见，并对内部控制审计过程中注意到的非财务报告内部控制的重大缺陷，在内部控制审计报告中增加“非财务报告内部控制重大缺陷描述段”予以披露。

财务报告内部控制，是指企业为了合理保证财务报告及相关信息真实完整而设计和运行的内部控制，以及用于保护资产安全的内部控制中与财务报告可靠性目标相关的控制。主要包括下列方面政策和程序：（1）保存充分、适当的记录，准确、公允地反映企业的交易和事项；（2）合理保证按照企业会计准则的规定编制财务报表；（3）合理保证收入和支出的发生以及资产的取得、使用或处置经过适当授权；（4）合理保证及时防止或发现并纠正未经授权的、对财务报表有重大影响的交易和事项。

非财务报告内部控制，是指除财务报告内部控制之外的其他控制，通常是指为了合理保证经营的效率效果、遵守法律法规、实现发展战略而设计和运行的控制，以及用于保护资产安全的内部控制中与财务报告可靠性目标无关的控制。

注册会计师可以单独进行内部控制审计，也可将内部控制审计与财务报表审计整合进行（以下简称“整合审计”）。在整合审计中，注册会计师应当对内部控制设计和运行的有效性进行测试，以同时实现下列目标：（1）获取充分、适当的证据，支持其在内部控制审计中对内部控制的有效性发表的意见；（2）获取充分、适当的证据，支持其在财务报表审计中对控制的风险评估结果。

（二）内部控制审计与相关业务的区别

1. 内部控制审计与内部控制评价。内部控制审计属于注册会计师外部评价，内部控制评价属于企业董事会自我评价，两者有着本质的区别。

（1）两者的责任主体不同。建立健全和有效实施内部控制，评价内部控制的有效性，是企业董事会的责任；在实施审计工作的基础上对内部控制的有效性发表审计意见是注册会计师的责任。

（2）两者的评价目标不同。内部控制评价是企业董事会对各内部控制目标实施的全面评价；内部控制审计是注册会计师侧重对财务报告内部控制目标实施的审计评价。

（3）两者的评价结论不同。企业董事会对内部控制整体有效性发表意见，并在内部控制评价报告中出具内部控制有效性结论；注册会计师仅对财务报告内部控制的有效性发表意见，对内部控制审计过程中注意到的非财务报告内部控制的重大缺陷，在内部控制审计报告中增加“非财务报告内部控制重大缺陷描述段”予以披露。

虽然内部控制审计与内部控制评价具有上述区别，但两者往往依赖同样的证据、遵循类似的测试方法、使用同一基准日，因而也必然存在一些内在的联系。在内部控制审计过程中，注册会计师可以根据实际情况对企业内部控制评价工作进行评估，判断是否利用企业内部审计人员、内部控制评价人员和其他相关人员的工作以及可利用程度，从而相应减少本应由注册会计师执行的工作。

2. 内部控制审计与财务报表审计。内部控制审计与财务报表审计的目标不同。前者是对被审计单位内部控制设计与运行的有效性进行审计，并重点就财务报告内部控制的有效性发表审计意见；后者是对财务报表是否按照国家统一的会计准则制度的规定编制，是否在所有重大方面公允反映被审计单位的财务状况、经营成果和现金流量发表审计意见。审计目标的不同导致两者在审计程序上也有着较大区别。

但由于两者均关注财务报告质量和审计风险，审计过程中形成的审计证据又可以相互支持、相互利用，为此，注册会计师在计划和执行内部控制审计工作时，可以根据实际情况将内部控制审计与财务报表审计进行整合，以降低审计成本、提高审计质量。在整合审计中，注册会计师应当对内部控制设计与运行的有效性进行测试，以同时实现两类目标：（1）获取充分、适当的证据，支持其在内部控制审计中对内部控制有效性发表的意见；（2）获取充分、适当的证据，支持其在财务报表审计中对控制风险的评价结果。

聘请会计师事务所开展内部控制审计是建设与实施内部控制的重要环节，是检验内部控制有效性的重要手段和有力保证。需要强调的是，内部控制审计是一项区别于财务报告审计的独立业务，企业应就该项业务与会计师事务所签订单独的业务约定书。同时，企业也应权衡审计成本与审计效益，在业务约定书中明确有关费用标准，并对会计师事务所审计资源的投入和审计质量提出明确要求。内部控制审计费用是企业实施内部控制规范体系应当承担的成本，企业应安排相应经费确保审计工作的及时、有效开展。

二、计划审计工作

注册会计师需恰当地计划内部控制审计工作，配备具有专业胜任能力的项目组，并对助理人员进行适当的督导。

（一）评估影响因素

计划审计工作时，注册会计师应当评价有关事项对内部控制、财务报表以及审计工作的影响：

（1）与企业相关的风险；

（2）相关法律法规和行业概况；

（3）企业组织结构、经营特点和资本结构等相关重要事项；

（4）企业内部控制最近发生变化的程度；

（5）与企业沟通过的内部控制缺陷；

（6）重要性、风险等与确定内部控制重大缺陷相关的因素；

（7）对内部控制有效性的初步判断；

（8）可获取的、与内部控制有效性相关的证据的类型和范围。

（二）关注高风险领域

注册会计师应当充分认识风险评估在计划审计工作中的作用，以风险评估为基础，选择拟测试的控制，确定测试所需收集的证据。内部控制的特定领域存在重大缺陷的风险越高，给予该领域的审计关注就越多。

在进行风险评估以及确定必要的程序时，注册会计师应当考虑企业组织结构、经营单位或流程的复杂程度可能产生的重要影响和作用。企业组织结构、经营单位或流程的复杂程度可能影响企业实现控制目标的方式。企业的规模和复杂程度也可能影响错报风险以及应对该风险所需实施的控制。注册会计师应当根据企业情况调整工作范围，以获取充分、适当的证据，支持发表的意见。

（三）慎重利用他人评价成果

注册会计师应当在计划审计阶段对企业董事会的内部控制评价工作进行评估，判断是否在内部控制审计工作中利用企业内部审计人员、内部控制评价人员和其他相关人员的工作以及可利用的程度，相应减少可能应由注册会计师执行的工作。

注册会计师利用企业内部审计人员、内部控制评价人员和其他相关人员的工作，应当对其专业胜任能力和客观性进行充分评价。一般而言，与某项控制相关的风险越高，他人工作的可利用程度就越低，注册会计师应当更多地对该项控制亲自进行测试。需要强调的是，注册会计师对发表的审计意见独立承担责任，其责任不因为利用企业内部审计人员、内部控制评价人员和其他相关人员的工作而减轻。

三、实施审计工作

注册会计师按照自上而下的方法实施审计工作，自上而下的方法是注册会计师识别风险、选择拟测试控制的基本思路。注册会计师在实施审计工作时，可以将企业层面控制和业务层面控制的测试结合进行。

（一）测试企业层面控制

注册会计师测试企业层面的控制，在把握重要性原则的基础上，一般关注：
（1）与内部环境相关的控制；
（2）针对董事会、经理层凌驾于控制之上的风险而设计的控制；
（3）企业的风险评估过程，对内部信息传递和财务报告流程的控制；
（4）对控制有效性的内部监督和自我评价。

（二）测试业务层面控制

注册会计师测试业务层面的控制，在把握重要性原则的基础上，结合企业实际、内部控制相关法律法规要求和企业层面控制的测试情况，重点对企业生产经营活动中的重要业务与事项的控制进行测试。注册会计师需关注信息系统对内部控制及风险评估的影响。

（三）测试与舞弊风险相关的控制

注册会计师在测试企业层面控制和业务层面控制时，应评价内部控制是否足以应对舞弊风险。舞弊风险因素是指注册会计师在了解被审计单位及其内部环境时识别的、可能表明存在舞弊动机、压力或机会的事项或情况，以及被审计单位对可能存在的舞弊行为的合理化解释。

与舞弊风险相关的控制通常包括：
（1）针对重大的非常规交易的控制；
（2）针对关联方交易的控制；
（3）与管理层的重大会计政策和会计估计相关的控制；
（4）针对期末财务报告中编制的分录和做出的调整的控制；
（5）能够减弱管理层伪造或不恰当操纵财务结果的动机及压力的控制等。

注册会计师应当根据舞弊风险评估结果，对上述控制实施有针对性的测试。

（四）测试内部控制设计与运行的有效性

如果某项控制由拥有必要授权和专业胜任能力的人员按照规定的程序与要求执行，能够实现控制目标，表明该项控制的设计是有效的；如果某项控制正在按照设计运行，执行人员拥有必要授权和专业胜任能力，能够实现控制目标，表明该项控制的运行是有效的。

（五）获取内部控制有效设计与运行的证据

注册会计师在测试内部控制设计与运行的有效性时，可综合运用询问适当人员、观察经营活动、检查相关文件、穿行测试和重新执行等方法，获取充分、适当的证据以支持审计结论。与内部控制相关的风险越高，注册会计师需要获取的证据越多。

为确保证据的充分性和适当性，注册会计师通常需对测试时间安排进行权衡，既要尽量在接近企业内部控制自我评价基准日实施测试，又要保证实施的测试能够涵盖足够长的期间。

注册会计师对于内部控制运行偏离设计的情况（即控制偏差），应确定该偏差对相关风险评估、需要获取的证据以及控制运行有效性结论的影响。

在连续审计中，注册会计师有必要考虑以前年度执行内部控制审计时了解的情况，以合理确定测试的性质、时间安排和范围。

四、评价内部控制缺陷

内部控制缺陷按其成因分为设计缺陷和运行缺陷，按其影响程度分为重大缺陷、重要缺陷和一般缺陷。

注册会计师在对内部控制设计与运行的有效性进行测试的基础上，须评价其识别的各项内部控制缺陷的严重程度，以确定这些缺陷单独或组合起来，是否构成重大缺陷并影响其审计结论。在确定一项内部控制缺陷或多项内部控制缺陷的组合是否构成重大缺陷时，注册会计师还应当评价补偿性控制（替代性控制）的影响。

（一）财务报告内部控制缺陷

表明企业财务报告内部控制可能存在重大缺陷的迹象主要包括：

（1）注册会计师发现董事、监事和高级管理人员舞弊；

（2）企业更正已经公布的财务报表；

（3）注册会计师发现当期财务报表存在重大错报，而在内部控制运行过程中未能发现该错报；

（4）企业审计委员会和内部审计机构对内部控制的监督无效。

（二）非财务报告内部控制缺陷

注册会计师对在审计过程中注意到的非财务报告内部控制缺陷，区别具体情况予以处理。

（1）注册会计师认为非财务报告内部控制缺陷为一般缺陷的，应当与企业进行沟通，提醒企业加以改进，但无须在内部控制审计报告中说明。

（2）注册会计师认为非财务报告内部控制缺陷为重要缺陷的，应当以书面形式与企业董事会和经理层沟通，提醒企业加以改进，但无须在内部控制审计报告中说明。

（3）注册会计师认为非财务报告内部控制缺陷为重大缺陷的，应当以书面形式与企业董事会和经理层沟通，提醒企业加以改进；同时应当在内部控制审计报告中增加非财务报告内部控制重大缺陷描述段，对重大缺陷的性质及其对实现相关控制目标的影响程度进行披露，提示内部控制审计报告使用者注意相关风险。

五、完成审计工作

（一）取得书面声明

注册会计师完成审计工作后，应当取得经企业签署的书面声明。书面声明应当包括下列内容：

（1）企业董事会认可其对建立健全和有效实施内部控制负责；

（2）企业已对内部控制的有效性做出自我评价，并说明评价时采用的标准以及得出的结论；

（3）企业没有利用注册会计师执行的审计程序及其结果作为自我评价的基础；

（4）企业已向注册会计师说明识别出的所有内部控制缺陷，并单独说明其中的重大缺陷和重要缺陷；

（5）企业对于注册会计师在以前年度审计中识别的重大缺陷和重要缺陷，是否已经采取措施予以解决；

（6）企业在内部控制自我评价基准日后，内部控制是否发生重大变化，或者产生对内部控制具有重要影响的其他因素。

企业如果拒绝提供或以其他不当理由回避书面声明，注册会计师应将其视为审计范围受到限制，解除业务约定或出具无法表示意见的内部控制审计报告。

（二）沟通控制缺陷

注册会计师应与企业沟通审计过程中识别的所有控制缺陷，重大缺陷和重要缺陷须以书面形式与董事会和经理层沟通。注册会计师认为企业审计委员会和内部审计机构对内部控制监督无效的，应以书面形式直接与董事会和经理层沟通。书面沟通需在注册会计师出具内部控制审计报告之前进行。

（三）形成审计意见

注册会计师对获取的证据进行评价，形成对内部控制有效性的意见，出具审计报告。

六、出具审计报告

（一）审计报告的基本内容

注册会计师在完成内部控制审计工作后，应当出具内部控制审计报告。标准的内部控制审计报告应当包括下列要素。

1. 标题。审计报告的标题应当统一规范为“内部控制审计报告”。

2. 收件人。审计报告的收件人是指注册会计师按照业务约定书的要求致送审计报告的对象，一般是指审计业务的委托人。审计报告应当载明收件人的全称。

3. 引言段。审计报告的引言段，应当说明企业的名称和内部控制已经审计，并包括下列内容：

（1）指出内部控制鉴证依据的控制标准；

（2）提及管理层对内部控制的评估报告；

（3）指明内部控制的评估截止日期。

4. 企业对内部控制的责任段。企业对内部控制的责任段，应当说明按照《企业内部控制基本规范》《企业内部控制应用指引》《企业内部控制评价指引》的规定，建立健全和有效实施内部控制并评价其有效性，是企业董事会的责任。

5. 注册会计师的责任段。应当说明注册会计师的责任是在实施审计工作的基础上，对财务报告内部控制的有效性发表审计意见，并对注意到的非财务报告内部控制的重大缺陷进行披露。

6. 内部控制固有局限性的说明段。内部控制的固有局限性说明段，应当说明内部控制具有固有局限性，存在不能防止和发现错报的可能性。此外，由于情况的变化可能导致内部控制变得不恰当，或对控制政策和程序遵循的程度降低，根据内部控制审计结果推测未来内部控制的有效性具有一定风险。

7. 财务报告内部控制审计意见段。是否按照《企业内部控制基本规范》和相关规定在所有重大方面保持了有效的财务报告内部控制。

8. 非财务报告内部控制重大缺陷描述段。该段落应当说明：“在内部控制审计过程中，注意到××公司的非财务报告内部控制存在重大缺陷（描述该缺陷的性质及其对实现相关控制目标的影响程度）。由于存在上述重大缺陷，提醒本报告使用者注意相关风险。需要指出的是，由于并不对××公司的非财务报告内部控制发表意见或提供保证，本段内容不影响对财务报告内部控制有效性发表的审计意见。”

9. 注册会计师的签名和盖章。审计报告应当由注册会计师签名并盖章。

10. 会计师事务所的名称、地址及盖章。审计报告应当载明会计师事务所的名称和地址，并加盖会计师事务所公章。

11. 报告日期。审计报告应当注明报告日期。报告的日期不应早于注册会计师获取充分、适当的证据（包括管理层认可对内部控制及评估报告的责任且已批准评估报告的证据），并在此基础上对内部控制形成审计意见的日期。

（二）审计意见的类型

审计意见的类型包括标准审计意见、带强调事项段的无保留意见、否定意见和无法表示意见四种意见类型。

1. 无保留意见的审计报告。如果符合下列所有条件的，注册会计师应当对财务报告内部控制出具无保留意见的内部控制审计报告。

（1）企业按照《企业内部控制基本规范》《企业内部控制应用指引》《企业内部控制评价指引》以及企业自身内部控制制度的要求，在所有重大方面保持了有效的内部控制。

（2）注册会计师已经按照《企业内部控制审计指引》的要求计划和实施审计工作，在审计过程中未受到限制。

如果确定管理层对内部控制评估报告的要素不完整或表达不当（例如，管理层内部控制评估报告的认定意见与内部控制审计报告意见存在不符），注册会计师应当在报告中增加说明段。当注册会计师出具的无保留意见的审计报告不附加说明段、提请关注事项段或任何修饰性用语时，该报告称为标准审计报告。

2. 带强调事项段的无保留意见的审计报告。注册会计师认为财务报告内部控制虽不存在重大缺陷，但仍有一项或者多项重大事项需要提请内部控制审计报告使用人注意的，需要在内部控制审计报告中增加强调事项段，予以说明。

注册会计师需要在强调事项段中指明，该段内容仅用于提醒内部控制审计报告使用者关注，并不影响对财务报告内部控制发表的审计意见。

3. 否定意见的审计报告。注册会计师认为财务报告内部控制存在一项或多项重大缺陷的，除非审计范围受到限制，需要对财务报告内部控制发表否定意见。注册会计师出具否定意见的内部控制审计报告，还需要包括上述重大缺陷的定义、重大缺陷的性质及其对财务报告内部控制的影响程度。

4. 无法表示意见的审计报告。注册会计师只有实施了必要的审计程序，才能对内部控制的有效性发表意见。注册会计师审计范围受到限制的，需要解除业务约定或出具无法表示意见的内部控制审计报告，并就审计范围受到限制的情况，以书面形式与董事会进行沟通。

注册会计师在出具无法表示意见的内部控制审计报告时，需要在内部控制审计报告中指明审计范围受到限制，无法对内部控制的有效性发表意见。

注册会计师在已执行的有限程序中发现财务报告内部控制存在重大缺陷的，需要在内部控制审计报告中对重大缺陷做出详细说明。

（三）对期后事项影响的处理

在企业内部控制自我评价基准日并不存在，但在该基准日之后至审计报告日之前（以下简称“期后”）内部控制可能发生变化，或出现其他可能对内部控制产生重要影响的因素，注册会计师应当询问是否存在这类变化或影响因素，并获取企业关于这些情况的书面声明。

注册会计师知悉对企业内部控制自我评价基准日内部控制有效性有重大负面影响的期后事项的，应当对财务报告内部控制发表否定意见。

注册会计师不能确定期后事项对内部控制有效性的影响程度的，应当出具无法表示意见的内部控制审计报告。

七、记录审计工作

注册会计师应当按照《中国注册会计师审计准则第1131号——审计工作底稿》的规定，编制内部控制审计工作底稿，完整记录审计工作情况。

注册会计师应当在审计工作底稿中记录下列内容：

（1）内部控制审计计划及重大修改情况。

（2）相关风险评估和选择拟测试的内部控制的主要过程及结果。

（3）测试内部控制设计与运行有效性的程序及结果。

（4）对识别的控制缺陷的评价。

（5）形成的审计结论和意见。

（6）其他重要事项。

附　　录

附录1：年度内部控制评价报告披露参考格式

××股份有限公司××年度内部控制评价报告

××股份有限公司全体股东：

根据《企业内部控制基本规范》及其配套指引的规定和其他内部控制监管要求（以下简称“企业内部控制规范体系”），结合本公司（以下简称“公司”）内部控制制度和评价办法，在内部控制日常监督和专项监督的基础上，我们对公司20××年12月31日（内部控制评价报告基准日）的内部控制有效性进行了评价。

一、重要声明

按照企业内部控制规范体系的规定，建立健全和有效实施内部控制，评价其有效性，并如实披露内部控制评价报告是公司董事会的责任。监事会对董事会建立和实施内部控制进行监督。经理层负责组织领导企业内部控制的日常运行。公司董事会、监事会及董事、监事、高级管理人员保证本报告内容不存在任何虚假记载、误导性陈述或重大遗漏，并对报告内容的真实性、准确性和完整性承担个别及连带法律责任。

公司内部控制的目标是合理保证经营管理合法合规、资产安全、财务报告及相关信息真实完整，提高经营效率和效果，促进实现发展战略。由于内部控制存在的固有局限性，故仅能为实现上述目标提供合理保证。此外，由于情况的变化可能导致内部控制变得不恰当，或对控制政策和程序遵循的程度降低，根据内部控制评价结果推测未来内部控制的有效性具有一定的风险。

二、内部控制评价结论

根据公司财务报告内部控制重大缺陷的认定情况，于内部控制评价报告基准日，不存在财务报告内部控制重大缺陷〔由于存在财务报告内部控制重大缺陷〕，董事会认为，公司已按照企业内部控制规范体系和相关规定的要求在所有重大方面保持了有效的财务报告内部控制〔公司未能按照企业内部控制规范体系和相关规定的要求在所有重大方面保持有效的财务报告内部控制〕。

根据公司非财务报告内部控制重大缺陷认定情况，于内部控制评价报告基准日，公司未发现〔发现　个〕非财务报告内部控制重大缺陷。

自内部控制评价报告基准日至内部控制评价报告发出日之间未发生影响内部控制有效性评价结论的因素。〔若发生影响内部控制有效性评价结论的因素，则需描述相关因素的性质、对评价结论的影响及董事会拟采取的应对措施〕。

三、内部控制评价工作情况

（一）内部控制评价范围

公司按照风险导向原则确定纳入评价范围的主要单位、业务和事项以及高风险领域。纳入评价范围的主要单位包括：〔若单位或级次众多，可以考虑按照层级、业务分部、板块等形式披露〕，纳入评价范围单位资产总额占公司合并财务报表资产总额的　%，营业收入合计占公司合并财务报表营业收入总额的　%；纳入评价范围的主要业务和事项包括：〔具体描述纳入评价范围的主要业务和事项〕；重点关注的高风险领域主要包括：〔具体描述重点关注的高风险领域〕。

上述纳入评价范围的单位、业务和事项以及高风险领域涵盖了公司经营管理的主要方面，不存在重大遗漏。〔如存在重大遗漏〕公司本年度由于〔原因〕未能对构成内部控制重要方面的〔具体描述应纳入而未纳入评价范围的主要单位/业务/事项/高风险领域的名称〕进行内部控制评价，由于上述评价范围的重大遗漏，〔描述对内部控制评价范围完整性及对评价结论的影响〕。〔如存在法定豁免〕本年度，公司根据〔法律法规的相关豁免规定〕，未将〔具体描述未纳入评价范围的缘由及涉及单位/业务/事项/高风险领域的名称〕纳入内部控制评价范围。

（二）内部控制评价工作依据及内部控制缺陷认定标准

公司依据企业内部控制规范体系及〔具体描述除企业内部控制规范体系之外的其他内部控制评价的依据〕组织开展内部控制评价工作。

公司董事会根据企业内部控制规范体系对重大缺陷、重要缺陷和一般缺陷的认定要求，结合公司规模、行业特征、风险偏好和风险承受度等因素，区分财务报告内部控制和非财务报告内部控制，研究确定了适用于本公司的内部控制缺陷具体认定标准，并与以前年度保持一致〔作出调整的，应描述调整原因，具体调整情况及调整后标准〕。公司确定的内部控制缺陷认定标准如下。

1. 财务报告内部控制缺陷认定标准。

公司确定的财务报告内部控制缺陷评价的定量标准如下：

〔按照重大缺陷、重要缺陷和一般缺陷分别描述公司财务报告内部控制缺陷

的定量标准，若定量标准包括多个量化指标，需指出具体如何应用这些指标，如孰低原则或分别情形适用〕

公司确定的财务报告内部控制缺陷评价的定性标准如下：

〔按照重大缺陷、重要缺陷和一般缺陷分别描述公司财务报告内部控制缺陷的定性标准〕

2. 非财务报告内部控制缺陷认定标准。

公司确定的非财务报告内部控制缺陷评价的定量标准如下：

〔按照重大缺陷、重要缺陷和一般缺陷分别描述公司非财务报告内部控制缺陷的定量标准，若定量标准包括多个量化指标，需指出具体如何应用这些指标，如孰低原则或分别情形适用〕

公司确定的非财务报告内部控制缺陷评价的定性标准如下：

〔按照重大缺陷、重要缺陷和一般缺陷分别描述公司非财务报告内部控制缺陷的定性标准〕

（三）内部控制缺陷认定及整改情况

1. 财务报告内部控制缺陷认定及整改情况。

根据上述财务报告内部控制缺陷的认定标准，报告期内公司存在〔不存在〕财务报告内部控制重大缺陷〔数量　个〕、重要缺陷〔数量　个〕〔若适用〕（含上年度末未完成整改的财务报告内部控制重大缺陷、重要缺陷）。

具体的重大和重要缺陷分别为〔若适用，重大缺陷与重要缺陷分别披露〕：

缺陷1：

（1）缺陷性质及影响。

〔具体描述重大缺陷的具体内容，缺陷分类（设计缺陷/运行缺陷），发生时间、产生原因及对实现控制目标的影响〕

（2）缺陷整改情况。

〔整改开始时间、已采取的整改措施、整改后运行时间、整改后运行有效性的评价结论〕

（3）整改计划（适用于内部控制评价报告基准日未完成整改的情况）。

〔拟采取的具体整改计划、整改责任人、预计完成时间〕

经过上述整改，于内部控制评价报告基准日，公司发现〔未发现〕未完成整改的财务报告内部控制重大缺陷〔数量　个〕、重要缺陷〔数量　个〕。

2. 非财务报告内部控制缺陷认定及整改情况。

根据上述非财务报告内部控制缺陷的认定标准，报告期内发现〔未发现〕公司非财务报告内部控制重大缺陷〔数量　个〕、重要缺陷〔数量　个〕〔若适用〕（含上年度末未完成整改的非财务报告内部控制重大缺陷、重要缺陷）。

具体的重大和重要缺陷分别为〔若适用，重大缺陷与重要缺陷分别披露〕：

缺陷1：

（1）缺陷性质及影响。

〔具体描述重大缺陷的具体内容，缺陷分类（设计缺陷/运行缺陷），发生时

间、产生原因及对实现控制目标的影响〕

（2）缺陷整改情况。

〔整改开始时间、已采取的整改措施、整改后运行时间、整改后运行有效性的评价结论〕

（3）整改计划（适用于内部控制评价报告基准日未完成整改的情况）。

〔拟采取的具体整改计划、整改责任人、预计完成时间〕

经过上述整改，于内部控制评价报告基准日，公司存在〔不存在〕未完成整改的非财务报告内部控制重大缺陷〔数量 个〕、重要缺陷〔数量 个〕。

四、其他内部控制相关重大事项说明

〔若适用，需披露可能对投资者理解内部控制评价报告、评价内部控制情况或进行投资决策产生重大影响的其他内部控制信息。与内部控制无关的重大事项不需要在此披露〕

董事长（已经董事会授权）：〔签名〕

〔公司签章〕

××股份有限公司

20××年××月××日

附录2：内部控制审计报告的参考格式

（一）标准内部控制审计报告

内部控制审计报告

××股份有限公司全体股东：

按照《企业内部控制审计指引》及中国注册会计师执业准则的相关要求，我们审计了××股份有限公司（以下简称××公司）××年×月×日的财务报告内部控制的有效性。

一、企业对内部控制的责任

按照《企业内部控制基本规范》《企业内部控制应用指引》《企业内部控制评价指引》的规定，建立健全和有效实施内部控制，并评价其有效性是企业董事会的责任。

二、注册会计师的责任

我们的责任是在实施审计工作的基础上，对财务报告内部控制的有效性发表审计意见，并对注意到的非财务报告内部控制的重大缺陷进行披露。

三、内部控制的固有局限性

内部控制具有固有局限性，存在不能防止和发现错报的可能性。此外，由于情况的变化可能导致内部控制变得不恰当，或对控制政策和程序遵循的程度降低，根据内部控制审计结果推测未来内部控制的有效性具有一定风险。

四、财务报告内部控制审计意见

我们认为，××公司按照《企业内部控制基本规范》和相关规定在所有重大方面保持了有效的财务报告内部控制。

五、非财务报告内部控制的重大缺陷

在内部控制审计过程中，我们注意到××公司的非财务报告内部控制存在重大缺陷［描述该缺陷的性质及其对实现相关控制目标的影响程度］。由于存在上述重大缺陷，我们提醒本报告使用者注意相关风险。需要指出的是，我们并不对××公司的非财务报告内部控制发表意见或提供保证。本段内容不影响对财务报告内部控制有效性发表的审计意见。

××会计师事务所　　　　中国注册会计师：×××（签名并盖章）
（盖章）　　　　中国注册会计师：×××（签名并盖章）
中国××市　　　　××年×月×日

（二）带强调事项段的无保留意见内部控制审计报告

内部控制审计报告

××股份有限公司全体股东：

按照《企业内部控制审计指引》及中国注册会计师执业准则的相关要求，我们审计了××股份有限公司（以下简称××公司）××年×月×日的财务报告内部控制的有效性。

［“一、企业对内部控制的责任”至“五、非财务报告内部控制的重大缺陷”参见标准内部控制审计报告相关段落表述。］

六、强调事项

我们提醒内部控制审计报告使用者关注，（描述强调事项的性质及其对内部控制的重大影响）。本段内容不影响已对财务报告内部控制发表的审计意见。

××会计师事务所　　　　中国注册会计师：×××（签名并盖章）
（盖章）　　　　中国注册会计师：×××（签名并盖章）
中国××市　　　　××年×月×日

（三）否定意见内部控制审计报告

内部控制审计报告

××股份有限公司全体股东：

按照《企业内部控制审计指引》及中国注册会计师执业准则的相关要求，我们审计了××股份有限公司（以下简称××公司）××年×月×日的财务报告内部控制的有效性。

[“一、企业对内部控制的责任”至“三、内部控制的固有局限性”参见标准内部控制审计报告相关段落表述。]

四、导致否定意见的事项

重大缺陷，是指一个或多个控制缺陷的组合，可能导致企业严重偏离控制目标。

[指出注册会计师已识别出的重大缺陷，并说明重大缺陷的性质及其对财务报告内部控制的影响程度。]

有效的内部控制能够为财务报告及相关信息的真实完整提供合理保证，而上述重大缺陷使××公司内部控制失去这一功能。

五、财务报告内部控制审计意见

我们认为，由于存在上述重大缺陷及其对实现控制目标的影响，××公司未能按照《企业内部控制基本规范》和相关规定在所有重大方面保持有效的财务报告内部控制。

六、非财务报告内部控制的重大缺陷

[参见标准内部控制审计报告相关段落表述。]

××会计师事务所　　　　　中国注册会计师：×××（签名并盖章）
（盖章）　　　　　　　　中国注册会计师：×××（签名并盖章）
中国××市　　　　　　　　××年×月×日

（四）无法表示意见内部控制审计报告

内部控制审计报告

××股份有限公司全体股东：

我们接受委托，对××股份有限公司（以下简称××公司）××年×月×日的财务报告内部控制进行审计。

[删除注册会计师的责任段，“一、企业对内部控制的责任”和“二、内部控制的固有局限性”参见标准内部控制审计报告相关段落表述。]

三、导致无法表示意见的事项

[描述审计范围受到限制的具体情况。]

四、财务报告内部控制审计意见

由于审计范围受到上述限制，我们未能实施必要的审计程序以获取发表意见所需的充分、适当证据，因此，我们无法对××公司财务报告内部控制的有效性发表意见。

五、识别的财务报告内部控制重大缺陷（如在审计范围受到限制前，执行有限程序未能识别出重大缺陷，则应删除本段）

重大缺陷，是指一个或多个控制缺陷的组合，可能导致企业严重偏离控制目标。尽管我们无法对××公司财务报告内部控制的有效性发表意见，但在我们实施的有限程序的过程中，发现了以下重大缺陷：

[指出注册会计师已识别出的重大缺陷，并说明重大缺陷的性质及其对财务报告内部控制的影响程度。]

有效的内部控制能够为财务报告及相关信息的真实完整提供合理保证，而上述重大缺陷使××公司内部控制失去这一功能。

六、非财务报告内部控制的重大缺陷

[参见标准内部控制审计报告相关段落表述。]

××会计师事务所　　　　中国注册会计师：×××（签名并盖章）
（盖章）　　　　中国注册会计师：×××（签名并盖章）
中国××市　　　　××年×月×日

【复习与思考】

1. 什么是内部监督？
2. 内部监督的方法有哪些？
3. 审计委员会的职责有哪些？监事会的职责有哪些？
4. 什么是内部控制缺陷？内部控制缺陷的类型有哪些？
5. 简述内部控制评价的定义和内容。
6. 简述内部控制评价的程序。
7. 简述内部控制审计的程序。

【案例分析6－1】

万福生科（湖南）农业开发股份有限公司内部控制评价报告

中国证券监督管理委员会湖南监管局：

我们接受委托对万福生科（湖南）农业开发股份有限公司（以下简称万福生科或公司）2012年度的财务报表进行审计，根据贵局《关于做好2012年年报工作的通知》的规定，对该公司与财务报表编制相关的内部控制予以了必要关注。

我们并未与万福生科签订协议针对内部控制发表鉴证意见，而是在开展财务报表审计工作过程中，实施了了解、测试和评价相关内部控制设计的合理性和执行的有效性等我们认为必要的审计程序。内部控制评价虽然参照《中国注册会计师其他鉴证业务准则第3 101号》等相关规定进行，但其提供的保证程度低于内部控制鉴证。

在审计中我们发现：

2012年10月26日公司发布《万福生科（湖南）农业开发股份有限公司关

于重要信息披露的补充和2012年中报更正的公告》，2012年中报存在虚假记载和重大遗漏，初步自查公司在2012年半年报中虚增营业收入187 590 816.61元、虚增营业成本145 558 495.31元、虚增利润40 231 595.41元。

2013年3月2日万福生科披露《关于重大披露及股票复牌公告》，公司经过自查2008～2011年累计虚增收入7.4亿元左右，虚增营业利润1.8亿元左右，虚增净利润1.6亿元左右，其中2011年虚增营业收入2.8亿元，虚增营业利润6 541.36万元，虚增归属上市公司股东净利润5 912.69万元。

以上情形表明万福生科未能按照《企业内部控制基本规范》和相关规定保持有效的财务报告内部控制。

中磊会计师事务所有限责任公司　　中国注册会计师：邹宏文

中国北京　　中国注册会计师：王越

二〇一三年四月二十五日

思考：

（1）说明万福生科内部控制缺陷属于哪种类型，并阐述该类型内部控制缺陷的认定标准和处理方法。

（2）简述内部控制评价报告的内容。

【案例分析6－2】

内部控制审计报告

致同审字（2013）第110ZA1 390号

广西贵糖（集团）股份有限公司全体股东：

按照《企业内部控制审计指引》及中国注册会计师执业准则的相关要求，我们审计了广西贵糖（集团）股份有限公司（以下简称贵糖股份公司）2012年12月31日的财务报告内部控制的有效性。

一、企业对内部控制的责任

按照《企业内部控制基本规范》《企业内部控制应用指引》《企业内部控制评价指引》的规定，建立健全和有效实施内部控制，并评价其有效性是贵糖股份公司董事会的责任。

二、注册会计师的责任

我们的责任是在实施审计工作的基础上，对财务报告内部控制的有效性发表审计意见，并对注意到的非财务报告内部控制的重大缺陷进行披露。

三、内部控制的固有局限性

内部控制具有固有局限性，存在不能防止和发现错报的可能性。此外，由于情况的变化可能导致内部控制变得不恰当，或对控制政策和程序遵循的程度降低，根据内部控制审计结果推测未来内部控制的有效性具有一定风险。

四、导致否定意见的事项

重大缺陷是内部控制中存在的、可能导致不能及时防止或发现并纠正财务报表出现重大错报的一项控制缺陷或多项控制缺陷的组合。

贵糖股份公司蔗渣、原煤等大宗原材料的成本核算基础薄弱，部分暂估入账的大宗原材料缺少原始凭证（如包括原材料数量、供应商名称等信息的入库单），影响该等存货的发出成本结转与期末计价的正确性，与此相关的财务报告内部控制运行失效。

上述重大缺陷导致贵糖股份公司2012年度未审财务报表的本期数据和前期比较数据中"营业成本""应付账款""存货"等项目存在重大会计差错。根据2013年4月12日董事会决议，贵糖股份公司管理层对前期比较数据相应进行了追溯重述，该等重大会计差错更正调减了2011年度净利润5 251.20万元，调增2011年年初留存收益11 663.42万元。

有效的内部控制能够为财务报告及相关信息的真实完整提供合理保证，而上述重大缺陷使贵糖股份公司内部控制失去这一功能。上述重大缺陷未包含在贵糖股份公司2012年内部控制评价报告中。

在贵糖股份公司2012年财务报表审计中，我们已经考虑了上述重大缺陷对审计程序的性质、时间安排和范围的影响。本报告并未对我们在2013年4月12日对贵糖股份公司2012年财务报表出具的审计报告产生影响。

五、财务报告内部控制审计意见

我们认为，由于存在上述重大缺陷及其对实现控制目标的影响，贵糖股份公司于2012年12月31日未能按照《企业内部控制基本规范》和相关规定在所有重大方面保持有效的财务报告内部控制。

致同会计师事务所　　　　　　　　　　　　　　　中国注册会计师：
（特殊普通合伙）　　　　　　　　　　　　　　　中国注册会计师：
中国北京　　　　　　　　　　　　　　　　　　二○一三年四月十二日

思考：

（1）标准内部控制审计报告应包括哪些内容？

（2）贵糖股份公司被出具了哪种类型的内部控制审计报告？它与标准内部控制审计报告所包含的内容有何不同？

（3）请分析贵糖股份公司存在哪些内部控制缺陷。

第七章　国内外内部控制基本规范

我国财政部、国资委、证监会、银监会、保监会等政府相关职能部门自20世纪末开始陆续发布了一系列有关企事业单位内部控制的规范文件，包括国资委发布的《中央企业全面风险管理指引》（2006年12月25日），财政部等部委发布的《企业内部控制基本规范》（2008年5月22日）、《企业内部控制应用指引》（2010年4月15日）、《企业内部控制评价指引》（2010年4月15日）、《企业内部控制审计指引》（2010年4月15日）、《行政事业单位内部控制规范》（2012年11月29日）、《行政事业单位内部控制报告管理制度（试行）》（2017年1月25日），保监会发布的《保险公司内部控制制度建设指导原则》（1999年8月5日）、《保险中介机构内部控制指引（试行）》（2005年2月28日）、《寿险公司内部控制制度评价办法（试行）》（2006年1月10日），证监会发布的《证券投资基金管理公司内部控制指导意见》（2002年12月3日）、《证券公司内部控制指引》（2003年12月15日）、《上市公司信息披露管理办法》（2007年1月30日），银监会发布的《商业银行内部控制评价试行办法》（2004年6月5日）、《商业银行内部控制指引》（2007年7月3日），《上海证券交易所上市公司内部控制指引》（2006年6月5日）、《深圳证券交易所上市公司内部控制指引》（2006年9月28日）等，COSO也陆续发布了《内部控制——整合框架》和《全面风险管理——整合框架》。限于篇幅，本章只选择列出《企业内部控制基本规范》《行政事业单位内部控制规范》，以及缩减后的COSO《内部控制——整合框架》。

第一节　企业内部控制基本规范

（财会〔2008〕7号　2008年5月22日）

第一章　总　则

第一条　为了加强和规范企业内部控制，提高企业经营管理水平和风险防范能力，促进企业可持续发展，维护社会主义市场经济秩序和社会公众利益，根据《中华人民共和国公司法》《中华人民共和国证券法》《中华人民共和国会计法》和其他有关法律法规，制定本规范。

第二条　本规范适用于中华人民共和国境内设立的大中型企业。

小企业和其他单位可以参照本规范建立与实施内部控制。

大中型企业和小企业的划分标准根据国家有关规定执行。

第三条 本规范所称内部控制，是由企业董事会、监事会、经理层和全体员工实施的、旨在实现控制目标的过程。

内部控制的目标是合理保证企业经营管理合法合规、资产安全、财务报告及相关信息真实完整，提高经营效率和效果，促进企业实现发展战略。

第四条 企业建立与实施内部控制，应当遵循下列原则：

（一）全面性原则。内部控制应当贯穿决策、执行和监督全过程，覆盖企业及其所属单位的各种业务和事项。

（二）重要性原则。内部控制应当在全面控制的基础上，关注重要业务事项和高风险领域。

（三）制衡性原则。内部控制应当在治理结构、机构设置及权责分配、业务流程等方面形成相互制约、相互监督，同时兼顾运营效率。

（四）适应性原则。内部控制应当与企业经营规模、业务范围、竞争状况和风险水平等相适应，并随着情况的变化及时加以调整。

（五）成本效益原则。内部控制应当权衡实施成本与预期效益，以适当的成本实现有效控制。

第五条 企业建立与实施有效的内部控制，应当包括下列要素：

（一）内部环境。内部环境是企业实施内部控制的基础，一般包括治理结构、机构设置及权责分配、内部审计、人力资源政策、企业文化等。

（二）风险评估。风险评估是企业及时识别、系统分析经营活动中与实现内部控制目标相关的风险，合理确定风险应对策略。

（三）控制活动。控制活动是企业根据风险评估结果，采用相应的控制措施，将风险控制在可承受度之内。

（四）信息与沟通。信息与沟通是企业及时、准确地收集、传递与内部控制相关的信息，确保信息在企业内部、企业与外部之间进行有效沟通。

（五）内部监督。内部监督是企业对内部控制建立与实施情况进行监督检查，评价内部控制的有效性，发现内部控制缺陷，应当及时加以改进。

第六条 企业应当根据有关法律法规、本规范及其配套办法，制定本企业的内部控制制度并组织实施。

第七条 企业应当运用信息技术加强内部控制，建立与经营管理相适应的信息系统，促进内部控制流程与信息系统的有机结合，实现对业务和事项的自动控制，减少或消除人为操纵因素。

第八条 企业应当建立内部控制实施的激励约束机制，将各责任单位和全体员工实施内部控制的情况纳入绩效考评体系，促进内部控制的有效实施。

第九条 国务院有关部门可以根据法律法规、本规范及其配套办法，明确贯彻实施本规范的具体要求，对企业建立与实施内部控制的情况进行监督检查。

第十条 接受企业委托从事内部控制审计的会计师事务所，应当根据本规范及其配套办法和相关执业准则，对企业内部控制的有效性进行审计，出具审计报告。会计师事务所及其签字的从业人员应当对发表的内部控制审计意见负责。

为企业内部控制提供咨询的会计师事务所，不得同时为同一企业提供内部控制审计服务。

第二章　内部环境

第十一条　企业应当根据国家有关法律法规和企业章程，建立规范的公司治理结构和议事规则，明确决策、执行、监督等方面的职责权限，形成科学有效的职责分工和制衡机制。

股东（大）会享有法律法规和企业章程规定的合法权利，依法行使企业经营方针、筹资、投资、利润分配等重大事项的表决权。

董事会对股东（大）会负责，依法行使企业的经营决策权。

监事会对股东（大）会负责，监督企业董事、经理和其他高级管理人员依法履行职责。

经理层负责组织实施股东（大）会、董事会决议事项，主持企业的生产经营管理工作。

第十二条　董事会负责内部控制的建立健全和有效实施。监事会对董事会建立与实施内部控制进行监督。经理层负责组织领导企业内部控制的日常运行。

企业应当成立专门机构或者指定适当的机构具体负责组织协调内部控制的建立实施及日常工作。

第十三条　企业应当在董事会下设立审计委员会。审计委员会负责审查企业内部控制，监督内部控制的有效实施和内部控制自我评价情况，协调内部控制审计及其他相关事宜等。

审计委员会负责人应当具备相应的独立性、良好的职业操守和专业胜任能力。

第十四条　企业应当结合业务特点和内部控制要求设置内部机构，明确职责权限，将权利与责任落实到各责任单位。

企业应当通过编制内部管理手册，使全体员工掌握内部机构设置、岗位职责、业务流程等情况，明确权责分配，正确行使职权。

第十五条　企业应当加强内部审计工作，保证内部审计机构设置、人员配备和工作的独立性。

内部审计机构应当结合内部审计监督，对内部控制的有效性进行监督检查。内部审计机构对监督检查中发现的内部控制缺陷，应当按照企业内部审计工作程序进行报告；对监督检查中发现的内部控制重大缺陷，有权直接向董事会及其审计委员会、监事会报告。

第十六条　企业应当制定和实施有利于企业可持续发展的人力资源政策。人力资源政策应当包括下列内容：

（一）员工的聘用、培训、辞退与辞职。

（二）员工的薪酬、考核、晋升与奖惩。

（三）关键岗位员工的强制休假制度和定期岗位轮换制度。

（四）掌握国家秘密或重要商业秘密的员工离岗的限制性规定。

（五）有关人力资源管理的其他政策。

第十七条 企业应当将职业道德修养和专业胜任能力作为选拔和聘用员工的重要标准，切实加强员工培训和继续教育，不断提升员工素质。

第十八条 企业应当加强文化建设，培育积极向上的价值观和社会责任感，倡导诚实守信、爱岗敬业、开拓创新和团队协作精神，树立现代管理理念，强化风险意识。

董事、监事、经理及其他高级管理人员应当在企业文化建设中发挥主导作用。

企业员工应当遵守员工行为守则，认真履行岗位职责。

第十九条 企业应当加强法制教育，增强董事、监事、经理及其他高级管理人员和员工的法制观念，严格依法决策、依法办事、依法监督，建立健全法律顾问制度和重大法律纠纷案件备案制度。

第三章 风险评估

第二十条 企业应当根据设定的控制目标，全面系统持续地收集相关信息，结合实际情况，及时进行风险评估。

第二十一条 企业开展风险评估，应当准确识别与实现控制目标相关的内部风险和外部风险，确定相应的风险承受度。

风险承受度是企业能够承担的风险限度，包括整体风险承受能力和业务层面的可接受风险水平。

第二十二条 企业识别内部风险，应当关注下列因素：

（一）董事、监事、经理及其他高级管理人员的职业操守、员工专业胜任能力等人力资源因素。

（二）组织机构、经营方式、资产管理、业务流程等管理因素。

（三）研究开发、技术投入、信息技术运用等自主创新因素。

（四）财务状况、经营成果、现金流量等财务因素。

（五）营运安全、员工健康、环境保护等安全环保因素。

（六）其他有关内部风险因素。

第二十三条 企业识别外部风险，应当关注下列因素：

（一）经济形势、产业政策、融资环境、市场竞争、资源供给等经济因素。

（二）法律法规、监管要求等法律因素。

（三）安全稳定、文化传统、社会信用、教育水平、消费者行为等社会因素。

（四）技术进步、工艺改进等科学技术因素。

（五）自然灾害、环境状况等自然环境因素。

（六）其他有关外部风险因素。

第二十四条 企业应当采用定性与定量相结合的方法，按照风险发生的可能性及其影响程度等，对识别的风险进行分析和排序，确定关注重点和优先控制的风险。

企业进行风险分析，应当充分吸收专业人员，组成风险分析团队，按照严格规范的程序开展工作，确保风险分析结果的准确性。

第二十五条　企业应当根据风险分析的结果，结合风险承受度，权衡风险与收益，确定风险应对策略。

企业应当合理分析、准确掌握董事、经理及其他高级管理人员、关键岗位员工的风险偏好，采取适当的控制措施，避免因个人风险偏好给企业经营带来重大损失。

第二十六条　企业应当综合运用风险规避、风险降低、风险分担和风险承受等风险应对策略，实现对风险的有效控制。

风险规避是企业对超出风险承受度的风险，通过放弃或者停止与该风险相关的业务活动以避免和减轻损失的策略。

风险降低是企业在权衡成本效益之后，准备采取适当的控制措施降低风险或者减轻损失，将风险控制在风险承受度之内的策略。

风险分担是企业准备借助他人力量，采取业务分包、购买保险等方式和适当的控制措施，将风险控制在风险承受度之内的策略。

风险承受是企业对风险承受度之内的风险，在权衡成本效益之后，不准备采取控制措施降低风险或者减轻损失的策略。

第二十七条　企业应当结合不同发展阶段和业务拓展情况，持续收集与风险变化相关的信息，进行风险识别和风险分析，及时调整风险应对策略。

第四章　控制活动

第二十八条　企业应当结合风险评估结果，通过手工控制与自动控制、预防性控制与发现性控制相结合的方法，运用相应的控制措施，将风险控制在可承受度之内。

控制措施一般包括：不相容职务分离控制、授权审批控制、会计系统控制、财产保护控制、预算控制、运营分析控制和绩效考评控制等。

第二十九条　不相容职务分离控制要求企业全面系统地分析、梳理业务流程中所涉及的不相容职务，实施相应的分离措施，形成各司其职、各负其责、相互制约的工作机制。

第三十条　授权审批控制要求企业根据常规授权和特别授权的规定，明确各岗位办理业务和事项的权限范围、审批程序和相应责任。

企业应当编制常规授权的权限指引，规范特别授权的范围、权限、程序和责任，严格控制特别授权。常规授权是指企业在日常经营管理活动中按照既定的职责和程序进行的授权。特别授权是指企业在特殊情况、特定条件下进行的授权。

企业各级管理人员应当在授权范围内行使职权和承担责任。

企业对于重大的业务和事项，应当实行集体决策审批或者联签制度，任何个人不得单独进行决策或者擅自改变集体决策。

第三十一条　会计系统控制要求企业严格执行国家统一的会计准则制度，加强会计基础工作，明确会计凭证、会计账簿和财务会计报告的处理程序，保证会计资料真实完整。

企业应当依法设置会计机构，配备会计从业人员。从事会计工作的人员，必须取得会计从业资格证书。会计机构负责人应当具备会计师以上专业技术职务资格。

大中型企业应当设置总会计师。设置总会计师的企业，不得设置与其职权重叠的副职。

第三十二条 财产保护控制要求企业建立财产日常管理制度和定期清查制度，采取财产记录、实物保管、定期盘点、账实核对等措施，确保财产安全。

企业应当严格限制未经授权的人员接触和处置财产。

第三十三条 预算控制要求企业实施全面预算管理制度，明确各责任单位在预算管理中的职责权限，规范预算的编制、审定、下达和执行程序，强化预算约束。

第三十四条 运营分析控制要求企业建立运营情况分析制度，经理层应当综合运用生产、购销、投资、筹资、财务等方面的信息，通过因素分析、对比分析、趋势分析等方法，定期开展运营情况分析，发现存在的问题，及时查明原因并加以改进。

第三十五条 绩效考评控制要求企业建立和实施绩效考评制度，科学设置考核指标体系，对企业内部各责任单位和全体员工的业绩进行定期考核和客观评价，将考评结果作为确定员工薪酬以及职务晋升、评优、降级、调岗、辞退等的依据。

第三十六条 企业应当根据内部控制目标，结合风险应对策略，综合运用控制措施，对各种业务和事项实施有效控制。

第三十七条 企业应当建立重大风险预警机制和突发事件应急处理机制，明确风险预警标准，对可能发生的重大风险或突发事件，制定应急预案、明确责任人员、规范处置程序，确保突发事件得到及时妥善处理。

第五章 信息与沟通

第三十八条 企业应当建立信息与沟通制度，明确内部控制相关信息的收集、处理和传递程序，确保信息及时沟通，促进内部控制有效运行。

第三十九条 企业应当对收集的各种内部信息和外部信息进行合理筛选、核对、整合，提高信息的有用性。

企业可以通过财务会计资料、经营管理资料、调研报告、专项信息、内部刊物、办公网络等渠道，获取内部信息。

企业可以通过行业协会组织、社会中介机构、业务往来单位、市场调查、来信来访、网络媒体以及有关监管部门等渠道，获取外部信息。

第四十条 企业应当将内部控制相关信息在企业内部各管理级次、责任单位、业务环节之间，以及企业与外部投资者、债权人、客户、供应商、中介机构和监管部门等有关方面之间进行沟通和反馈。信息沟通过程中发现的问题，应当及时报告并加以解决。

重要信息应当及时传递给董事会、监事会和经理层。

第四十一条 企业应当利用信息技术促进信息的集成与共享，充分发挥信息技术在信息与沟通中的作用。

企业应当加强对信息系统开发与维护、访问与变更、数据输入与输出、文件储存与保管、网络安全等方面的控制，保证信息系统安全稳定运行。

第四十二条 企业应当建立反舞弊机制，坚持惩防并举、重在预防的原则，明确反舞弊工作的重点领域、关键环节和有关机构在反舞弊工作中的职责权限，规范舞弊案件的举报、调查、处理、报告和补救程序。

企业至少应当将下列情形作为反舞弊工作的重点：

（一）未经授权或者采取其他不法方式侵占、挪用企业资产，牟取不当利益。

（二）在财务会计报告和信息披露等方面存在的虚假记载、误导性陈述或者重大遗漏等。

（三）董事、监事、经理及其他高级管理人员滥用职权。

（四）相关机构或人员串通舞弊。

第四十三条 企业应当建立举报投诉制度和举报人保护制度，设置举报专线，明确举报投诉处理程序、办理时限和办结要求，确保举报、投诉成为企业有效掌握信息的重要途径。

举报投诉制度和举报人保护制度应当及时传达至全体员工。

第六章 内部监督

第四十四条 企业应当根据本规范及其配套办法，制定内部控制监督制度，明确内部审计机构（或经授权的其他监督机构）和其他内部机构在内部监督中的职责权限，规范内部监督的程序、方法和要求。

内部监督分为日常监督和专项监督。日常监督是指企业对建立与实施内部控制的情况进行常规、持续的监督检查；专项监督是指在企业发展战略、组织结构、经营活动、业务流程、关键岗位员工等发生较大调整或变化的情况下，对内部控制的某一或者某些方面进行有针对性的监督检查。

专项监督的范围和频率应当根据风险评估结果以及日常监督的有效性等予以确定。

第四十五条 企业应当制定内部控制缺陷认定标准，对监督过程中发现的内部控制缺陷，应当分析缺陷的性质和产生的原因，提出整改方案，采取适当的形式及时向董事会、监事会或者经理层报告。

内部控制缺陷包括设计缺陷和运行缺陷。企业应当跟踪内部控制缺陷整改情况，并就内部监督中发现的重大缺陷，追究相关责任单位或者责任人的责任。

第四十六条 企业应当结合内部监督情况，定期对内部控制的有效性进行自我评价，出具内部控制自我评价报告。

内部控制自我评价的方式、范围、程序和频率，由企业根据经营业务调整、经营环境变化、业务发展状况、实际风险水平等自行确定。

国家有关法律法规另有规定的，从其规定。

第四十七条 企业应当以书面或者其他适当的形式，妥善保存内部控制建立与实施过程中的相关记录或者资料，确保内部控制建立与实施过程的可验证性。

第七章 附 则

第四十八条 本规范由财政部会同国务院其他有关部门解释。

第四十九条 本规范的配套办法由财政部会同国务院其他有关部门另行制定。

第五十条 本规范自2009年7月1日起实施。

第二节 行政事业单位内部控制规范

（财会〔2012〕21号 2012年11月29日）

第一章 总 则

第一条 为了进一步提高行政事业单位内部管理水平，规范内部控制，加强廉政风险防控机制建设，根据《中华人民共和国会计法》《中华人民共和国预算法》等法律法规和相关规定，制定本规范。

第二条 本规范适用于各级党的机关、人大机关、行政机关、政协机关、审判机关、检察机关、各民主党派机关、人民团体和事业单位（以下统称单位）经济活动的内部控制。

第三条 本规范所称内部控制，是指单位为实现控制目标，通过制定制度、实施措施和执行程序，对经济活动的风险进行防范和管控。

第四条 单位内部控制的目标主要包括：合理保证单位经济活动合法合规、资产安全和使用有效、财务信息真实完整，有效防范舞弊和预防腐败，提高公共服务的效率和效果。

第五条 单位建立与实施内部控制，应当遵循下列原则：

（一）全面性原则。内部控制应当贯穿单位经济活动的决策、执行和监督全过程，实现对经济活动的全面控制。

（二）重要性原则。在全面控制的基础上，内部控制应当关注单位重要经济活动和经济活动的重大风险。

（三）制衡性原则。内部控制应当在单位内部的部门管理、职责分工、业务流程等方面形成相互制约和相互监督。

（四）适应性原则。内部控制应当符合国家有关规定和单位的实际情况，并随着外部环境的变化、单位经济活动的调整和管理要求的提高，不断修订和完善。

第六条 单位负责人对本单位内部控制的建立健全和有效实施负责。

第七条 单位应当根据本规范建立适合本单位实际情况的内部控制体系，并组织实施。具体工作包括梳理单位各类经济活动的业务流程，明确业务环节，系统分析经济活动风险，确定风险点，选择风险应对策略，在此基础上根据国家有关规定建立健全单位各项内部管理制度并督促相关工作人员认真执行。

第二章　风险评估和控制方法

第八条　单位应当建立经济活动风险定期评估机制，对经济活动存在的风险进行全面、系统和客观评估。

经济活动风险评估至少每年进行一次；外部环境、经济活动或管理要求等发生重大变化的，应及时对经济活动风险进行重估。

第九条　单位开展经济活动风险评估应当成立风险评估工作小组，单位领导担任组长。

经济活动风险评估结果应当形成书面报告并及时提交单位领导班子，作为完善内部控制的依据。

第十条　单位进行单位层面的风险评估时，应当重点关注以下方面：

（一）内部控制工作的组织情况。包括是否确定内部控制职能部门或牵头部门；是否建立单位各部门在内部控制中的沟通协调和联动机制。

（二）内部控制机制的建设情况。包括经济活动的决策、执行、监督是否实现有效分离；权责是否对等；是否建立健全议事决策机制、岗位责任制、内部监督等机制。

（三）内部管理制度的完善情况。包括内部管理制度是否健全；执行是否有效。

（四）内部控制关键岗位工作人员的管理情况。包括是否建立工作人员的培训、评价、轮岗等机制；工作人员是否具备相应的资格和能力。

（五）财务信息的编报情况。包括是否按照国家统一的会计制度对经济业务事项进行账务处理；是否按照国家统一的会计制度编制财务会计报告。

（六）其他情况。

第十一条　单位进行经济活动业务层面的风险评估时，应当重点关注以下方面：

（一）预算管理情况。包括在预算编制过程中单位内部各部门间沟通协调是否充分，预算编制与资产配置是否相结合、与具体工作是否相对应；是否按照批复的额度和开支范围执行预算，进度是否合理，是否存在无预算、超预算支出等问题；决算编报是否真实、完整、准确、及时。

（二）收支管理情况。包括收入是否实现归口管理，是否按照规定及时向财会部门提供收入的有关凭据，是否按照规定保管和使用印章和票据等；发生支出事项时是否按照规定审核各类凭据的真实性、合法性，是否存在使用虚假票据套取资金的情形。

（三）政府采购管理情况。包括是否按照预算和计划组织政府采购业务；是否按照规定组织政府采购活动和执行验收程序；是否按照规定保存政府采购业务相关档案。

（四）资产管理情况。包括是否实现资产归口管理并明确使用责任；是否定期对资产进行清查盘点，对账实不符的情况及时进行处理；是否按照规定处置资产。

（五）建设项目管理情况。包括是否按照概算投资；是否严格履行审核审批程序；是否建立有效的招投标控制机制；是否存在截留、挤占、挪用、套取建设项目资金的情形；是否按照规定保存建设项目相关档案并及时办理移交手续。

（六）合同管理情况。包括是否实现合同归口管理；是否明确应签订合同的经济活动范围和条件；是否有效监控合同履行情况，是否建立合同纠纷协调机制。

（七）其他情况。

第十二条 单位内部控制的控制方法一般包括：

（一）不相容岗位相互分离。合理设置内部控制关键岗位，明确划分职责权限，实施相应的分离措施，形成相互制约、相互监督的工作机制。

（二）内部授权审批控制。明确各岗位办理业务和事项的权限范围、审批程序和相关责任，建立重大事项集体决策和会签制度。相关工作人员应当在授权范围内行使职权、办理业务。

（三）归口管理。根据本单位实际情况，按照权责对等的原则，采取成立联合工作小组并确定牵头部门或牵头人员等方式，对有关经济活动实行统一管理。

（四）预算控制。强化对经济活动的预算约束，使预算管理贯穿于单位经济活动的全过程。

（五）财产保护控制。建立资产日常管理制度和定期清查机制，采取资产记录、实物保管、定期盘点、账实核对等措施，确保资产安全完整。

（六）会计控制。建立健全本单位财会管理制度，加强会计机构建设，提高会计人员业务水平，强化会计人员岗位责任制，规范会计基础工作，加强会计档案管理，明确会计凭证、会计账簿和财务会计报告处理程序。

（七）单据控制。要求单位根据国家有关规定和单位的经济活动业务流程，在内部管理制度中明确界定各项经济活动所涉及的表单和票据，要求相关工作人员按照规定填制、审核、归档、保管单据。

（八）信息内部公开。建立健全经济活动相关信息内部公开制度，根据国家有关规定和单位的实际情况，确定信息内部公开的内容、范围、方式和程序。

第三章　单位层面内部控制

第十三条 单位应当单独设置内部控制职能部门或者确定内部控制牵头部门，负责组织协调内部控制工作。同时，应当充分发挥财会、内部审计、纪检监察、政府采购、基建、资产管理等部门或岗位在内部控制中的作用。

第十四条 单位经济活动的决策、执行和监督应当相互分离。单位应当建立健全集体研究、专家论证和技术咨询相结合的议事决策机制。

重大经济事项的内部决策，应当由单位领导班子集体研究决定。重大经济事项的认定标准应当根据有关规定和本单位实际情况确定，一经确定，不得随意变更。

第十五条 单位应当建立健全内部控制关键岗位责任制，明确岗位职责及分工，确保不相容岗位相互分离、相互制约和相互监督。单位应当实行内部控制关键岗位工作人员的轮岗制度，明确轮岗周期。不具备轮岗条件的单位应当采取专项审计等控制措施。

内部控制关键岗位主要包括预算业务管理、收支业务管理、政府采购业务管理、资产管理、建设项目管理、合同管理以及内部监督等经济活动的关键岗位。

第十六条 内部控制关键岗位工作人员应当具备与其工作岗位相适应的资格和能力。

单位应当加强内部控制关键岗位工作人员业务培训和职业道德教育，不断提升其业务水平和综合素质。

第十七条 单位应当根据《中华人民共和国会计法》的规定建立会计机构，配备具有相应资格和能力的会计人员。单位应当根据实际发生的经济业务事项按照国家统一的会计制度及时进行账务处理、编制财务会计报告，确保财务信息真实、完整。

第十八条 单位应当充分运用现代科学技术手段加强内部控制。对信息系统建设实施归口管理，将经济活动及其内部控制流程嵌入单位信息系统中，减少或消除人为操纵因素，保护信息安全。

第四章 业务层面内部控制

第一节 预算业务控制

第十九条 单位应当建立健全预算编制、审批、执行、决算与评价等预算内部管理制度。

单位应当合理设置岗位，明确相关岗位的职责权限，确保预算编制、审批、执行、评价等不相容岗位相互分离。

第二十条 单位的预算编制应当做到程序规范、方法科学、编制及时、内容完整、项目细化、数据准确。

（一）单位应当正确把握预算编制有关政策，确保预算编制相关人员及时全面掌握相关规定。

（二）单位应当建立内部预算编制、预算执行、资产管理、基建管理、人事管理等部门或岗位的沟通协调机制，按照规定进行项目评审，确保预算编制部门及时取得和有效运用与预算编制相关的信息，根据工作计划细化预算编制，提高预算编制的科学性。

第二十一条 单位应当根据内设部门的职责和分工，对按照法定程序批复的预算在单位内部进行指标分解、审批下达，规范内部预算追加调整程序，发挥预算对经济活动的管控作用。

第二十二条 单位应当根据批复的预算安排各项收支，确保预算严格有效执行。单位应当建立预算执行分析机制。定期通报各部门预算执行情况，召开预算执行分析会议，研究解决预算执行中存在的问题，提出改进措施，提高预算执行的有效性。

第二十三条 单位应当加强决算管理，确保决算真实、完整、准确、及时，加强决算分析工作，强化决算分析结果运用，建立健全单位预算与决算相互反映、相互促进的机制。

第二十四条 单位应当加强预算绩效管理，建立“预算编制有目标、预算执行有监控、预算完成有评价、评价结果有反馈、反馈结果有应用”的全过程预算绩效管理机制。

第二节 收入业务控制

第二十五条 单位应当建立健全收入内部管理制度。

单位应当合理设置岗位，明确相关岗位的职责权限，确保收款、会计核算等不相容岗位相互分离。

第二十六条 单位的各项收入应当由财会部门归口管理并进行会计核算，严禁设立账外账。

业务部门应当在涉及收入的合同协议签订后及时将合同等有关材料提交财会部门作为账务处理依据，确保各项收入应收尽收，及时入账。财会部门应当定期检查收入金额是否与合同约定相符；对应收未收项目应当查明情况，明确责任主体，落实催收责任。

第二十七条 有政府非税收入收缴职能的单位，应当按照规定项目和标准征收政府非税收入，按照规定开具财政票据，做到收缴分离、票款一致，并及时、足额上缴国库或财政专户，不得以任何形式截留、挪用或者私分。

第二十八条 单位应当建立健全票据管理制度。财政票据、发票等各类票据的申领、启用、核销、销毁均应履行规定手续。单位应当按照规定设置票据专管员，建立票据台账，做好票据的保管和序时登记工作。票据应当按照顺序号使用，不得拆本使用，做好废旧票据管理。负责保管票据的人员要配置单独的保险柜等保管设备，并做到人走柜锁。

单位不得违反规定转让、出借、代开、买卖财政票据、发票等票据，不得擅自扩大票据适用范围。

第二十九条 单位应当建立健全支出内部管理制度，确定单位经济活动的各项支出标准，明确支出报销流程，按照规定办理支出事项。单位应当合理设置岗位，明确相关岗位的职责权限，确保支出申请和内部审批、付款审批和付款执行、业务经办和会计核算等不相容岗位相互分离。

第三十条 单位应当按照支出业务的类型，明确内部审批、审核、支付、核算和归档等支出各关键岗位的职责权限。实行国库集中支付的，应当严格按照财政国库管理制度有关规定执行。

（一）加强支出审批控制。明确支出的内部审批权限、程序、责任和相关控制措施。审批人应当在授权范围内审批，不得越权审批。

（二）加强支出审核控制。全面审核各类单据。重点审核单据来源是否合法，内容是否真实、完整，使用是否准确，是否符合预算，审批手续是否齐全。

支出凭证应当附反映支出明细内容的原始单据，并由经办人员签字或盖章，超出规定标准的支出事项应由经办人员说明原因并附审批依据，确保与经济业务事项相符。

（三）加强支付控制。明确报销业务流程，按照规定办理资金支付手续。签发的支付凭证应当进行登记。使用公务卡结算的，应当按照公务卡使用和管理有关规定办理业务。

（四）加强支出的核算和归档控制。由财会部门根据支出凭证及时准确登记账簿；与支出业务相关的合同等材料应当提交财会部门作为账务处理的依据。

第三十一条　根据国家规定可以举借债务的单位应当建立健全债务内部管理制度，明确债务管理岗位的职责权限，不得由一人办理债务业务的全过程。大额债务的举借和偿还属于重大经济事项，应当进行充分论证，并由单位领导班子集体研究决定。

单位应当做好债务的会计核算和档案保管工作。加强债务的对账和检查控制，定期与债权人核对债务余额，进行债务清理，防范和控制财务风险。

第三节　政府采购业务控制

第三十二条　单位应当建立健全政府采购预算与计划管理、政府采购活动管理、验收管理等政府采购内部管理制度。

第三十三条　单位应当明确相关岗位的职责权限，确保政府采购需求制定与内部审批、招标文件准备与复核、合同签订与验收、验收与保管等不相容岗位相互分离。

第三十四条　单位应当加强对政府采购业务预算与计划的管理。建立预算编制、政府采购和资产管理等部门或岗位之间的沟通协调机制。根据本单位实际需求和相关标准编制政府采购预算，按照已批复的预算安排政府采购计划。

第三十五条　单位应当加强对政府采购活动的管理。对政府采购活动实施归口管理，在政府采购活动中建立政府采购、资产管理、财会、内部审计、纪检监察等部门或岗位相互协调、相互制约的机制。

单位应当加强对政府采购申请的内部审核，按照规定选择政府采购方式、发布政府采购信息。对政府采购进口产品、变更政府采购方式等事项应当加强内部审核，严格履行审批手续。

第三十六条　单位应当加强对政府采购项目验收的管理。根据规定的验收制度和政府采购文件，由指定部门或专人对所购物品的品种、规格、数量、质量和其他相关内容进行验收，并出具验收证明。

第三十七条　单位应当加强对政府采购业务质疑投诉答复的管理。指定牵头部门负责、相关部门参加，按照国家有关规定做好政府采购业务质疑投诉答复工作。

第三十八条　单位应当加强对政府采购业务的记录控制。妥善保管政府采购预算与计划、各类批复文件、招标文件、投标文件、评标文件、合同文本、验收证明等政府采购业务相关资料。定期对政府采购业务信息进行分类统计，并在内部进行通报。

第三十九条 单位应当加强对涉密政府采购项目安全保密的管理。对于涉密政府采购项目，单位应当与相关供应商或采购中介机构签订保密协议或者在合同中设定保密条款。

第四节 资产控制

第四十条 单位应当对资产实行分类管理，建立健全资产内部管理制度。

单位应当合理设置岗位，明确相关岗位的职责权限，确保资产安全和有效使用。

第四十一条 单位应当建立健全货币资金管理岗位责任制，合理设置岗位，不得由一人办理货币资金业务的全过程，确保不相容岗位相互分离。

（一）出纳不得兼管稽核、会计档案保管和收入、支出、债权、债务账目的登记工作。

（二）严禁一人保管收付款项所需的全部印章。财务专用章应当由专人保管，个人名章应当由本人或其授权人员保管。负责保管印章的人员要配置单独的保管设备，并做到人走柜锁。

（三）按照规定应当由有关负责人签字或盖章的，应当严格履行签字或盖章手续。

第四十二条 单位应当加强对银行账户的管理，严格按照规定的审批权限和程序开立、变更和撤销银行账户。

第四十三条 单位应当加强货币资金的核查控制。指定不办理货币资金业务的会计人员定期和不定期抽查盘点库存现金，核对银行存款余额，抽查银行对账单、银行日记账及银行存款余额调节表，核对是否账实相符、账账相符。对调节不符、可能存在重大问题的未达账项应当及时查明原因，并按照相关规定处理。

第四十四条 单位应当加强对实物资产和无形资产的管理，明确相关部门和岗位的职责权限，强化对配置、使用和处置等关键环节的管控。

（一）对资产实施归口管理。明确资产使用和保管责任人，落实资产使用人在资产管理中的责任。贵重资产、危险资产、有保密等特殊要求的资产，应当指定专人保管、专人使用，并规定严格的接触限制条件和审批程序。

（二）按照国有资产管理相关规定，明确资产的调剂、租借、对外投资、处置的程序、审批权限和责任。

（三）建立资产台账，加强资产的实物管理。单位应当定期清查盘点资产，确保账实相符。财会、资产管理、资产使用等部门或岗位应当定期对账，发现不符的，应当及时查明原因，并按照相关规定处理。

（四）建立资产信息管理系统，做好资产的统计、报告、分析工作，实现对资产的动态管理。

第四十五条 单位应当根据国家有关规定加强对对外投资的管理。

（一）合理设置岗位，明确相关岗位的职责权限，确保对外投资的可行性研究与评估、对外投资决策与执行、对外投资处置的审批与执行等不相容岗位相互分离。

（二）单位对外投资，应当由单位领导班子集体研究决定。

（三）加强对投资项目的追踪管理，及时、全面、准确地记录对外投资的价值变动和投资收益情况。

（四）建立责任追究制度。对在对外投资中出现重大决策失误、未履行集体决策程序和不按规定执行对外投资业务的部门及人员，应当追究相应的责任。

第五节　建设项目控制

第四十六条　单位应当建立健全建设项目内部管理制度。

单位应当合理设置岗位，明确内部相关部门和岗位的职责权限，确保项目建议和可行性研究与项目决策、概预算编制与审核、项目实施与价款支付、竣工决算与竣工审计等不相容岗位相互分离。

第四十七条　单位应当建立与建设项目相关的议事决策机制，严禁任何个人单独决策或者擅自改变集体决策意见。决策过程及各方面意见应当形成书面文件，与相关资料一同妥善归档保管。

第四十八条　单位应当建立与建设项目相关的审核机制。项目建议书、可行性研究报告、概预算、竣工决算报告等应当由单位内部的规划、技术、财会、法律等相关工作人员或者根据国家有关规定委托具有相应资质的中介机构进行审核，出具评审意见。

第四十九条　单位应当依据国家有关规定组织建设项目招标工作，并接受有关部门的监督。

单位应当采取签订保密协议、限制接触等必要措施，确保标底编制、评标等工作在严格保密的情况下进行。

第五十条　单位应当按照审批单位下达的投资计划和预算对建设项目资金实行专款专用，严禁截留、挪用和超批复内容使用资金。

财会部门应当加强与建设项目承建单位的沟通，准确掌握建设进度，加强价款支付审核，按照规定办理价款结算。实行国库集中支付的建设项目，单位应当按照财政国库管理制度相关规定支付资金。

第五十一条　单位应当加强对建设项目档案的管理。做好相关文件、材料的收集、整理、归档和保管工作。

第五十二条　经批准的投资概算是工程投资的最高限额，如有调整，应当按照国家有关规定报经批准。单位建设项目工程洽商和设计变更应当按照有关规定履行相应的审批程序。

第五十三条　建设项目竣工后，单位应当按照规定的时限及时办理竣工决算，组织竣工决算审计，并根据批复的竣工决算和有关规定办理建设项目档案和资产移交等工作。

建设项目已实际投入使用但超时限未办理竣工决算的，单位应当根据对建设项目的实际投资暂估入账，转作相关资产管理。

第六节　合同控制

第五十四条　单位应当建立健全合同内部管理制度。

单位应当合理设置岗位，明确合同的授权审批和签署权限，妥善保管和使用合同专用章，严禁未经授权擅自以单位名义对外签订合同，严禁违规签订担保、投资和借贷合同。

单位应当对合同实施归口管理，建立财会部门与合同归口管理部门的沟通协调机制，实现合同管理与预算管理、收支管理相结合。

第五十五条 单位应当加强对合同订立的管理，明确合同订立的范围和条件。对于影响重大、涉及较高专业技术或法律关系复杂的合同，应当组织法律、技术、财会等工作人员参与谈判，必要时可聘请外部专家参与相关工作。谈判过程中的重要事项和参与谈判人员的主 要意见，应当予以记录并妥善保管。

第五十六条 单位应当对合同履行情况实施有效监控。合同履行过程中，因对方或单位自身原因导致可能无法按时履行的，应当及时采取应对措施。

单位应当建立合同履行监督审查制度。对合同履行中签订补充合同，或变更、解除合同等应当按照国家有关规定进行审查。

第五十七条 财会部门应当根据合同履行情况办理价款结算和进行账务处理。未按照合同条款履约的，财会部门应当在付款之前向单位有关负责人报告。

第五十八条 合同归口管理部门应当加强对合同登记的管理，定期对合同进行统计、分类和归档，详细登记合同的订立、履行和变更情况，实行对合同的全过程管理。与单位经济活动相关的合同应当同时提交财会部门作为账务处理的依据。

单位应当加强合同信息安全保密工作，未经批准，不得以任何形式泄露合同订立与履行过程中涉及的国家秘密、工作秘密或商业秘密。

第五十九条 单位应当加强对合同纠纷的管理。合同发生纠纷的，单位应当在规定时效内与对方协商谈判。合同纠纷协商一致的，双方应当签订书面协议；合同纠纷经协商无法解决的，经办人员应向单位有关负责人报告，并根据合同约定选择仲裁或诉讼方式解决。

第五章　评价与监督

第六十条 单位应当建立健全内部监督制度，明确各相关部门或岗位在内部监督中的职责权限，规定内部监督的程序和要求，对内部控制建立与实施情况进行内部监督检查和自我评价。

内部监督应当与内部控制的建立和实施保持相对独立。

第六十一条 内部审计部门或岗位应当定期或不定期检查单位内部管理制度和机制的建立与执行情况，以及内部控制关键岗位及人员的设置情况等，及时发现内部控制存在的问题并提出改进建议。

第六十二条 单位应当根据本单位实际情况确定内部监督检查的方法、范围和频率。

第六十三条 单位负责人应当指定专门部门或专人负责对单位内部控制的有效性进行评价并出具单位内部控制自我评价报告。

第六十四条 国务院财政部门及其派出机构和县级以上地方各级人民政府财

政部门应当对单位内部控制的建立和实施情况进行监督检查，有针对性地提出检查意见和建议，并督促单位进行整改。

国务院审计机关及其派出机构和县级以上地方各级人民政府审计机关对单位进行审计时，应当调查了解单位内部控制建立和实施的有效性，揭示相关内部控制的缺陷，有针对性地提出审计处理意见和建议，并督促单位进行整改。

第六章　附　则

第六十五条　本规范自2014年1月1日起施行。

第三节　COSO内部控制——整合框架（删减版）

一、管理层概述

高层管理人员一直在探求更好的企业经营控制之道。内部控制致力于促使企业向着盈利和完成自身使命的目标运行，并使这一过程中的意外最小化。内部控制使管理层能够应对瞬息万变的经济和竞争环境，客户不断变换的需求和偏好，并进行重组以利于公司的未来发展。内部控制有利于提高企业经营效率，降低资产损失风险，有助于保证财务报表的可靠性、企业经营活动的合法合规性。

鉴于内部控制具有上述的重要性，因此对提高内控系统及其报告质量的需求日益增加。内部控制日益被视为诸多潜在问题的解决方案。

（一）什么是内部控制

内部控制对不同的人有不同的含义。这一概念在商业界人士、法律界人士、监管当局和其他人士之间容易引起混淆。由此造成的误解和期望值的差异往往给企业带来问题。一旦内部控制这一名词未经清楚定义就写入法律、规章或规则，问题便复杂化了。

本文是针对管理层的需要和期望而写的。本文对内部控制的定义服务于以下目的：

1. 确立一个满足各方需要通用的定义。

2. 提供一个标准——无论规模大小、公用和私人性质、营利和非营利，使各类企业都能以此对其内部控制制度进行评估和改进。

内部控制广义上可定义为一个受企业董事会、经理层和其他人员影响的，为达到下列目标提供合理保证的程序：

1. 经营的效果和效率；

2. 财务报告的可靠性；

3. 法律法规的遵循性。

第一类目标指企业的基本经营目标，包括业绩、盈利指标和资源保护。第二类目标指编制可靠的公开财务报表，包括中期和简略财务报表，以及从这些财务报表中摘出的数据（如利润分配数据）。第三类目标指企业经营必须符合相关的法律法规。以上三类目标既相互独立又相互联系，分别代表不同的需求，需要对它们做专门研究。

内部控制制度依据其运行的有效性程度而有所不同。因此，这三类目标又可据此进行划分，如果董事会和经理层能够合理地保证：

1. 他们清楚地知道企业经营目标实现的程度；

2. 公开财务报表的编制是可靠的；

3. 企业适用的法律得到遵守。

虽然内部控制是一个过程，它的效果却表现为在某一时点上这一过程的状态。

内部控制包括五个相互联系的要素。它们源自管理层的经营方式，并与管理过程紧密相连。尽管此五项要素适用于各类企业，但是中小企业对其应用可能不同于大型企业。中小企业的内部控制可能不及大型企业正式、组织性强，但其内部控制也可能是有效的。内部控制的五项要素如下所述。

1. 控制环境——控制环境决定了企业的基调，直接影响企业员工的控制意识。控制环境提供了内部控制的基本规则和框架，是其他四要素的基础。控制环境包括员工的诚信度、职业道德和才能；管理哲学和经营风格；权责分配方法、人事政策；董事会的经营重点和目标等。

2. 风险评估——每个企业都面临诸多来自内部和外部的有待评估的风险。风险评估的前提是使经营目标在不同层次上相互衔接，保持一致。风险评估指识别、分析相关风险以实现既定目标，从而形成风险管理的基础。由于经济、产业、法规和经营环境的不断变化，需要确立一套机制来识别和应对由这些变化带来的风险。

3. 控制活动——控制活动指那些有助于管理层决策顺利实施的政策和程序。控制行为有助于确保实施必要的措施以管理风险，实现经营目标。控制行为体现在整个企业的不同层次和不同部门中。它们包括诸如批准、授权、查证、核对、复核经营业绩、资产保护和职责分工等活动。

4. 信息和沟通——公允的信息必须被确认、捕获并以一定形式及时传递，以便员工履行职责。信息系统产出涵盖经营、财务和遵循性信息的报告，以助于经营和控制企业。信息系统不仅处理内部产生的信息，还包括与企业经营决策和对外报告相关的外部事件、行为和条件等。有效的沟通从广义上说是信息的自上而下、横向以及自下而上的传递。所有员工必须从管理层得到清楚的信息，认真履行控制职责。员工必须理解自身在整个内控系统中的位置，理解个人行为与其他员工工作的相关性。员工必须有向上传递重要信息的途径。同时，与外部诸如客户、供应商、管理当局和股东之间也需要有效的沟通。

5. 监控——内部控制系统需要被监控，即对该系统有效性进行评估的全过程。可以通过持续性的监控行为、独立评估或两者的结合来实现对内控系统的监控。持续性的监控行为发生在企业的日常经营过程中，包括企业的日常管理和监督行为、员工履行各自职责的行为。独立评估活动的广度和频度有赖于风险预估和日常监控程序的有效性。内部控制的缺陷应该自下而上进行汇报，性质严重的应上报最高管理层和董事会。

这五项要素既相互独立又相互联系，形成一个有机统一体，对不断变化的环境自动作出反应。内部控制制度与企业的经营行为紧密相连，因基本的商业动机而存在。内部控制成为企业内部框架的核心部分和基本理念时最为有效。这时内部控制可以支持经营质量和主动的授权，避免不必要的花费，并对环境的变化迅速作出反应。

内部控制的三类目标之间具有直接联系，它们代表了企业努力的目标；而五项要素代表了实现这些目标所需元素。所有五项要素都与每一类目标相联系。为实现每一类目标，如经营的效率和效果，需要五项要素共同发挥作用，以说明经营的内部控制是有效的。

内部控制的定义——受人为因素影响、提供合理保证的过程，这一内在基本的概念——及其不同种类的目标、内部控制要素、内控有效性评价准则、与之相关的讨论，构成这本内部控制基本框架的内容。

（二）内部控制能做什么

内部控制有助于企业实现其业绩和利润目标，防止资源损失，提高财务报告的可靠性，督促企业遵守相关法律法规，避免企业名誉受到损害以及受到其他不良影响。总之，内部控制有利于企业在既定轨道中前进，避免走弯路和遭遇突然袭击。

（三）内部控制不能做什么

不幸的是，一些人对内部控制有不合实际的预期，存在以下幻想。

1. 内部控制可以确保企业的成功——它能确保企业实现基本经营目标，至少能保证企业的生存。即使有效的内部控制也仅仅能帮助企业实现经营目标。它提供给管理层关于企业成长过程中的信息。但内部控制不能使一个内在水平糟糕的经理变得杰出。另外，政府政策的变化、竞争对手的行为或经济环境都在管理层控制之外。内部控制不能保证成功，甚至不能保证生存。

2. 内部控制可以确保财务报告的可靠性和法律法规的遵循性。此观点也是不正确的。无论内部控制制度设计、运行多么理想，都只能就企业目标的实现向管理层和董事会提供合理的而非绝对的保证。经营目标的实现受多种因素影响，而且任何内部控制系统都具有局限性。内部控制系统的局限性包括以下现实情况：决策判断可能失误，简单的错误可能导致大纰漏。另外，控制可能因为两个以上人的相互勾结而趋于无效，而经理层有超越内控系统的权力。还有一个局限就是内部控制系统的设计必须反映以下事实，即出于资源有限性的考虑，内部控制必须考虑成本收益的匹配。

因此，尽管内部控制有助于企业实现其目标，但它并非万能药。

（四）角色和职责

企业的每位员工都应担负内部控制的职责。

1. 经理层——总裁应最终负责并具有内部控制系统的“所有权”。与其他人相比较，总裁制定了最高基调，这将影响诚信度、道德品行以及构成一个积极的控制环境的其他因素。在大公司，总裁通过督导高层管理人员检查其经营行为来完成自身职责。高层管理人员则向各部门负责人分配具体的控制措施和程序。在规模小些的公司，总裁常常身兼所有者和经理人双重角色，其影响也就更加直接。在任何情况下，对于金字塔式的职责分布结构，每位经理人实际就是他所管辖职责范围内的总裁。经理层中具有特殊意义的是财务总监及其下属，他们的控制行为切入企业经营的各部分。

2. 董事会——经理层对董事会负责，董事会提供管理、指引和核查。高效率的董事会成员应该是实事求是、富有才华和钻研精神的。他们熟悉企业经营及环境，留出足够的时间来完成董事会职责。不诚实的经理层有可能越过内部控制，忽视或压制下属的信息反馈，并故意误报结果以掩盖其行径。一个强有力、活跃的董事会，特别是具备了有效信息自下而上传递的渠道，以及完善的财务、法律和内部审计职能后，往往能识别和纠正这样的问题。

3. 内部审计人员——内部审计人员在评价、维护企业内部控制系统有效性方面起重要作用。由于在企业中的组织地位和权威性，内部审计在监控方面扮演重要角色。

4. 其他人员——从某种程度上说，内部控制是企业中每个人的职责，因此，应成为每个人工作职责中明示或暗示的部分。实际上，所有职员都在产出内部控制系统需用的信息，或在进行与内部控制有效运行相关的活动。而且，所有职员都有责任向上层汇报经营中存在的问题、背离准则和违规违法行为。

一些企业外部人员常常有助于企业目标的实现。独立审计师通过实施独立、客观的监控，通过直接的财务报表审计和间接的管理建议，帮助管理层更好地履行职责。其他能够提供对内部控制有用信息的外部人员，包括律师、监管当局、客户、财务分析师、债券评级师和新闻媒体等。外部人员不属于企业内部控制系统的一部分，也不对企业内部控制系统负责。

（五）本报告的组织结构

本报告分四部分。

第一部分“管理层总结”，是对内部控制总体框架的高度总结，是针对总裁和高级管理人员、董事会成员、律师和监管当局而写的。

第二部分“总体框架”，对内部控制进行了定义，阐述其构成要素，为管理层、董事会及他人提供了评估内部控制有效性的准则。

第三部分“外部团体报告”，是附件，对那些已经或准备公开披露其对编制财务报表进行内部控制的企业提供了指导。

第四部分“评估工具”，提供了对内部控制系统进行评估的有用资料。

（六）本报告目的

根据本报告所能采取的行动与当事人所处的位置和承担的职责有关。

1. 高级管理人员——多数来此学习的管理人员相信其对企业能够基本控制。然而，许多人认为一些部门或控制环节的内部控制还处于发展阶段或需要进一步加强。没有人喜欢出岔子。本报告建议总裁创建一套内部控制系统的自我评价系统。运用此系统，总裁以及主要经营、财务管理人员就能够将注意力集中在关键问题上。一种方法是总裁将部门负责人和业务骨干召集在一起讨论内部控制的初始评估方案，然后指导其他职员和上司讨论本报告中的概念，各职员在其职责范围内检查初始评估方案并提出反馈意见。另一种方法则包括对公司情况的初步复核、部门控制政策和内部审计程序。不管何种形式，初始评估方案应该能够决定是否有必要，或如何进行更深层次的评估。另外，它也应能保证持续的监管到位。评价内部控制系统所花费的时间是一种具有高回报的投资。

2. 董事会成员——董事会成员应该和高层管理人员讨论企业内部控制制度的状况，并在需要时提供督导。他们应借鉴内部审计师和外部审计师的意见。

3. 其他人员——经理和其他人员应该考虑自身控制职能在整体内控框架下如何执行，并和高级管理人员讨论加强内部控制的方法。内部审计师应该考虑其对内部控制系统的关注范围，并将比较其评估资料与评估工具。

4. 立法者和监管当局——立法当局认识到对任何事件都会存在误解和不同的期望。对内部控制的理解在两方面存在不同。首先，在内部控制的作用方面存在不同。如前所述，一些人认为内部控制系统应该能够防止企业遭受损失，或至少能够防止企业破产。其次，即使已在内部控制系统所能和所不能，以及“合理保证”的概念上取得一致，对于内部控制的概念和应用仍存在分歧。公司总裁非常关注监管当局在所谓内控失败事件发生后如何分析有关“合理性保证”的公开报告。在遵守有关管理层报告其内部控制情况的法律法规之前，需要对包括内部控制局限性的内部控制基本框架取得一致。本报告所阐述概念框架有助于达成以上共识。

5. 专业组织——专业组织对企业的财务管理、审计和其他相关主题提供指引，因此，必须考虑其对内部控制框架提出的标准和指导。一旦在概念和术语上的分歧消失，各方都会受益。

6. 学术界——本内部控制框架可作学术研究和分析之用，以对其进一步改进。假设本报告被普遍接收，作为基础理论，其概念和专业术语有可能进入大学的课程。

我们相信本报告能带来一些益处。以此为基础达成共识，各方就有了统一的语言，能更有效地交流。商业管理人士将有一套评估内部控制系统的标准，以进一步加强内部控制，使企业向着既定目标前进。未来关于内部控制的研究也有了明确的基础。立法者和监管当局对内部控制的理解更加深刻，包括其优点和不足。只有各方运用一个通用的内部控制框架，这些益处才会实现。

二、内部控制——整体框架

（一）定义

本部分概要：内部控制被定义为一个受企业员工行为影响，用于完成特定目标的过程。这是一个广义的概念，包含了对企业进行控制的各个方面，但却强调将重点放在特定的目标上。内部控制包括五个相互联系的要素，它们都包含在管理层经营企业的方式中。五项要素相互联系，作为评判内部控制系统是否有效的准则。

本框架的主要目的在于协助管理层更好地控制企业行为。但内部控制对不同的人有不同的含义。大量的术语和释义妨碍人们对内部控制达成共识。因此，一个重要的目标就是将形式各异的内部控制概念总结成一个总体框架，以确定一个通用的定义和明确各控制要素。本框架是为适应多数观点而设计的，并为企业的内部控制评价、立法机构的未来举措以及教学研究提供起点。

1. 内部控制。内部控制的定义如下。

内部控制是一个受到董事会、经理层和其他人员影响的过程，该过程的设计是为了提供实现以下三类目标的合理保证：

（1）经营的效果和效率；

（2）财务报告的可靠性；

（3）法律法规的遵循性。

该定义反映了以下基本概念：

（1）内部控制是一个过程。它是实现目的的手段，而非目的本身。

（2）内部控制受人为影响。它不仅仅是政策手册和图表，而且涉及企业各层次的人员。

（3）内部控制只能向企业董事会和经理层提供合理的保证，而非绝对的保证。

（4）内部控制是为了实现三类既相互独立又相互联系的目标。

有两个理由使我们相信以上内部控制的定义是广泛适用的。第一，我们采访的多数经理是这样来看企业内部控制的。实际上，他们常常提及“控制”一词，而且正在“控制”。第二，它适用于内部控制的多个子集。不同人可以有不同的侧重点，例如，可以分别侧重于财务报告和法律法规的遵循性。类似地，这一定义对企业某一部门或某一行为的内部控制也适用。

该定义同时也提供了决定内部控制有效性的基础。

2. 内部控制是一个过程。

3. 人的因素。

4. 合理性保证。

5. 目标。本报告将目标分为三类：

（1）经营——关于企业资源利用的效率、效果；

（2）财务报告——关于编制公开财务报表的可靠性；

（3）遵循性——关于法律和法规的遵循性。

这一分类有利于将内部控制的重点放在不同方面。这些既相互独立又相互联系的分类体现了不同的需求，也可能是不同管理人员的职责。这一分类还有利于区分每类控制的可能结果。

内部控制系统可以为实现财务报告的可靠性和法律法规的遵循性目标提供合理的保证。这些目标（很大程度上是外界施加的）的实现有赖于企业内部控制系统的实施。

然而，经营目标的实现——如投资回报、市场份额、引进新产品——并非完全在企业控制能力之内。内部控制并不能阻止决策失误和意外事件的发生。只有当管理层及时了解企业向既定目标迈进的程度，内部控制系统才能为企业目标的实现提供合理的保证。

6. 要素。内部控制包括五项相互联系的要素。它们来自管理层经营企业的方式，并融入管理过程本身。

（1）控制环境——企业的核心是人——员工的特性，包括诚信、道德和能力和他们所处的环境。环境是企业发展的基础，也是推动企业发展的引擎。

（2）风险评估——企业必须了解并应对其面临的风险，设定目标，包括销售、产品、营销、财务和其他行为，使之进入既定轨道运行。还必须确立识别、分析和管理风险的机制。

控制环境提供了员工实施（控制）活动和履行控制责任的氛围，是其他控制要素的基础。在此环境内，经理层评估实现特定目标的风险。控制活动是为了确保经理层有关减少风险的措施的顺利实施。同时，与之相关的信息被获取和在组织内部传递。整个过程都得到监控，并随着环境的改变而更新。

（3）控制活动——必须确立和执行控制政策和程序，以确保那些被管理层认为必要的减少风险的措施得以执行。

（4）信息和沟通——围绕在控制活动周围的是信息和沟通系统。这些系统有利于企业员工获得及交换与运作、管理和控制企业有关的信息。

（5）监控——整个控制过程必须得到必要的监控和修订。这样，内部控制系统才能对环境的变化自动反应。

内部控制各项要素及其间联系如图 7－1 所示。该模型描述了内部控制系统的运行体制。例如，对风险的评估不仅影响控制行为，还可能强调需要重新考虑信息和沟通，或重新考虑企业监控行为。因此，内部控制并非一项要素影响下一项要素的顺序过程。它是一个几乎任一要素都可以影响其他要素的多方向、相互作用的过程。

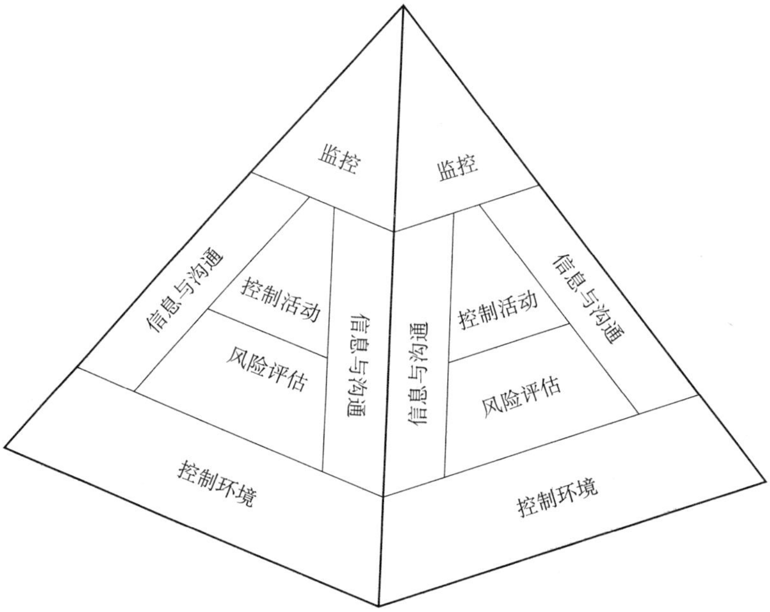

图 7－1　COSO 内部控制整体框架

没有两个企业会或应该具有相同的内部控制系统。公司的内部控制系统因行业和规模、文化和管理层哲学而不同。因此，尽管企业都需要这几项要素来实施对企业的控制，某一公司的内部控制系统常常看起来与另一公司的内部控制系统大相径庭。

7. 目标和控制要素之间的关系。在企业尽力要实现的三类目标——经营、财务报告和遵循性以及代表实现这些目标需要的控制要素之间存在直接联系。每行要素都贯穿、针对所有三类目标。内部控制与整个企业或其中某一部分有关。

（二）控制环境

本部分概要：控制环境决定了企业的基调，影响企业员工的控制意识。它是其他要素的基础，提供了基本规则和框架。控制环境因素包括：员工的诚信度、道德观和能力；管理哲学和经营风格；管理层授权和职责分工、人员组织和发展方式；董事会的重视程度和提供的指导。

控制环境对企业行为架构、目标设立和风险评估的方式有潜移默化的影响。它也影响控制活动、信息和沟通系统以及监控行为。实际上控制环境不仅影响它们的设计，而且影响它们的日常运转。控制环境受企业文化和历史的影响。它影响员工的控制意识。具有有效控制的企业，尽力聘用有能力的员工，灌输诚信的企业文化和控制意识，设定一个积极的“最高基调”（完美行为规范）。它们确立适当的政策和程序，常常包括一本书面操作手册，培养共同的价值和团队精神，以期实现企业目标。

控制环境要素包括：诚信和道德观；刺激和诱惑；提供并传递道德指引；才

能；董事会或审计委员会；管理哲学和经营风格；组织结构；权力和职责分配；人力资源政策和措施；差异和影响；中小型企业的应用等。

（三）风险评估

本部分概要：每个企业都面临来自内部和外部的风险，这些风险必须进行评估。风险评估的前提是确立目标，这些目标在不同的层次上相互联系并具有内在的一致性。风险评估指对相关风险进行鉴别和分析，以实现目标，形成风险管理的基础。由于经济环境、行业、法规和经营状况不断变化，需要一个确认和处理与这些变化相关风险的机制。

所有企业，无论规模、结构、行业性质，在其各级组织结构内都面临着风险。风险影响企业生存的能力；在行业内成功竞争；保持财务实力和公众形象；保持产品、服务和人员的总体质量。没有一种实际的办法可以将风险减少至零。实际上，有经营就有风险。管理层必须确定能够谨慎地接受多少风险，并尽力将风险保持在这一水平。

风险评估的前提条件是设立目标。只有确立了目标，管理层才能针对目标确定风险并采取必要的行动来管理风险。设立目标是管理过程重要的一部分。尽管其并非内部控制要素，但它是内部控制得以实施的先决条件。本章先讨论目标，再讨论风险。

1. 目标。

（1）目标的种类。尽管目标多种多样，还是能确定三个大的分类：经营目标；财务报告目标；遵循性目标。

（2）目标的交迭。一类目标可能与另一类目标之间有交叉，或为其提供支持。另一类目标与“资源保护”相关。一项目标的归类有时取决于环境。

（3）联系。目标之间应该是互补和相互联系的。企业层面的目标不仅应该与企业的潜能和未来发展相符，而且必须与各业务部门和职能单位的目标相一致。企业层面的目标须分成一些子目标，这些子目标应与总体策略相符，且和贯穿企业的操作层目标相联系。

操作层目标应很清楚，易于理解，以便从事该操作的人能实现其目标。这些目标还必须是可衡量的。人事部门和管理层必须对需要实现什么达成一致，并有方法确定目标被完成的程度。涉及某一操作目标的范围和效果也是相关的。

（4）目标的实现。确立目标是有效内部控制的前提。在合理保证的范围内，内部控制的目标主要关注：培养贯穿整个企业的目标的一贯性，辨别主要成功因素，及时向管理层报告业绩和期望。虽然不能确保成功，但管理层应能合理保证——当目标存在不能实现的危险时可及时得到警告。

2. 风险。识别和分析风险的过程是一个重复不断的过程，并且是有效内部控制制度的关键组成部分。管理层必须仔细关注企业各层次的风险并采取行动来管理风险。

（1）风险识别。风险识别应是全面而复杂的，这很重要。它必须考虑企业和相关外界之间的所有重大相互影响，包括有关商品、服务和信息等。这些外界包括潜在和现有的供应商、投资者、债权人、股东、雇员、客户、买方、中介、竞争对手、公共机构和新闻媒体。

风险识别是一个重复的过程，并与计划过程紧密结合。利用“白纸”法来考虑风险也是很有益的，而不是仅仅将风险与过去的回顾相联系。

①企业层面。企业层面的风险来自外部或内部因素。具体如下所述。

外部因素：

● 技术发展会影响研发的性质和时机，或带来采购的变化。

● 不断变化的客户需求和期望会影响产品开发、生产流程、客户服务、定价或保修。

● 竞争会改变企业营销或服务活动。

● 新的法律和法规可能要求经营政策和策略改变。

● 自然灾害可能导致经营或信息系统的改变以及强调对或有损失制定应急计划的需要。

● 经济形势的变化可能对有关融资、资本支出和扩张的决策产生影响。

内部因素：

● 信息系统运行的中断会对经营产生负面影响。

● 雇员的素质和培训、激励的方法可能对企业中的控制理念产生影响。

● 管理层职责的改变可能影响实施某些控制的方式。

● 企业经营活动的性质、员工对资产的接触途径可能对资源的挪用产生影响。

● 非强硬的或无效的董事会或审计委员会可能为轻率的行为提供机会。

有许多技巧被发展用于识别风险。其中多数尤其是那些被内外部审计师发展用于确定审计业务范围的技巧——涉及将风险排列优先次序以及识别更高风险行为的定量或定性的方法。其他实践包括：对影响企业业务的经济形势和行业因素的定期复核，高层管理人员的商业计划会议以及与行业分析师的会晤。识别风险与企业的短期、长期预测和战略规划密切相关。企业选择何种方式识别风险并不特别重要。重要的是管理层必须仔细考虑那些导致或增加风险的因素。一些需要考虑的因素包括：过去未能实现目标的教训；人员素质；影响企业的变化因素，如竞争、法规、人事等；地理上业务活动的分散程度，特别是国外业务；某一业务活动对企业的重要性；业务活动的复杂性。

识别企业层面导致风险的内部、外部因素对有效的风险评估非常重要。一旦确定了主要的风险因素，管理层就可以考虑它们的重要程度，并尽可能将这些风险因素与业务活动联系起来。

② 操作层面。除了识别企业层面的风险外，还应识别操作层面的风险。应对这个层面的风险有助于将风险评估的重点放在重要的业务和职能部门上，如销售、生产、营销、技术发展和研究开发。对操作层面风险的成功评估还有助于将企业层面风险保持在可以接受的水平。

（2）风险分析。识别企业层面和行为层面风险后，企业需要进行风险分析。风险分析的方法多种多样，主要因为许多风险难以量化。不管怎样，风险分析的过程——可能多少有些正式——通常包括：

- 估计风险的重要性程度；
- 评估风险发生的可能性（或频率）；
- 考虑如何管理风险，即评估需要采取何种措施。

注意：风险评估，作为内部控制的组成部分，与计划、程序或其他管理层认为有必要来处理风险的行为是有区别的。这些行为，如同前面所讨论的，是更大范围管理过程的一部分，而非内部控制系统的组成部分。

与管理风险的行动联系在一起的，是确立程序使管理层能对这些行动的执行和效果予以追踪。

风险分析并非只是理论上的。它通常对企业的成功很重要。当它涵盖了所有重大业务过程中的风险识别时，最为有效。它可能涉及过程分析，如主要依赖方面和关键控制点的识别、确定明晰的职责。有效的过程分析特别关注组织内的横向关联，大型组织特别需要警惕组织内部和组织之间的交易与主要关联。

3. 应对变化。经济形势、行业和法规环境不断改变，企业业务活动不断发展。在一个环境下有效的内部控制，在另一环境下未必有效。风险评估的本质就是一个识别变化的环境并采取相应行动的过程。

因此，每个企业都需要一个正式或非正式的过程来识别那些对企业实现目标的能力有重大影响的外部环境。

（1）要求特别关注的情形。

- 已改变的经营环境；
- 新人事；
- 新的或经修订的信息系统；
- 迅速增长；
- 新技术；
- 新业务、产品、活动；
- 贷款发生时，就不清楚如何控制风险；
- 公司重组；
- 海外经营。

（2）机制。必须建立识别任何重要假设或条件已经或将要发生的变化的机制。

（3）预见。为达到切实可行的目标，机制必须有预见性，以使企业能预见重要的变化并做好规划。需有早期报警系统以识别那些警示新风险的数据。相应地，应具备合理的机制来预测影响企业的变化。

（4）中小型企业的应用。

4. 评估。评估者会重点关注管理层设立目标、风险分析和应对变化的过程，包括它们的联系和与业务活动的相关性。下面所列的是评估者可能会考虑的事项。这一列示并非涵盖了全部，也不是对每个企业都适用，但是，可以作为一个起点。

(1) 企业层面目标。

● 企业层面目标对企业需要实现什么，提供充分、广泛的声明和指导，且足够明确并直接与本企业相关。

● 企业层面目标向雇员和董事会传递的有效性。

● 企业层面目标与企业策略的相关性和一致性。

● 企业计划和预算与企业层面目标、战略规划、现时条件的一致性。

(2) 操作层面目标。

● 操作层面目标和企业层面目标以及战略规划之间的联系。

● 操作层面目标之间的一致性。

● 操作层面目标与所有重大业务流程的相关性。

● 操作层面目标的专属性。

● 与目标相关的资源的充分性。

● 识别对实现企业层面目标的重要目标（关键成功因素）。

● 各级管理层对制定目标的参与及其对于目标的义务。

(3) 风险。

● 识别来自外部风险的机制的充分性。

● 识别来自内部风险的机制的充分性。

● 识别与每个重大操作层面目标相关的重要风险。

● 风险分析过程的周详性和相关性，包括估计风险的重要性程度、发生概率和决定所采取的措施。

(4) 应对变化。

● 存在机制，对影响企业或操作层面目标实现的日常事件或行为进行预测、识别和反应（通常由负责那些最受变化影响行为的经理来执行）。

● 存在机制，对那些于企业有巨大和深远影响、可能需要高层管理人员关注的变化进行识别和反应。

（四）控制活动

本部分概要：控制活动指为确保管理层指示得以执行的政策和程序。它们有助于保证采取必要措施来管理风险以实现企业目标。控制活动贯穿于企业的所有层次和部门。它们包括一系列不同的活动，如批准、授权、查证、核对、复核经营业绩、资产保护以及职责分工等。

控制活动包括政策和程序，是人们执行政策的行为，用于保证管理层进行风险管理的必要指示得以执行。控制活动依据与之相关目标的性质可分为三类：经营性、财务报告、遵循性。

1. 控制活动的类型。有许多关于控制活动类型的不同描述被提出，包括防止性控制、检查性控制、手工控制、计算机控制和管理性控制等。控制活动可按照控制目标进行分类，如保证数据处理的完整性和准确性。下面介绍一些适用于组织中不同层次职员进行的通用控制活动，用来说明控制活动的范围和多样性，而非任何分类的建议。

● 高层复核。

● 职能指导或业务管理。

● 信息处理。

● 实物控制——设备、存货、证券、现金及其他资产实物应得到保护，并定期进行盘点和账实核对。

● 业绩指标——将不同类的数据——经营或财务的——联系起来，连同关联性分析、调查和改进行为，构成了这一控制活动。

● 职责分离——职责在不同人们之间进行分工或分离，是为了降低发生错误或不当行为的危险。

2. 政策和程序。控制活动通常包含两类要素：确定应该做什么的政策（作为第二个要素基础）和实现该政策的程序。

3. 与风险评估结合。

4. 信息系统的控制。随着对信息系统普遍的依赖，需要对这些系统进行全面控制。可以运用两大类的信息系统控制活动。第一类是一般性控制，它适用多数应用系统并协助确保其持续、正确地运行；第二类是应用性控制，包括应用软件中的电算化步骤，以及用于控制不同种类交易处理过程的相关手工操作程序。总之，这些控制用于保证财务和其他信息系统的完整性、准确性和遵循性。

（1）一般性控制。一般性控制通常包括对数据中心操作、系统软件的购买和维护、数据入口安全，以及应用系统开发和维护的控制。

● 数据中心操作控制。包括工作设定和时间安排、操作员行为、后台支持和恢复程序，以及或有事件或灾害补偿计划。

● 系统软件控制。包括对系统软件——操作系统、数据库管理系统、通信软件、安全软件和系统工具（具有运行系统和支持应用系统的功能）——有效采购、运行和维护。

● 入口安全控制。有效的入口安全控制能保护系统，防止不当进入和系统的非法授权使用。如果设计良好，还能拦截黑客和其他侵犯者。充分的入口控制措施，通过防止非授权使用和更改系统，数据和程序的完整性得以保护。

● 应用系统开发和维护控制。通过设定批准和核对点来控制项目的开发或维护。系统内部开发的另一选择是使用软件包。

（2）应用性控制。应用性控制被设计用于控制应用过程，协助保证交易处理的完整性、准确性、交易授权和有效性，以保证所有用于处理的信息适当地输入和输出。计算机对控制的一个最有意义的贡献就是其防止错误进入系统的能力。

（3）一般性控制和应用性控制之间的关系。这两类对计算机系统的控制是相互关联的。一般性控制用于保证建立在计算机程序基础上的应用性控制得以实施。如果没有充分的一般性控制，也就不可能依赖应用性控制。需要在应用性控制和一般性控制之间寻求平衡的是完整性控制。应用性控制和一般性控制之间的关系是：一般性控制用于支持应用性控制的功能，两者都用于保证信息处理过程的完整性和准确性。

5. 正在发展的问题。

6. 企业特殊性。

7. 对中小企业的应用。

8. 评估。

（五）信息和沟通

本部分概要：相关的信息必须以一种能使人们行使各自职能的形式和在一定的时限内被识别、掌握和沟通。信息系统产生的报告，包括使企业的运营和控制成为可能的经营性的、财务的以及与合规性相关的信息。信息系统不仅处理内部生成的资料，而且还处理形成企业决策和外部报告所必需的、关于外部事件、行为和条件的信息。有效的沟通还必须广泛地进行，要遍及组织的各个方面。所有人员都要从高级管理层获得清楚的信息：控制职能必须被认真对待。他们必须明白各自在内部控制制度中的角色，明白个人的行为如何与他人的工作相联系。他们必须有自下而上传递重要信息的方法。在与像顾客、供应商、监管者和股东这样的外界之间，也必须有有效的沟通。

每个企业都必须获取相关信息——财务及非财务的，与外部及内部事件和行为相关的信息。信息必须经过管理层确认与企业的经营相关。这些信息也必须以一种能使人们行使各自的控制和其他职能的形式在一定的时限内传递给需要的人。

1. 信息。为了业务经营和达成企业所有类别的目标——经营的、财务的和合规性的目标，组织的各个层次都需要信息。信息被多元应用。

同样，经营信息对编制财务报表很关键。信息由信息系统来识别、掌握、加工和报告。信息系统有时以监管的方式运行，以例行地获取特定的数据。信息系统可以是正式的或非正式的。

当企业面临基本的行业变化，面临有高度创新能力、反应迅捷的竞争对手或面对重大的顾客需求变化时，保持信息与需求间的一致性就变得至关重要。信息系统必须变化，以支持产生新的企业目标。

2. 策略性的和整合性的信息系统。将信息系统的规划、设计和应用同组织的整体战略整合在一起。

（1）信息系统支持战略创新。信息系统确实在获得竞争优势上有重要的作用。战略性地运用信息系统就意味着成功。

（2）信息系统和经营的整合。信息系统的战略性运用表现了这样一种变化：从纯粹的财务系统变为整合进企业经营的系统。在生产过程中，信息系统支持生产的各个阶段。多数新的生产系统与企业其他系统，可能还包括企业的财务系统，高度地整合为一体。当系统执行其他功能时，财务数据和会计记录会自动更新。

（3）共存技术。一个企业的系统通常要不断发展以适应一些需求，因此，就变成了多种技术的混合物。

3. 信息质量。系统产生信息的质量影响管理层在管理和控制企业行为时做出适当决策的能力。

信息的质量包括确认：

- 内容是否适当——它是所需要的信息吗？
- 信息是否适时——需要时，就有吗？
- 信息是当前的吗？——最近的信息有吗？
- 信息是否准确——数据正确吗？
- 信息是否畅通——相应的部门能容易地获得信息吗？

信息的质量依赖于控制活动的职能实施。

4. 沟通。沟通是信息系统固有的。信息系统必须把信息提供给相应的人员，使他们能够履行经营性的、财务报告以及合规性方面的职责。但沟通必须是更广意义上的，能够处理预期、个体和群体的职责以及其他重要事情。

（1）内部沟通。所有的人员，特别是那些有着重要的经营和财务管理职责的人员，除了接受相关的信息来管理他们的活动外，还需要从高层管理那里清楚地知道一条信息，那就是必须严肃地履行内部控制的责任。这条信息的清晰程度和传递的有效性，都很重要。

特定的职责必须明确。每个人需要理解内部控制系统的相关方面，它们如何运行及个人在系统中的职责。人们还要知道自己的行为怎样与他人的工作相联系。

员工也需要有在企业中自上而下传递重要信息的方法。必须既有开放的沟通渠道又有清楚的倾听意愿。

在任何情况下，员工知道不会因报告相关信息而受到报复，这是至关重要的。

应该取得某种平衡。管理层向下传达正确的信息以及为合法的自下而上报告提供合理机制，两者都很重要。

管理层与董事会及其委员之间的沟通至关重要。管理层必须使董事会了解最新的业绩、发展、风险、主要的革新以及其他任何相关的事件或事故。与董事会的沟通越好，董事会越能有效地行使监督职能，并能够对于关键的事务作出合理的行为，提供建议和忠告。同样，董事会也应该向管理层传达所需要的信息，并提供指导和反馈。

（2）外部沟通。与外界的沟通通常会为内部控制机构提供重要的信息。这些交流应该是有意义的，能够提供恰当的、及时的信息，当然，也应按照法律和规则的要求。

管理层同外界（无论是公开的、即将进行的、严格跟踪的还是其他的）的交流也可以向整个公司内部传递信息。

(3) 沟通的方式。沟通可以采用诸如政策手册、备忘录、布告通知、录像录音带的形式。口头传递消息时（在许多人中间，在小型会议上，或者在两个人会面时），语调和身体语言可以用来强调所说的内容。另一种有影响力的沟通手段是管理层对下属采取的行为。

5. 对中小型企业的应用。

三、评估

评估者会考虑信息和沟通系统对企业需要的恰当性。至少下列事项是人们会考虑到的。

(1) 信息。获取外部与内部的信息，向管理层提供与确定目标相关的关于企业业绩的必要报告。

(2) 沟通。

- 在沟通员工职责与控制责任时的有效性。
- 为人们报告可疑的不正当行为建立沟通的渠道。
- 管理层对员工所建议的提高产量、质量以及类似改进的方法的接受性。
- 贯穿整个企业的充分沟通（比如在采购与生产行为之间），信息的完整性、及时性及信息的充分性足以使人们有效履行其职责。
- 渠道的开放性与有效性，这些渠道是为了与顾客、供应商以及其他外界来沟通不断变化的顾客需求信息。
- 外界能够了解企业道德标准的程度。
- 管理层根据与顾客、供应商、监管者及其他外界的交流而采取的适时恰当的相应措施。

（一）监控

本部分概要：内部控制系统需要被监控——这是一个评估系统在一定时期内运行质量的过程。这一过程通过持续性的监控行为、独立的评估或两者的结合来实现。持续性的监控行为发生在经营的过程中。它包括日常管理和监管行为，以及其他人在履行职责时发生的行为。独立评估的范围和频率主要依赖于风险评估和持续性监控程序的有效性。内部控制的缺陷应自下而上进行报告，重要事项应报知高层管理人员和董事会。

内部控制随着时间变化。实施控制的方式可能不断发展。相应地，管理层需要判定内部控制系统是否继续有效并能应对新风险。

监控保证了内部控制持续有效。这一过程涉及由适当的人员及时评估控制的设计和执行，并采取必要措施。

监控可通过两种方式进行：通过持续性的活动或独立的评估。在某种程度上，内部控制系统通常在一种持续性的基础上进行组织，以实行监控。持续监控的程度和有效性越强，独立评估的需求就越少。一般地，持续性监控和独立评估的结合有利于保证内控系统在一定时期保持有效性。持续性的监控活动是植根于企业日常、重复发生的活动中的。由于独立评估发生在事实之后，比起持续性监控程序，可更快地发现问题。一些具有完善的持续性监控行为的企业也同样会每隔几年对其内控系统或某些部分进行独立评估。

1. 持续性监控行为。在日常经营中用于监控内部控制有效性的行为是多样化的。包括日常的管理和监督行为、比较、协调和其他例常活动。持续性监控活动关注每个内部控制要素的重要方面。

2. 对系统的有效性进行独立评估。包括：

内部控制评价的范围和频率；

内部控制评价主体；

内部控制评价程序；

内部控制评估方法体系；

评估方法包括检查清单、调查问卷和流程图等方法；

内部控制评估文件化；

评估内部控制系统行动计划。

3. 报告缺陷。企业内部控制系统的缺陷源自很多方面，包括企业的持续性监控行为、内部控制系统的独立评估以及外部因素。缺陷可能代表一个假想的、潜在的或实际的缺点，或一个强化内部控制系统的机会，以提供更大的可能性来实现企业目标。

内部控制缺陷信息的一个最佳来源是内部控制系统本身，包括两个方面：一方面是企业的持续监控行为，包括管理行为和对雇员的日常监管，从直接涉及企业活动的人那里获得深入的了解，这些洞察是实时获得的。另一方面是对内部控制系统的独立评估。由管理层、内部审计师或其他人进行的评估。此外，很多外部因素经常提供有关企业内控系统运行的重要信息。这些外部因素包括顾客、供货商和其他与企业交易的人员、独立注册会计师和监管当局。必须仔细考虑外界报告中涉及内部控制方面的内容，包括应该报告什么、向谁汇报以及报告指引等，并采取适当的纠正措施。

4. 评估。

（1）持续性监控行为。

（2）独立评估。

（3）缺陷报告。

（二）内部控制的局限

本部分概要：无论内部控制设计和执行得多好，它也只能对于管理层和董事会就企业目标的实现提供合理的保证。实现的可能性受所有内部控制系统固有局限的影响，这包括以下的事实：决策人判断上的失误；由于简单差错或错误导致的失败。而且控制还会由于两个或更多的人联合欺诈以及管理层越过内部控制而失效。还有一种限制是要考虑与控制相关的成本和收益。

内部控制有时就会被期望可以消除所有现存以及潜在的企业缺陷。内部控制并不是“万能药”。在考察内部控制的局限时，有两个不同的概念一定要被认识到：第一，内部控制可以帮助管理层意识到企业有无进步，但它甚至不能为企业目标的实现提供合理的保证。第二，就上述三类目标而言，内部控制不能为其中任何一个提供绝对的保证。

影响内部控制的因素有决策判断、内部控制失效、管理层的越权、合伙同谋、成本收益原则。

（三）作用与职责

本部分概要：在一个机构中，每个人对于内部控制都承担某种职责。而管理层则对企业的内部控制系统负责。总裁负最终责任，因此，被认为对内部控制系统具有“所有权”。尽管所有管理人员都具有重要的作用，并且对其部门行为的控制负责，但财务和会计主管对于管理层行使控制的方式起着主要作用。同样，内部审计有利于促进内部控制系统的持续有效，但对于系统的建立和保持却并不具有主要的职责。董事会及审计委员会对内部控制制度提供重要的监管。一些外部成员，比如外部审计，通常服务于企业目标的实现，并提供有用的信息影响内部控制，但他们并不对企业的内部控制制度的效果负责，也不是其中的一部分。

内部控制受到各方影响，每一方的职责都很重要。

负责的成员。企业内外每个成员对内部控制的影响都有某种作用。作用随着各自的职责和参与程度而变化。

(1) 内部成员。包括管理层、财务人员、董事会、审计委员会、补偿委员会、财务委员会、任命委员会、职工福利委员会、其他委员会、内部审计师和其他部门人员等。

(2) 外界机构。包括外部审计、立法者与监管者、顾客、供应商、债权人、银行以及其他与企业交易者、金融分析家、债券评级机构和新闻媒体等。

参考文献

1. 财政部、证监会、审计署、银监会、保监会：《企业内部控制应用指引》http：//kjs. mof. gov. cn/zhengcefabu/201005/P020100505328497 850 725. pdf。

2. COSO：《内部控制——整合框架（1992）》，东北财经大学出版社 2008 年版。

3. COSO：《内部控制——整合框架（2013）》，中国财政经济出版社 2014 年版。

4. 方红星、池国华：《内部控制》（第二版），东北财经大学出版社 2014 年版。

5. 池国华、朱荣：《内部控制与风险管理》，中国人民大学出版社 2015 年版。

6. 李凤鸣：《内部控制学》（第二版），北京大学出版社 2012 年版。

7. 李晓慧、何玉润：《内部控制与风险管理：理论、实务与案例》，中国人民大学出版社 2016 年版。

8. 李宇立：《企业内部控制配套指引讲解与案例分析》（第二版），东北财经大学出版社 2014 年版。

9. 刘永泽、池国华：《企业内部控制》，清华大学出版社 2014 年版。

10. 美国管理会计师协会（IMA）：《财务报告、规划、绩效与控制》，经济科学出版社 2015 年版。

11. 秦荣生、张庆龙：《企业内部控制与风险管理》，经济科学出版社 2012 年版。

12. 徐立文：《内部控制理论与实务》，南开大学出版社 2015 年版。

13. 叶陈刚、郑洪涛：《企业内部控制》，机械工业出版社 2009 年版。

敬告读者

为了帮助广大师生和其他学习者更好地使用、理解、巩固教材的内容，本教材配课件和习题，读者可关注微信公众号“会计与财税”浏览相关信息。

如有任何疑问，请与我们联系。

QQ：16678727

邮箱：esp_bj@163.com

教师服务 QQ 群：606331294

读者交流 QQ 群：391238470

经济科学出版社

2020 年 12 月

会计与财税　　教师服务 QQ 群　　读者交流 QQ 群　　经科在线学堂